Matthieu BÉRA, Yvon LAMY

Sociologie de la culture

ARMAND COLIN

— Collection Cursus • Sociologie —

dirigée par Gilles Ferréol

Dans la même collection

L. Albarello *et al.*	*Pratiques et méthodes de recherche en sciences sociales*, 1995.
M. Béra et Y. Lamy	*Sociologie de la culture*, 2002.
R. Deliège	*Anthropologie de la parenté*, 1996.
F. Dupuy	*Anthropologie économique*, 2001.
G. Ferréol	*La dissertation sociologique*, 2000.
G. Ferréol, P. Deubel	*Méthodologie des sciences sociales*, 1993.
G. Ferréol, J.-P. Noreck	*Introduction à la sociologie*, 2000, 5e édition.
G. Ferréol *et al.*	*Dictionnaire de sociologie*, 1995, 2e édition.
G. Gaillard	*Dictionnaire des ethnologues et des anthropologues*, 1997.
M.-O. Géraud, O. Leservoisier, R. Pottier	*Les notions clés de l'ethnologie. Analyses et textes*, 2000, 2e édition.
J. Guibert, G. Jumel	*Méthodologie des pratiques de terrain en sciences humaines et sociales*, 1997.
J. Guibert, G. Jumel	*La socio-histoire*, 2002.
A. Guichaoua, Y. Goussault	*Sciences sociales et développement,* 1993.
P. Guillot	*Introduction à la sociologie politique*, 1998.
J. Lohisse	*Les systèmes de communication. Approche socio-anthropologique,* 1998.
J. Lombard	*Introduction à l'ethnologie*, 1998, 2e édition.
A. Raulin	*Anthropologie urbaine*, 2001.
C. Rivière	*Anthropologie politique*, 2000.
C. Rivière	*Socio-anthropologie des religions*, 1997.
J.-M. Seca	*Les représentations sociales*, 2001.
M. Valière	*Ethnographie de la France*, 2002.

Conception de couverture : Dominique Chapon et Emma Drieu

Internet : http://www.armand-colin.com

ISBN 2-200-26174-8

Armand Colin Éditeur • 21, rue du Montparnasse • 75006 Paris

Ce livre est dédié
à la mémoire de Marie-Laure Lamy.

— Sommaire —

Troisième Partie

Les professions

Quatrième Partie

Les politiques

Cinquième Partie

Les paradigmes

— Avant-propos —

Il n'existe actuellement aucun ouvrage synthétique qui soit consacré à la sociologie de la culture. Les sociologues français sont manifestement très réticents à franchir ce pas.

L'état des travaux sur la question

On trouve bien ici ou là quelques présentations du champ culturel, mais il s'agit le plus souvent de contributions modestes au sein d'ouvrages collectifs qui prennent la forme de généralités convenues.

L'ouvrage de Durand et Weil (1990) y consacre un chapitre, mais pour dresser le constat de l'impossible édification d'une sociologie de la culture... Quelles sont les raisons invoquées ? Principalement, l'hégémonie de la sociologie des loisirs, fondée sur le concept de « culture de masse » ; également, une forte dispersion disciplinaire entre différentes sociologies : art, littérature, sport, quotidien, sociabilité, socialisation, sciences, migrations...

Autre exemple : le *Traité de sociologie* dirigé par Boudon (1992) comporte un chapitre intitulé « Culture », qui fait droit aux différents aspects du phénomène (philosophique, anthropologique, sociologique), mais qui renforce aussi le sentiment qu'on a affaire à un thème complexe, difficilement maîtrisable dans sa totalité. Au final, le regard sociologique ne parvient pas à s'imposer.

Les anthropologues paraissent plus à l'aise sur le sujet. Depuis quelques années, ils proposent des petits ouvrages à visée synthétique (Cuche, 1996 ; Warnier, 1999), auxquels s'ajoutent les manuels d'anthropologie dans les collections des PUF et d'Armand Colin. Leur optique est mieux affirmée, au point que, s'agissant de présenter brièvement la question, les ouvrages de sociologie s'en remettent à eux (*cf.* Ferréol et Noreck, 1990). C'est le même cas de figure pour les manuels de lycée en section ES (Économique et social) qui doivent consacrer un chapitre à la culture et aux phénomènes de socialisation ; ou dans les numéros spéciaux des revues de vulgarisation (*cf. Sciences humaines*, 2000) ; ou encore dans les manuels de philosophie qui font systématiquement appel aux pères fondateurs de l'anthropologie anglo-saxonne (Tylor, Malinowski, Benedict, Linton et d'autres).

Esprit de l'ouvrage

Aussi cet ouvrage est-il d'abord appelé à combler à la fois un vide et un manque afin de répondre à la demande de milliers d'étudiants, professionnels, amateurs qui s'ouvrent à l'étude des phénomènes culturels.

Notre but est de proposer une sociologie de la culture qui constitue un état de la question et un programme : le premier doit permettre aux chercheurs du domaine de situer leurs travaux ; le second doit offrir un cadre où les futures recherches s'inscriront.

Projet

Il revient à confirmer l'importance de la sociologie de la culture, qui peine à trouver sa place dans les universités françaises, et à affirmer la pleine légitimité de cette approche. Cet aspect constitue le ressort et le fil directeur de l'ouvrage, qui se prolonge dans deux directions :

— *analytique*, consistant à distinguer la sociologie des autres sciences humaines ; elle ne développe pas le même discours sur la culture, n'utilise pas les mêmes notions, ni les mêmes méthodes d'investigation et de probation ;
— *synthétique*, visant à (re) trouver le plus petit dénominateur commun des différents champs, à déterminer les préoccupations et les méthodes communes parmi des sociologies du temps libre, de la sociabilité, de la culture ouvrière, de l'art, de l'éducation, de la connaissance, de la religion, des loisirs…

Principe général de sa mise en œuvre : une culture d'objet

Si, à la différence des autres sociologies sectorielles implantées, et contrairement aux disciplines voisines (histoire, anthropologie, philosophie, économie, droit), la sociologie de la culture n'est pas encore pleinement reconnue dans le cadre universitaire (elle est rarement nommée), c'est en grande partie parce que les universitaires ne s'accordent ni sur sa définition, ni sur son objet, encore moins sur les méthodes qui permettent d'étudier ses manifestations. C'est pourquoi, au lieu de partir d'un concept (la culture), il nous a paru plus pertinent sociologiquement de partir des biens de culture. « La culture concerne les objets », écrivait Hannah Arendt (*La Crise de la culture*, trad. fr., Paris,

Gallimard, 1972, p. 266). À sa suite, nous pensons que « toute institution culturelle a besoin de s'appuyer sur une culture objective, sur une culture d'objets » (Yvon Lamy, « Le patrimoine culturel au regard des sciences sociales », *Les Papiers*, n° 9, printemps 1992, p. 24). Le travail sociologique entrepris ici va consister, pour une grande part, à doter de sens l'expression « biens de culture ».

Le processus d'« objectivation » de la culture (de sa mise en objet), s'il se justifie sur un plan théorique, correspond surtout à la réalité économique : le développement des industries culturelles induit la « marchandisation » et confirme que la culture est avant tout une affaire d'objets (Warnier, 1999). Quelques exemples illustrent ce processus : la langue est objectivée dans des dictionnaires ; les chansons (folkloriques ou populaires) sont enregistrées sur des supports matériels (CD, cassettes) ; les rites sont transformés en objets et leurs symboles traduits en DVD, cassettes ou disquettes ; les croyances se nouent étroitement avec la trame des romans et des livres. Ainsi, point de cultures qui ne prennent des apparences sensibles et ne s'appuient sur une pluralité de supports matériels.

Présentation du plan

Première partie

En affirmant le caractère objectif de la culture, notre intention n'est pas d'en faire une réalité substantielle : il ne s'agit pas de lui chercher, comme la philosophie, une essence, encore moins d'affirmer que, inscrite dans des objets, elle ne saurait être que matérielle. Notre position s'inspire d'une tradition qui qualifie de « culturels » les choses, les activités et les gens par la voie pragmatique et par l'action collective. En aucune façon, elle ne cherche à les subsumer *a priori* sous le concept de culture. Décrire et comprendre comment choses, activités et gens sont qualifiés de « culturels » consiste à analyser les processus et les mécanismes collectifs qui leur confèrent une spécificité et une identité propres, puis à répertorier les différents effets sociaux qui en proviennent dans les sphères politique, économique et symbolique. C'est à cette condition qu'un tel champ peut devenir un secteur de la sociologie au même titre que les autres.

En privilégiant depuis le XIXe siècle une approche objective et empirique, les sciences sociales nous ont montré la voie (chapitre I). Mais nous ferons un pas de plus en développant deux axes neufs : d'un côté, considérer le bien culturel, non comme une chose inerte ou comme un résultat, mais comme un processus collectif de qualification (chapitre II) ; de l'autre, considérer que ce processus se déroule comme une chaîne sociale qui non seulement met collectivement en valeur le bien en question, mais aussi en multiplie les effets sociaux (chapitre III). Au lieu de considérer la définition des choses comme un problème à résoudre, la sociologie s'engage dans un travail de description analytique de la définition elle-même, en tant qu'elle mobilise des collectifs, convoque des savoirs, se réfère à des valeurs et met en scène des corps. À la rigueur même, elle pourrait s'en tenir, selon le mot d'Everett Hughes, à « l'œil sociologique » (1996).

Quoi qu'il en soit, la volonté de fonder la sociologie de la culture sur les biens est sans doute l'initiative qui nous aura entraînés le plus loin. Si l'ouvrage commence par eux, c'est parce qu'ils commandent le « reste » : les pratiques, les professions, les politiques.

Deuxième partie

Elle aborde la question des « pratiques » dans l'esprit de la première partie. D'abord en s'interrogeant sur les protagonistes des enquêtes, en les identifiant, en mettant en évidence leurs intérêts de connaissance et leurs méthodes. Ce parti pris tend à relativiser sérieusement les points de vue dominants du ministère et plus généralement de la statistique publique, qui s'imposent trop souvent comme des catégories de pensée indiscutées (chapitre IV).

Ce sera seulement dans un second temps que nous présenterons des résultats de recherches, en distinguant les méthodes d'investigation et en différenciant les deux approches, explicative et compréhensive (chapitre V). Enfin, on montrera qu'il est possible d'inscrire n'importe quelle analyse des pratiques dans une tradition interprétative de la sociologie (chapitre VI).

Troisième partie

Elle vise à mettre en évidence le double mouvement qui commande la dynamique des professions culturelles au point de les caractériser : d'une part, tous les emplois sont inspirés par le modèle du créateur et son charisme ; de l'autre, ils sont concernés par la « routinisation » économique, organisationnelle, éducative et politique, au point d'atteindre leur moteur, à savoir l'artiste.

Quatrième partie

Si l'art et la culture n'impliquent pas *a priori* des problèmes de pouvoir, ils sont l'objet d'une « politisation » progressive et durable (du moins en France). Ce processus a une histoire, dont l'origine remonte à l'Ancien Régime. Il se présente comme une réalité empirique fluctuante et, comme les juristes le soulignent, il est à la recherche de sa propre légitimité. On s'intéresse particulièrement au travail politique de qualification qui transforme les phénomènes culturels (biens, services, pratiques) en « mission d'intérêt général ».

Nous décrivons d'abord le processus de politisation du culturel, au double niveau de l'État central et des collectivités locales, sans perdre de vue que les fondements de sa légitimité ne sont jamais acquis une fois pour toutes (chapitre IX).

Le chapitre suivant vise à construire une typologie des principales opérations de politisation. L'action politique culturelle, en effet, est une manière de traiter les biens (les sélectionner, les gérer et les valoriser), c'est une « pragmatique », une théorie pratique de l'action. L'État apparaît ici comme maître de culture, comme à d'autres époques il a pu s'afficher comme maître de foi et de croyances (*cujus regio, ejus religio*). Il décide de ce qui est « culturel » pour la société et en arrête le contenu par l'offre de biens et de services. C'est ainsi que, par le truchement d'experts *ad hoc*, il désigne les monuments « historiques » dignes de figurer dans le classement national et, à ce titre, dignes d'être regardés, visités, commémorés. Autour d'eux, il organise une « économie » de grands événements, journées, fêtes, visites, services. Il fait, fait faire, désigne, administre, diffuse, répartit, aménage. La prolifération patrimoniale, bien au-delà du noyau du monument, témoigne de la force d'entraînement de ce processus touchant désormais aux objets apparemment les plus ordinaires de la vie quotidienne. Désormais, potentiellement, tout est collectionnable, tout est patrimonialisable, tout est mémorisable dans le patrimoine public (chapitre X).

Cinquième partie

Les sociologues de la culture s'inscrivent toujours, implicitement ou explicitement, à l'intérieur de « paradigmes » pour donner de l'ensemble une vision cohérente (pour des précisions épistémologiques à ce sujet, *cf.* Berthelot, 2001). Ils utilisent des termes spécialisés, convoquent les notions de « marché », de « monde », de « champ », de « configurations », des « sphères », des « cités », des « cadres », des « réseaux ». Nous avons sélectionné les trois paradigmes qui sont le plus souvent repris dans les recherches : le premier comprend la culture comme un *marché*, avec un ensemble d'acteurs rationnels et coordonnés, œuvrant à la réduction de l'incertitude (chapitre XI) ; le second conçoit la culture comme un *champ* et dégage des rapports structuraux entre producteurs, consommateurs et biens, soulignant la nature conflictuelle des rapports sociaux (chapitre XII) ; le troisième considère que la culture est un *monde* d'acteurs réunis par des conventions, insérés dans des réseaux de coopération : les biens sont eux mêmes traités comme des conventions (chapitre XIII)[1].

1. Les auteurs tiennent à remercier pour leur relecture attentive Marie-Pierre, Armelle et François, Jean-Charlemagne, Jean-Patrice Lacam et, bien entendu, Gilles Ferréol. De même, certaines idées ont été largement éprouvées par leurs étudiants de Bordeaux II, Bordeaux IV et Limoges, que nous remercions pour leur participation.

Première Partie

Les biens

Chapitre I

Aux origines d'une sociologie des biens culturels

L'enquête sur les biens culturels prend chronologiquement sa source dans trois traditions : la philosophie allemande des XVIIIe et XIXe siècles, l'anthropologie anglo-saxonne des XIXe et XXe et les grands systèmes explicatifs de la même époque (marxisme, positivisme).

La tradition intellectuelle allemande

C'est à la tradition allemande que l'on doit d'avoir initié la réflexion, tant sur l'idée de culture comme norme collective que sur le fait culturel comme manifestation de la vie nationale.

Langue et culture

En concevant l'artifice d'un « contrat social » fondateur du politique, la France et la Grande-Bretagne auraient, par leurs révolutions aux XVIIe et XVIIIe siècles, rompu tout lien « naturel » avec leurs racines historiques (médiévales et chrétiennes) et ethniques (populaires et paysannes). En Allemagne, au contraire, nombre d'écrivains, de juristes et de philosophes des XVIIIe et XIXe siècles ont lié la culture allemande à l'étude des origines du peuple germanique, en l'enracinant dans ses soubassements historico-ethniques, mythiques et institutionnels. Ils ont proclamé haut et fort ses valeurs créatrices et civilisatrices dont la langue – poétique à l'origine – devait être le vecteur (d'où l'importance des études de philologie romane dans l'université allemande des XIXe et XXe siècles). Une double perspective commande cette approche : mise à jour du génie allemand originaire, de son *Volksgeist* (de l'esprit de son peuple) forgé dans la matrice de la langue, et permanence de l'ethnicité allemande dans l'histoire.

Les poètes, écrivains, juristes, philosophes ont largement contribué à structurer cette position commune. Que ce soient Goethe (1749-1832), Herder (1744-1803), Schiller (1759-1805), Fichte (1762-1814), Hölderlin (1770-1843), Hegel (1770-1831) ou Schelling (1775-1854), tous partagent cette conception de l'unité du peuple, de sa culture et de sa langue. Ils ont consolidé leur vision en procédant à un retour généalogique sur le caractère originaire du peuple allemand. En récusant dans *Une Autre philosophie de l'histoire* (1774) l'universalité uniformisante des principes abstraits chère au mouvement des Lumières, Herder donne la main à Fichte qui, dans ses quatorze *Discours à la Nation allemande* (du 13 décembre 1807 au 20 mars 1808), fait valoir les droits « naturels » du peuple germanique à se penser et à se vouloir « peuple primordial, peuple par excellence » et par là même à diriger le monde...

De son côté, Hegel systématise cette approche et en fait un axe majeur de sa philosophie de l'histoire des peuples, de la *Raison dans l'histoire*. En effet, il fait vivre en tout peuple un « esprit national particulier » et l'inscrit dans le mouvement de l'histoire universelle. Dans l'époque de sa pleine réalisation, chaque peuple, conscient de soi, prend une figure particulière de l'Absolu en marche dans l'histoire. Il est, en effet, un « individu qui est un monde » (*Phénoménologie de l'esprit*, Paris, Aubier, 1939-1941, vol. 1, p. 315). Ce « monde », c'est la langue qui en structure la vision spécifique, les mythes et les symboles. C'est elle qui en transmet les valeurs, mais aussi les ressources et les potentialités... En « divinisant » de la sorte le génie propre à tout peuple, Hegel découvre le fil directeur inconscient de générations successives tissant, tel un individu unique étalé dans le temps, un lien organique entre ses membres et ses actions, son présent et son passé. La langue est la matrice de la culture en tant qu'expression de l'esprit d'un peuple. Elle est à la fois un élément objectif et une forme par laquelle une civilisation se déploie dans l'espace d'une collectivité, se transmet de génération en génération et se transforme dans ses fins.

Au début du XXe siècle, dans ses *Essais sur la théorie de la science*, le sociologue Max Weber hérite de cette conception hégélienne du *Volksgeist* mais il prend soin de la relativiser en la replaçant dans l'histoire empirique des peuples. Il récuse ainsi la vision hégélienne d'une marche inexorable révélant l'Absolu dans l'Histoire et privilégiant l'apport civilisateur de certains peuples plus géniaux que d'autres. Weber, au contraire, voit dans le *Volksgeist* tout autre chose, il y observe seulement le fondement réel de l'ensemble des manifestations culturelles d'un peuple émanant toutes de lui.

Cette conception empirique est, depuis, devenue commune à plusieurs disciplines et à plusieurs approches en sciences sociales. Elle s'est répandue dans les sociétés occidentales : la langue, certes, continue d'être considérée comme le fondement spirituel de la culture, mais parce que la culture, à son tour, est le principe d'organisation de la vie en société. Défendue depuis lors par toutes les politiques culturelles, la langue est ce que l'on transmet à l'école en tant qu'outil commun de communication et d'échange, en tant que support de toutes les autres transmissions et en tant que socle de toutes les productions littéraires et poétiques, artistiques et scientifiques. Ainsi, grâce à elle, la culture et la création artistiques dirigeraient la vie spirituelle de chaque peuple. Comme nous l'ont montré les ethnologues, c'est dans et par la langue que s'affirment la singularité culturelle et la créativité symbolique de chaque peuple. Aujourd'hui, cette conception trouve à s'exprimer aussi bien dans la politique défensive des « aires francophones » éparses dans le monde, que dans la politique protectrice d'une « exception culturelle » française au sein du monde européen, destinée à faire face au monopole des productions culturelles issues du monde anglo-américain (dans la langue anglaise justement).

Les « sciences de la culture »

• *La fondation des « sciences de la culture »*

La sociologie allemande a émergé à la fin du XIXe siècle au cœur du débat épistémologique entre les « sciences de la nature » et les « sciences de la culture », ce que l'on appelle la « querelle des méthodes » entre les deux ordres de sciences. Elle s'est affirmée au sein d'un espace des sciences des phénomènes culturels centrés sur l'individu, opposé à celui des phénomènes naturels, étudiés par la physique et la mécanique, la biologie et la chimie. Alors que les sciences de la nature appelaient une enquête explicative sur les causes, une recherche des lois immuables et des relations nécessaires, celles de la culture devaient développer une perspective compréhensive, de recherche des significations des actions individuelles et de leurs interdépendances.

La pluridisciplinarité rapprochait, en outre, les unes des autres la sociologie naissante, l'histoire, l'économie, bien qu'au sein de chaque discipline ce débat partageât déjà les partisans d'une approche « positiviste » et « descriptive » des phénomènes culturels comme phénomènes naturels, et les partisans d'une autre approche « comparative » et « normative » centrée sur la diversité, la relativité et le contraste des cultures.

Wilhelm Dilthey (1833-1911) a cherché à fonder les sciences morales de la culture ou de l'esprit par l'herméneutique, entendue comme interprétation des « traces » ou des manifestations de l'esprit. Il propose une conception à deux étages :

- il existe des biens matériels qui témoignent du passé et en représentent les traces qui sont ses productions culturelles ;
- ces biens ont une signification. La science de la culture est la science de leur déchiffrement.

Dans cette tradition, l'enquête portait sur un « esprit », un « sens », plutôt que sur la caractérisation de quelques biens (les œuvres d'art par exemple) qui ne devenaient ici que des « symptômes » ou des représentants de cet esprit. En ce sens, la culture constituait un travail d'interprétation.

« Comment se manifeste *l'esprit humain* ? Par pierres, musique, gestes, paroles, écriture, actions, règlements économiques, et il demande toujours à être interprété [...]. On appelle interprétation ou exégèse un art de comprendre les *manifestations vitales fixées de manières durables*. L'art de comprendre gravite autour de l'interprétation de *témoignages humains* conservés par l'écriture. »

Wilhelm Dilthey, « Origine et développement de l'herméneutique », *in Le Monde de l'esprit*, trad. fr., Paris, Aubier, 1946, p. 321-322 (1re éd. allemande : 1900).

Cette fondation des « sciences morales », de « l'esprit » (*Geistwissenschaft*) ou des « sciences de la culture » (*Kulturwissenschaft*), selon les appellations, s'inscrit dans la tradition philosophique en tant que travail d'interprétation des manifestations objectivées de la culture. Celle-ci est objectivée dans les traces qui la portent et la révèlent, elle est subjectivée dans le travail de (re) découverte du sens de ces traces. De plus, en toute nation, elle occupe une place exceptionnelle parce que sa signification s'échafaude sur des rencontres de l'objectif et du subjectif. La culture structure le rapport dialectique entre l'objet qui l'objectivise et le sujet qui la subjectivise. Elle en propose le dépassement et, à côté du travail spécialisé de la recherche scientifique et de ses usages technologiques, l'aspect créateur de la culture s'affirme comme le noyau fondateur de la vie sociale.

De cette tradition interprétative, les historiens de l'art et de la culture ont pu largement faire leur miel. Quelques noms se distinguent :

- Aby Warburg (1866-1929) a entrepris des recherches iconographiques pour saisir le contenu culturel de l'œuvre. Pour Warburg, il s'agit de comprendre les formes de l'expression humaine à travers ses manifestations artistiques mais aussi rituelles (*cf.* Georges Didi-Huberman, *L'Image survivante. Histoire de l'art et temps des fantômes selon Aby Warburg*, Paris, Minuit, 2002) ;
- Ernst Cassirer (1874-1945) étudie les formes symboliques et les transferts de forme. Les objets n'ont de signification pour nous que parce que ces formes symboliques nous donnent accès à eux (*La Philosophie des formes symboliques*, trad. fr., Paris, Minuit, 1972) ;
- Erwin Panofsky (1892-1968) considère que les arts visuels sont une part d'un univers de culture. L'œuvre d'art est un symptôme culturel parmi d'autres (*La Perspective comme forme symbolique*, 1927) ;
- Pierre Francastel (1900-1970) a visé à réintroduire l'œuvre d'art dans le cadre des groupes sociaux qui la produisent. Elle n'est pas le résultat d'une évolution autonome, mais appartient à l'histoire générale des idées et doit être replacée dans le cadre de l'histoire culturelle (*Peinture et société*, Paris-Lyon, Audin, 1951 ; *Art et technique aux XIXe et XXe siècles*, Paris, Minuit, 1956 ; *Études de sociologie de l'art*, Paris, Denoël, 1970). Francastel a joué par la suite un rôle important puisqu'il est le premier enseignant à avoir occupé une chaire de sociologie des arts à l'École Pratique des Hautes Études en France et son influence a été décisive sur certains sociologues (par exemple Jean Duvignaud, auteur d'une *Sociologie de l'art*, Paris, PUF, 1967).

• *Weber et la fondation de la sociologie compréhensive*

Max Weber (1864-1920) a toujours considéré la sociologie comme une interrogation sur la culture en tant que « cosmos de sens », comprise comme complexe religieux, politique, économique, juridique, éducatif, esthétique… Son objectif est de caractériser notre culture moderne et le « type d'homme » qui lui correspond, entendu comme produit et manifestation de cette culture (Wilhelm Hennis, *La Problématique de Max Weber*, trad. fr., Paris, PUF, 1996). Il s'agit, pour lui, de « comprendre » dans sa spécificité la réalité de la vie qui nous entoure, « la signification culturelle de ses diverses manifestations dans leur configuration actuelle » (Catherine Colliot-Thélène, *Max Weber et l'histoire*, Paris, PUF, 1990, p. 15). Dans la conception wébérienne, les idées, les croyances religieuses et les valeurs éthiques sont centrales. L'activité de l'homme (économique, politique…) est orientée par un « état d'esprit ». Certes, les bases matérielles permettent de contextualiser l'ensemble, voire de le traduire, mais la culture reste avant tout un principe spirituel et normatif à déceler en tout peuple.

Le tournant descriptif de l'anthropologie

L'approche empirique

L'anthropologie du XIXe siècle conserve au départ l'expression de « science de la culture » héritée de la pensée allemande. Mais, et c'est toute la différence, elle cherche à l'aborder sous un angle purement descriptif. Animée par la volonté de saisir sur le terrain les éléments « concrets » de la culture dans la diversité de ses manifestations, elle les a classés en trois domaines : les faits de langue (signes et symboles), le monde des idées (croyances et mythes) et les pratiques (institutions, systèmes de régulation de la parenté, du pouvoir, de l'échange des biens, rites et rituels). À partir de là, la culture ne pouvait plus être conçue comme une structure logique ou une catégorie de pensée. Elle est analysée comme un ensemble conjoint de pratiques et de représentations offrant des contenus réguliers, objectivement observables et scientifiquement descriptibles.

C'est ainsi que les « biens culturels » apparaissent tour à tour comme matériels (des vêtements par exemple), corporels (des habitudes de maintien) et immatériels (des langages, des croyances, des valeurs, des principes, etc.). Autrement dit, ce sont des fragments de culture interdépendants tendant à s'unifier en un système social intégrateur. Cette conception anthropologique insiste sur les contenus empiriques dont les aspects spirituels ou immatériels font partie ; elle opte pour une visée descriptive et objective, relativement éloignée, du moins dans son intention, de tout jugement de valeur sur la diversité des cultures, leur capacité expressive, leur degré de maturité, leur progrès scientifique, leur avancée artistique. Elle souligne la dimension acquise, socialisée et transmise de la culture.

En optant pour une conception empirique récusant toute échelle *a priori* des diverses cultures, l'anthropologie a ouvert une piste de recherche qui a rompu avec la science allemande et sa conception organique du peuple originaire, son approche hiérarchique et normative de la culture. Elle rejette la primauté accordée au peuple germanique sur les autres par la *Kulturwissenschaft*, de même que la vision hégélienne d'une Raison divine œuvrant au sein des différentes sociétés dans l'Histoire. Ce que les anthropologues nomment alors « culture » n'est plus dissociable des biens culturels, qu'ils soient matériels ou idéels et dont la liste et l'énumération empiriques (jamais achevées par définition) sont établies en vue d'unifier provisoirement un domaine relatif, divers et changeant. La visée descriptive, plurielle et restitutive l'emporte ici sur la visée conceptuelle, unitaire et herméneutique. L'approche anthropologique de la culture est fondée sur l'observation et la description de l'originalité des objets, la spécificité des pratiques, la particularité des institutions, tels que les groupes les mettent en œuvre, ou, plus simplement, les vivent. La culture est alors le fait même des sociétés, ce qui les rend visibles et actives, ce qui les historicise.

Sir Edward Burnett Tylor (1832-1917), titulaire de la première chaire d'anthropologie à l'université d'Oxford en 1883, auteur en 1871 de l'ouvrage pionnier *Primitive culture* (traduction française en 1876), propose une approche empirique de « la science de la culture » – sans être homme de terrain – qui rompt avec la conception normative de la *Kulturwissenschaft* citée plus haut, en énumérant les biens matériels, spirituels et corporels qui la composent :

> « Le tout complexe qui comprend la connaissance, les croyances, l'art, la morale, le droit, les coutumes et les autres capacités ou habitudes, acquises par l'homme en tant que membre de la société. »
>
> Cité par Cuche, 1996, p. 17.

Cette définition énumérative s'impose aujourd'hui chez les anthropologues et les sociologues. Elle permet d'enquêter sur des bases objectives qui autorisent à parler de « biens culturels » plutôt que de « culture ». On la retrouve sous une autre forme chez Marcel Mauss (1872-1950) lorsqu'il postule l'existence du « fait social total » en y intégrant des dimensions psychologique (culture psychique), physiologique (culture corporelle) et sociale (culture de groupe) (Mauss, 1985, p. 281-310).

À présent, les anthropologues se distinguent entre eux selon qu'ils insistent sur l'une des trois dimensions empiriques de la culture :

- la dimension *matérielle* prend en compte les objets techniques ou artistiques, les constructions et architectures, en somme toutes les structures morphologiques des sociétés et tous les objets qui les accompagnent. Une telle conception est bien représentée dans les musées ethnographiques : on y expose toutes les productions matérielles (les seules exposables ?) dans leur contexte « culturel ». Les biens sont présentés comme des supports d'actions rituelles, magiques, religieuses, guerrières, de chasse, amoureuses, laborieuses, de prestige, alimentaires… Par l'imagination ou par l'interprétation, on arrive à concevoir comment ils étaient activés pour

« mettre au travail » la culture dans les groupes sociaux. Ici, l'ethnographe se rapproche de la démarche de déduction de l'archéologue ;

• la dimension *idéelle* concerne les symboles, les mythes, les croyances et les représentations. Certains voient chez Mauss l'un des initiateurs de l'enquête systématique sur la dimension symbolique de la culture (Camille Tarot, *L'Invention du symbolique*, Paris, La Découverte, 1999). N'écrivait-il pas que : « L'on ne peut communiquer entre hommes que par symboles, signes communs. L'un des caractères du fait social est son aspect symbolique. Il s'impose car on le voit, le sent, l'entend » (Marcel Mauss, 1985, p. 294, 1re éd. : 1924.) Claude Lévi-Strauss, qui fut d'une certaine manière son héritier, a lui aussi insisté sur ce second aspect : on le voit évoquer « l'efficacité symbolique » de la cure chamanique (Lévi-Strauss, *Anthropologie structurale*, Paris, Plon, 1958) ou écrire que « tous les objets sont imprégnés de signification » (*Anthropologie structurale deux*, Paris, Plon, 1996, 1re éd. : 1973, p. 19). Ses travaux sur les mythologies comparées développent la voie de l'interprétation symbolique en mettant en évidence les effets pratiques des mythes sur la vie des sociétés ;

• la dimension *corporelle* renvoie aux règles de vie et aux « techniques de corps ». C'est encore à Mauss que l'on attribue l'insistance particulière sur la dimension corporelle de la culture et sur les mécanismes d'« incorporation » (Mauss, 1985, p. 365-386, 1re éd. : 1934.) Ce texte programmatique a influencé nombre de chercheurs (Bourdieu, 1962, 1972 et 1980 ou Jean-Pierre Warnier, *Construire la culture matérielle*, Paris, PUF, 1999) en tant qu'il initie une enquête sur la « raison pratique collective et individuelle ». Les techniques du corps (marche, nage, élevage des enfants…) sont des « actes traditionnels efficaces » et acquis. Le corps n'est absolument pas un objet « naturel ». Il suffit de l'observer en action pour comprendre qu'il est (un bien) culturel à part entière, dont on peut interpréter les faits, les gestes, les usages (*cf.* Luc Boltanski, « Les usages sociaux du corps », *Annales ESC*, 1971, n° 1, p. 205-233), voire les affiliations de groupe.

Ainsi, la perspective anthropologique nomme « culturel » ce qui a un contenu significatif pour une société donnée et qui appelle une interprétation communément partagée. En ce sens, il s'agit bien d'une « science de la culture », non pas au sens de la science philosophique « à l'allemande », mais au sens d'une science délibérément empirique, orientée vers la multiplicité de ses contenus et de leur interprétation.

En définitive, la question de la culture a suscité deux réponses différentes, qui s'avèrent finalement complémentaires :

– la première, héritée de la tradition allemande des XVIIIe et XIXe siècles, s'est déployée dans une dimension strictement conceptuelle et normative. Elle a érigé le peuple et la langue allemands en normes de jugement et de hiérarchie des autres cultures. Mais, à la fin du XIXe, elle a inspiré une sociologie compréhensive et interprétative, faisant de la culture un système de sens particulier. Si toute culture se manifeste par des preuves objectives (comme la langue) au sein d'une nation identifiée, elle a besoin pour exister de l'intention de ses acteurs ;

– la seconde, initiée par l'anthropologie anglo-saxonne du XIXe siècle, est strictement empirique, descriptive et relative. Elle cherche à découvrir les significations des objets (matériels et idéels) d'une culture particulière en les liant à leurs fonctions, leurs usages, leurs affiliations ainsi qu'aux pratiques qui les mettent en œuvre dans la vie sociale. Elle tend à identifier culture et société, société et nation.

La perspective dynamique

Les anthropologues ont, en outre, rapidement développé une réflexion sur la dynamique des biens de culture, intimement liée à leur réflexion sur leurs contenus : l'élément culturel est à la fois ce qui est transmis et la transmission elle-même, au point que certains voient dans le second terme l'objet principal des sciences sociales. La forme de l'échange compte autant, socialement parlant, que les biens « en personne », qui en sont les conditions, les supports ou les prétextes :

– l'échange culturel commence avec la socialisation et l'éducation, la transmission de savoirs et de principes, par des gestes et des paroles. Au point que certains anthropologues qualifient de « culturel » tout ce qui est acquis ;

– il se poursuit ensuite par le *medium* de la langue ou d'objets culturels qui se diffusent et se transforment. Les biens culturels se mélangent, se métissent. On parle d'*acculturation* ;

– cet échange est à la source des biens culturels qui disparaissent en son absence. Durkheim (1858-1917) et Mauss ont montré que les actions sociales (rites, prières, sacrifices, magie, fêtes) permettent de doter les objets de sens. Le contenu culturel (ou symbolique) des biens est constamment animé par l'activité sociale qui se greffe sur eux. De ce point de vue, et contrairement à certaines idées reçues, la « patrimonialisation » et la « muséification » ne sont pas des mises à mort des biens culturels, puisque, extraits de leur contexte, ceux-ci sont réintroduits dans d'autres régimes d'échange.

Le rapport des biens à leur contexte

Une fois la culture identifiée comme un ensemble de « biens » significatifs matériels ou idéels, les théoriciens ont été confrontés à la question de leurs relations avec les autres éléments de la société. Certains ont considéré que la culture était autonome. D'autres ont insisté au contraire sur l'hétéronomie radicale entre la société et les biens culturels.

L'autonomie. L'exemple du formalisme en histoire de l'art

Comme le montre Jimenez (1999), les philosophes ont depuis toujours posé le problème de l'autonomie et de l'hétéronomie des formes culturelles. Certains historiens de l'art ont de leur côté cherché à dissocier radicalement les productions artistiques de leur contexte socio-historique, en considérant qu'elles étaient justiciables d'une analyse interne, en dehors de tout rapport avec les autres ordres sociaux (économique, politique, scientifique, religieux) :

- Joachim Winckelmann (1717-1768), aujourd'hui considéré comme le fondateur de l'histoire de l'art moderne, a opéré des classements par styles caractéristiques en fonction des époques (1764 : *L'Histoire de l'art chez les Anciens*). Il ambitionnait de retrouver l'essence de l'art dans son approche génétique des styles et des formes. Avec lui, une tradition est née, qui a considéré l'art comme un objet en soi ;
- Heinrich Wölfflin (1864-1945) s'inscrit dans cette mouvance en tant que fondateur de la lecture formaliste de l'art. Son questionnement porte sur la définition d'un style, et la recherche de sa loi d'organisation (1915 : *Principes fondamentaux de l'histoire de l'art*). L'histoire de l'art doit selon lui se cantonner à l'histoire des formes, des procédés, des techniques. Il en exclut l'étude des sujets ou motifs qui renvoient aux contextes sociaux et idéologiques. Il a mené à bien la construction de typologies formelles, révélant des oppositions quasi universelles : linéaire/pictural, fermé/ouvert, plan/profondeur, multiplicité/unité, clarté/obscurité, sans faire appel à des forces extérieures ou à des déterminations sociales, ce qui était son but.

L'hétéronomie radicale

À l'inverse, un fort courant de pensée développa la thèse de la détermination des éléments culturels, matériels ou idéels par le contexte social, les réduisant parfois à ses émanations. Cette tendance, aujourd'hui considérée comme excessive, a néanmoins marqué l'approche sociologique de la culture dans son principe et la justifie !

• *Le positivisme*

Taine (1828-1893) a influencé de nombreux penseurs à travers son enseignement à l'ENSBA (École nationale supérieure des Beaux-arts). Inspiré par le positivisme et les sciences naturelles, il cherchait à classer les œuvres et à déterminer leur « cause » :

> « La méthode moderne que je tâche de suivre et qui commence à s'introduire dans toutes les sciences morales consiste à considérer les œuvres humaines comme des faits et des produits dont il faut marquer les caractères et chercher les causes. »

Cité par Lyne Thérien, *L'Histoire de l'art en France. Genèse d'une discipline universitaire*, Paris, C.T.H.S., 1998, p. 103.

Il voulait mettre en évidence les multiples relations entre l'art et son milieu (sol, climat, race, culture, moment). Cependant, s'il désigne ou souligne des relations entre éléments distincts, il ne pense pas la nature de cette relation autrement qu'en termes causalistes :

> « On pourrait dire qu'en ce pays [Pays-Bas], l'eau *fait* l'herbe, qui *fait* le bétail, qui *fait* le fromage, le beurre et la viande qui tous ensemble avec la bière *font* l'habitant. »
>
> *Ibid.*, p. 107.

Le mieux est sans doute de le suivre dans certains développements pour se rendre compte du registre épistémologique (passablement dépassé) de cet auteur classique :

> « Il faut se représenter avec exactitude l'état général de l'esprit et des mœurs du temps auquel les artistes appartenaient [...]. Là se trouve l'explication première, là réside la cause primitive qui détermine le reste. Si l'on suppose que l'on arrive à définir la nature et marquer les conditions d'existence de chaque art, nous aurions une explication complète de chaque art, ce qu'on appelle une esthétique. Cette esthétique moderne, non dogmatique ou normative, n'est pas là pour guider, elle part des faits, constate des lois [...]. Il faut étudier la loi de la production de l'œuvre d'art : l'œuvre d'art est déterminée par un ensemble qui est l'état général de l'esprit et des mœurs environnantes [...] une température morale. »
>
> Hippolyte Taine, *Philosophie de l'art*, Paris, Hachette, 22e éd., tome 1 (1re éd. : 1865), p. 7, 11-12, 49 et 55.

Dans le même état d'esprit, il n'est pas inutile de relire certains passages de Tocqueville (1805-1859), considéré par Aron (*Les Étapes de la pensée sociologique*, Paris, PUF, 1967) comme un « précurseur » de la sociologie. Il avait une représentation très simpliste de la relation entre les formes symboliques et les régimes politiques qui n'a rien à envier, dans son genre particulier, au pur matérialisme :

> « Si j'aperçois que les produits des arts y sont généralement imparfaits, en très grand nombre et à bas prix, je suis assuré que, chez le peuple où ceci se passe, les privilèges s'affaiblissent et les classes commencent à se mêler et vont bientôt se confondre [...]. La démocratie porte les hommes à faire de menus ouvrages mais aussi à élever un petit nombre de très grands monuments [...]. Les peuples démocratiques ont besoin d'émotions vives et rapides, de clartés soudaines, car ils sont habitués à une existence pratique, monotone. La forme s'y trouvera méprisée et négligée [...]. La littérature d'une nation est toujours *subordonnée* à son état social et à sa constitution politique [...]. Les *rapports* qui existent entre l'état social et politique d'un peuple et le génie de ses écrivains sont toujours très nombreux ; qui connaît l'un n'ignore jamais complètement l'autre [...]. Si vous voulez juger d'avance la littérature d'un peuple qui tourne à la démocratie, étudiez son théâtre [...]. Le théâtre est *l'art démocratique* par excellence qui ne nécessite ni éducation ni préparation pour le sentir. Les goûts et les instincts naturels aux peuples démocratiques, en fait de littérature, se *manifesteront* donc d'abord au théâtre. Le théâtre met en relief la plupart des qualités et presque tous les vices inhérents aux *littératures démocratiques*. »
>
> Alexis de Tocqueville, *De la démocratie en Amérique*, Paris, Flammarion, 1981, tome 2 (1re éd. : 1840), p. 64, 67, 74-75, 101-102.

• *Le matérialisme économique*

À côté de ces analyses positivistes et déterministes, le matérialisme marxiste fait presque pâle figure, d'autant que ni Marx (1818-1883) ni Engels (1820-1895) n'ont vraiment développé la question de la relation entre les biens culturels et la société, excepté peut-être dans quelques textes non publiés de leur vivant. Ainsi, dans *L'Idéologie allemande* (rédigé en 1845) et dans *Les Manuscrits économico-politiques,* dits *« Manuscrits de 1844 »,* les auteurs distinguent l'économie matérielle des superstructures idéelles (religion, droit, art, philosophie, idéologie...). Il ne s'agit pas pour eux de dire que les éléments matériels de la culture l'emportent sur les éléments symboliques, mais de considérer que celle-ci relève du vaste ensemble symbolique, du monde des représentations (Isabelle Garo, *Marx, une critique de la philosophie*, Paris, Seuil, 2000) qui dépend directement des conditions matérielles d'existence et de l'organisation économique. Dans cette théorie (elle-même une représentation symbolique !), les phénomènes culturels renvoient essentiellement à des idées, des valeurs, des symboles, qu'il faut comprendre et rapporter à des conditions matérielles et objectives de production :

> « La manière d'imaginer et de penser, le commerce intellectuel des hommes apparaissent comme l'émanation directe de leur conduite matérielle [...]. Il en va de même de la production intellectuelle telle qu'elle se manifeste dans le langage de la politique, des lois, de la morale, de la religion, de la métaphysique, etc., d'un peuple. On ne part pas ici de ce que les hommes disent, s'imaginent, se représentent, ni non plus de ce que l'on dit, pense, s'imagine et se représente à leur sujet [...]. C'est à partir des hommes réellement actifs et de leur processus de vie réel que l'on expose le développement des reflets et des échos idéologiques de ce processus [...]. La morale, la religion, la métaphysique et tout le reste de l'idéologie [...] ne conservent que leur semblant d'indépendance [...]. Ce n'est pas la conscience qui détermine la vie, c'est la vie qui détermine la conscience. »
>
> Karl Marx et Friedrich Engels, *L'Idéologie allemande. Conception matérialiste et critique du monde*, trad. fr., Paris, Gallimard, 1982, p. 1056-1057

La « culture », entendue comme expression (symbolique), est donc déterminée par le type de régime économique, par les rapports de domination et d'exploitation issus de la division sociale du travail. Elle se manifeste par le biais des phénomènes de « fétichisation », de « réification » ou d'« aliénation ». Ce qui est particulièrement innovant dans cette approche, ce n'est pas tant la caractérisation de la culture, toujours assimilée dans la tradition idéaliste à des superstructures idéelles, à des manifestations idéologiques et immatérielles, que l'idée qu'on peut les « expliquer » en les reliant à des bases matérielles et économiques, à des conditions de vie : une « science de la réalité » (l'expression est des auteurs) devenait la condition pour atteindre une « science de la culture » (dénomination à venir).

La représentation d'une société divisée entre une infrastructure matérielle et une superstructure idéelle se retrouve chez différents auteurs importants : Karl

Mannheim (1893-1947) et sa sociologie de la connaissance ou Ernst Troeltsch (1865-1923), qui retraduit cette division idéalisme/matérialisme dans sa sociologie de la religion.

L'hétéronomie relative

À côté des déterminismes, de nombreux auteurs ont tenté d'élaborer une voie médiane, qualifiée par certains de « relativisme culturel ». Elle privilégie le point de vue symbolique, qui possède une grande fécondité heuristique, mais n'affirme jamais qu'il est prédominant. L'École historique allemande s'est abondamment illustrée dans cette voie. Que ce soient Ranke (1795-1886), son plus célèbre représentant et par ailleurs jeune collègue de Hegel à Berlin, Droysen (1808-1884), élève de Hegel, ou Roscher (1817-1894), spécialiste de l'histoire économique, strict contemporain de Marx, ou que ce soient des spécialistes de l'histoire culturelle, tel le suisse Jacob Burkhardt (1818-1897), tous visaient à éclairer les productions culturelles par les relations avec les autres sphères (politique, économique, religieuse) sans exclusive et en multipliant les points de vue.

Weber fut très influencé par le matérialisme et par l'École historique. Son œuvre peut être lue comme une tentative pour amender le point de vue matérialiste, en démontrant que la culture, les formes et les biens symboliques (religieux) et les éthiques avaient aussi une influence décisive sur la « réalité » sociale. La vie en société est fondamentalement significative, elle renvoie toujours au sens et au rapport aux valeurs. De ce fait, la sociologie de la culture ne peut plus faire l'impasse sur l'influence structurante des effets de sens. Weber s'appliquait à déterminer les médiations entre les éléments matériels et spirituels, quand le marxisme tendait plutôt à les séparer ou à les réduire à un rapport immédiat. Chez Weber, la religion est autant pratique (rites, exercices de corps, discipline) qu'idéelle (croyances, dogmes). Symétriquement, l'économique est à la fois un « esprit » et une éthique, à l'articulation de pratiques et de principes.

En France, certains auteurs proches de Durkheim ont aussi montré que la voie déterministe était trop simpliste, préférant insister sur l'enchevêtrement des influences entre les productions culturelles et les environnements sociaux. Charles Lalo (1877-1953), chargé par l'équipe de *L'Année Sociologique* de développer la sociologie esthétique, insistait sur les influences réciproques entre art et société, sans jamais privilégier un sens (*cf.* Bastide, 1977 ; Heinich, 2001 ; Péquignot, 1993, sur l'évolution historique de la sociologie de l'art).

Chapitre II

La qualification « culturelle »

Jusqu'ici, nous avons montré qu'il existait une pluralité de voies d'accès à la question culturelle : la philosophie allemande qui insiste sur son aspect idéel ; l'anthropologie anglo-saxonne qui privilégie l'approche descriptive de ses éléments matériels et symboliques ; la sociologie naissante qui s'interroge sur leurs types de relations avec la société.

Mais ces traditions restent encore prisonnières d'un présupposé substantialiste. Aujourd'hui, le contexte intellectuel a complètement changé : on se demande par quels processus certains biens sont qualifiés de « culturels ». Dans les chapitres suivants, cette interrogation s'élargira aux agents et à leurs pratiques, aux institutions et à leurs professions, aux actions et à leurs desseins politiques.

Origines théoriques

La sociologie de la culture étudie les manières dont les acteurs donnent (ou non) des définitions et parviennent à imputer des essences (symbolisées par des qualificatifs). Elle décrit les dispositifs et les interactions au fondement de la qualification des biens. Elle rend compte de l'accord ou du désaccord à son sujet. De ce point de vue, la culture forme un sous-ensemble de la « sociologie des catégories », applicable, plus largement, à l'ensemble des domaines observables. Par exemple, rien n'empêche d'adopter ce point de vue pour la

« criminalité », la « croissance », ou l'« immigration ». Et si, d'après Saussure, « le point de vue crée l'objet », alors il est vrai d'affirmer avec Weber que « la science fait de ce qui est évident par convention un problème ». Autrement dit, ce qui est conventionnel – comme le qualificatif « culturel » – appelle une analyse sociologique.

Premiers éléments d'une sociologie des catégories

Les fondateurs de la sociologie se sont interrogés indifféremment sur les questions de la catégorisation et sur celles de la qualification : dans le jeu social, il s'agit toujours de définir et de classer des « choses ». Durkheim et son neveu Mauss ont développé cette perspective en montrant que les catégories mentales et les classifications étaient susceptibles d'un traitement sociologique.

Ainsi, dans un article de 1903, considéré comme un grand classique, ils insistent sur l'ancrage « morphologique » de nos catégories mentales. Ils ramènent l'ordre logique de nos représentations collectives - concepts, classes, genres, catégories (personne, espace, temps, causalité) – à un ordre extra-logique, c'est-à-dire social : « La classification des choses reproduit la classification des hommes » (Mauss, 1974, p. 169.)

Quelques années plus tard, Durkheim se demande comment les jugements de valeur (ceux-là même qui qualifient) sont possibles. Il faut rompre, selon lui, avec la position philosophique qui attribue la valeur à la chose même. La valeur, en effet, trouve sa source hors de la chose. Les idéaux ont une origine collective. Et les fêtes, épreuves collectives et mises en scène réflexives des groupes, sont à l'origine des idéaux :

> « C'est à quoi servent les fêtes, les cérémonies publiques, ou religieuses, laïques, les prédications de toute sorte, de l'église, de l'école, les représentations dramatiques, les manifestations artistiques [...]. Elles revivifient les idéaux qui, sinon, auraient tendance à s'étioler [...]. Ces idéaux sont essentiellement moteurs : car derrière eux, il y a des forces réelles et agissantes : ce sont les forces collectives. Les idéaux se fixent sur des objets, des personnes. Du coup, ces choses ou personnes peuvent paraître la cause génératrice des valeurs. »
>
> Émile Durkheim, 1996, p. 135 et 138.

Durkheim souligne ici plusieurs aspects :

– seuls des actes collectifs et régulièrement répétés activent les croyances et les orientent vers des valeurs partagées ;
– celles-ci agissent comme des forces sociales animant des biens, des événements, des cultes, des symboles ;
– elles constituent *stricto sensu* des épreuves indépassables et s'imposent à chaque membre du groupe.

Cette problématique restera celle de Durkheim jusqu'à sa disparition. Dans son dernier ouvrage, certains passages soulèvent la question des rapports entre les catégories mentales et les structures sociales. Il pose alors les bases d'une sociologie de la connaissance :

> « Encore aujourd'hui, la plupart des concepts tirent d'abord leur autorité de leur origine collective. Une représentation collective, parce qu'elle est collective, présente déjà des garanties d'objectivité, car ce n'est pas sans raison qu'elle a pu se généraliser et se maintenir dans une suffisante persistance [...]. Une représentation collective est nécessairement soumise à un contrôle indéfiniment répété : les hommes qui y adhèrent la vérifient par leur expérience propre. »
>
> Émile Durkheim, 1991, p. 625.

En outre, Durkheim insiste sur la double dimension de la qualification : à la fois processus de valorisation et de définition des secteurs de l'activité sociale. Les deux sont inséparables : en qualifiant les choses et les gens, le collectif clive et hiérarchise le monde social, engendre des différences dans le registre des faits et les transmue en inégalités dans le registre des valeurs (comme le montre la séparation sacré/profane).

Fécondité de cette approche

• *Le structuralisme et ses influences*

Lévi-Strauss (né en 1908) inscrit directement son anthropologie dans la tradition durkheimienne et maussienne qui portait en germe le structuralisme. Ses recherches sur les échanges symboliques et leurs relations avec les échanges matériels et économiques ont débouché sur l'analyse structurale des divisions symboliques. Récits mythiques et symboles sont les codes culturels de la vie sociale : ils lui donnent sens, cohérence et justification.

La sociologie française a été inspirée en partie par le structuralisme. Bourdieu (1930-2002) s'est interrogé à son tour sur la force du symbolique dans le jeu social. Très tôt, il a orienté ses enquêtes sur la production symbolique des groupes sociaux et sur leurs « luttes de classement » (Bourdieu, 1972). Dans ses études sur les inégalités scolaires, il pense les luttes de classes comme des luttes de classement. Sa sociologie de la légitimation (culturelle) éclaire le travail de transformation (« transmutation ») des forces politiques et économiques en forces symboliques, également porteuses de la violence du social, mais sous des formes euphémisées qui la dénient ou, du moins, la rendent acceptable.

Dans les années 1970, ses approches ont été reprises par une équipe de sociologues (Passeron, Chamboredon, Grignon, Saint-Martin, Desrosières, Boltanski, Thévenot...). Elles inspirent encore aujourd'hui diverses revues de sciences sociales nées dans les décennies 1970 et 1980 : *Actes de la Recherche en Sciences sociales ; Genèses* ; *Annales ESC ; Raisons présentes ; Espace-temps ; Politix.* Dans leurs enquêtes et par leurs thèmes, disciples et revues mettent l'accent, d'un côté, sur les diverses formes de codages sociaux relatifs aux interactions individuelles (disputes et justifications) et, de l'autre, sur les constructions conventionnelles relatives aux catégories socio-professionnelles (PCS par exemple) ou aux statistiques nationales.

• *L'ethnométhodologie*

Il n'existe pas de filiation directe entre l'ethnométhodologie américaine et la sociologie durkheimienne. Au contraire, c'est d'une opposition qu'il faudrait parler. Garfinkel, en effet, s'est fait connaître par sa rupture radicale avec l'« objectivisme » de Durkheim – même si la position de ce dernier s'est modifiée après 1895 et surtout en 1912 – ou avec son « holisme », qui l'incitait à privilégier les institutions plutôt que les intentions des acteurs et leurs interactions. Garfinkel, pour sa part, conteste (1967) l'existence de faits sociaux, de normes préexistantes s'imposant à nous de l'extérieur. Il préfère insister sur le caractère « construit » et « dynamique » de toute réalité. Le social est, selon lui, une création concertée, renouvelée et continuellement entretenue par l'intention, le langage, l'activité et les pratiques des acteurs dans toutes leurs sphères d'action. De ce point de vue, ce courant dénie tout pouvoir prééminent à des règles intériorisées qui surplomberaient et unifieraient la conduite de l'acteur en un *ethos*, pour déplacer sur les individus eux-mêmes la capacité de « fabriquer » l'ordre normatif auquel ils se soumettent ou qu'ils font évoluer selon les circonstances, les enjeux soulevés et la transformation de leurs ressources.

Les sources de l'ethnométhodologie sont diverses. Elles constituent autant de références pour les sociologues de la culture désireux d'approfondir la voie des qualifications :

– la phénoménologie allemande (Husserl) qui décrit au plus près le monde concret des choses en s'appuyant sur l'intention d'une conscience qui se déploie dans son ouverture au monde (je « suis » mon projet, mon corps, ma sexualité, mon travail…) ;
– le pragmatisme anglo-saxon (Peirce, James et Dewey) qui regarde la science non comme une explication du monde mais comme une manière d'agir sur lui : la fabrication du jugement vrai, c'est-à-dire « utile » et « efficace », repose sur la « nature humaine en général » (les vérités, telles les axiomes, sont invariables), sur la « société » (laquelle garantit la stabilité de la plupart des vérités), et sur chaque « individu » (celui-ci maîtrise les vérités d'ordre moral) ;
– la sociologie compréhensive webérienne qui déplace l'accent sur l'influence de l'éthique - conceptions du monde, croyances, motifs idéologiques – dans l'histoire économico-religieuse et dans la structuration des comportements des individus en société ;
– la linguistique (Jakobson) qui étudie les formes concrètes de l'intercommunication et de l'intercompréhension dans l'intelligibilité du sens des conduites.

En résumé, l'intentionnalité du sujet (Husserl), le pouvoir de qualifier l'objet en fonction des effets qu'il suscite (Peirce, James et Dewey), le sens accordé à l'objet dans l'action sociale (Weber), l'interaction symbolique et linguistique (Blumer, Goffman, Becker) constituent, sans nul doute, les quatre piliers de la « sociologie de la qualification » à l'américaine. De plus, si l'« interaction symbolique » rassemble les trois autres piliers sociologiques, alors le fait social est ce processus dans lequel l'intention du sujet, le pouvoir sur l'objet et le sens de l'action prennent forme aux yeux d'autrui pour « qualifier » le comportement, le phénomène ou l'objet observés. En insistant sur la construction sociale de la réalité, Berger et Luckmann donneront une forme synthétique à cette perspective (1996).

Ce que mobilise une épreuve de qualification « culturelle »

La sociologie a progressivement trouvé dans la description du travail de qualification un terrain privilégié (Louis Quéré parle du « tournant descriptif »). La notion d'épreuve caractérise au plus près ce processus. À travers elle, les ethnométhodologues visent à décrire « l'activité continuelle des hommes qui mettent en œuvre des savoir-faire, des procédures, des règles de conduite » (Alain Coulon, 1990, p. 20).

La notion d'épreuve

À partir des années 1960, *l'épreuve* s'impose progressivement en France comme un concept transversal essentiel. Elle est présente principalement dans deux réseaux de chercheurs :

– Le GSPM (Groupe de sociologie politique et morale) est regroupé autour de Boltanski et de Thévenot. Ce premier réseau a influencé des auteurs orientés vers l'art et la culture : Bessy, Chateauraynaud et Heinich ;

– Le CSI (Centre de Sociologie des Innovations), autour de Latour et de Callon, est spécialisé dans l'observation des pratiques scientifiques, auxquels s'est rattaché Hennion en sociologie de l'art.

Illustrant cette généralité de « l'épreuve », Latour (2001, p. 241-243) écrit : « Tout est épreuve [...]. Il n'y a que des épreuves de forces ou faiblesses [...]. Pour définir les choses, il faut des épreuves. Est réel ce qui résiste dans l'épreuve. »

Il est possible de différencier deux approches des épreuves :

- l'une privilégie l'observation de ce qu'elles mobilisent : des collectifs, des raisons, des valeurs, des procédures, des corps. C'est l'optique qui a été suivie ici ;
- l'autre essaie de montrer le jeu des paramètres qui les définissent : le temps (leur fréquence), l'espace (localisation), le nombre (taille et densité des collectifs) et la forme (ouverte ou fermée). Une épreuve peut être peu fréquente et revêtir ainsi un caractère exceptionnel (expositions, publications) ; une autre peut être en revanche institutionnalisée (la critique quotidienne dans la presse).

D'après Luc Boltanski et Laurent Thévenot, 1991 ; Bruno Latour, 2001.

Des collectifs

Les épreuves de qualification des « choses » (faits, gens et biens) mobilisent toujours des collectifs ; telle est, on le sait depuis Durkheim, la base de la production des catégories mentales. Sans cela, la qualification ne peut ni se réaliser ni tenir durablement. Il faut suivre cet auteur quand il explique que le groupe apporte une dimension incontestable, puissante et « objective » du fait de son impersonnalité et de son caractère contraignant qui s'imposent aux volontés individuelles (1988 et 1991). Mais, partant de cet acquis fondateur de la sociologie, notre perspective l'élargit et la précise en effectuant, comme son neveu Mauss, de nouvelles distinctions : entre groupes de producteurs (*i.e.* les « professionnels ») et groupes d'usagers, entre groupes en corps et groupes représentés. Les sociologues insistent sur l'efficacité de tel ou tel « maillon de la chaîne » pour reprendre l'image de Norbert Élias (1991).

• *Les producteurs de qualification*

Nous avons montré ailleurs combien le processus de patrimonialisation dépendait de la mobilisation de nombreux agents : érudits, savants, agents publics, architectes, associations locales… Ces groupements se rassemblent autour de biens qu'ils transforment en cause (Lamy, 1993 et 1996).

De leur côté et dans le même esprit, certains économistes définissent les biens culturels par leur intégration du travail humain. Selon l'ouvrage de référence de William Baumol (*Performing Arts. The Economic Dilemma*, Cambridge, The MIT Press, 1968), l'économie des spectacles vivants incorpore un gros travail de main-d'œuvre : à la fois peu capitalistique (substitution du travail au capital relativement improbable) et peu productive (susceptible de gains de productivité nuls).

• *Les récepteurs*

Mauss et Hubert ont montré dans leurs études sur le sacrifice et la magie que les collectifs se développent aussi sur le versant des récepteurs et des usagers de la définition : de même que la croyance au magicien génère l'efficacité de la magie, de même l'usage généralisé des définitions les rend opératoires.

Bourdieu montre que le statut de « bien symbolique » s'explique en référence aux deux types de collectifs :

– il dépend de la capacité à « produire et imposer les normes de sa production et les critères d'évaluation de ses produits ». L'émergence de la critique est un signe manifeste de l'autonomisation d'un champ, à l'instar des instances de cooptation (académies), d'enseignement et de conservation. Si Bourdieu oppose les biens symboliques à l'art populaire, c'est parce que ce dernier est « dépourvu d'instances spécialisées de production, de transmission et de consécration des œuvres » ;

– à l'inverse des biens symboliques consacrés qui récusent les évaluations quantitatives de sa légitimité (audience, audimat, ventes, succès), le « populaire » se caractérise par son public nombreux, peu stratifié, et par la mesure de sa qualité à l'aune de son extension sociale.

Les expositions : un exemple de lourdes mobilisations

Les grandes expositions exigent des budgets de plus en plus astronomiques. Tout a commencé en 1992 quand la Réunion des Musées nationaux (RMN) en a lancé une série avec *Toulouse-Lautrec* (700 000 visiteurs), puis *Cézanne* au Grand Palais (22 millions Francs, dont une part fut financée par le mécénat). Les postes budgétaires (qui renvoient à des collectifs) se ventilaient ainsi : 30 % pour les assurances, 25 % pour les transports, 25 % pour le gardiennage, 15 % pour la scénographie et 5 % pour la communication.

Ces budgets nécessitent des partenariats et donc des mécènes et des sponsors qui cherchent à tirer de leurs dons des retombées en termes d'image.

Face à de tels investissements, l'obligation est, sinon de rentabiliser les opérations en jeu, du moins de récupérer les sommes de départ. La stratégie de marketing et de communication devient sophistiquée. L'objectif est d'élargir au maximum l'événement en développant des produits à haute valeur ajoutée et de les vendre. L'exposition *Barnes* a attiré plus d'un million de visiteurs, a permis de vendre 17 000 catalogues, 11 000 cassettes vidéo. Il existe également un partenariat avec des revues (*Télérama*, *Beaux Arts*, *Connaissance des Arts)* qui publient des numéros spéciaux à l'occasion des grandes expositions.

• *Collectifs entiers ou représentés*

En outre, tout collectif peut agir dans son ensemble ou être seulement représenté : dans de nombreuses situations sociales, le groupe a ses représentants, ses porte-parole, aussi bien du côté des publics (les associations par exemple) que du côté des producteurs. Certains sociologues des sciences refusent de séparer les producteurs et les usagers, considérant que tous participent également au même réseau et partent à la recherche des « alliances ». Ils définissent la sociologie comme la « science des associations » (Latour, 2001, p. 307). Dans le domaine culturel, les « collectifs » analysés renvoient à d'autres modes d'alliances et de réseaux.

Cependant, comme les enquêtes le montrent, les collectifs ont besoin de raisons et de valeurs au nom desquelles ils puissent faire alliance et constituer un réseau. Il ne suffit pas qu'ils participent à la production des catégories : il faut savoir ce qui les produit.

Des raisons et des valeurs

Nombreux sont aujourd'hui les sociologues qui insistent sur les aspects cognitifs du lien social. Ils montrent que les arguments (les raisons) ou/et les valeurs constituent les fondements sur lesquels les choses et les gens peuvent s'accorder.

• *Les raisons*

Dans le domaine culturel, la raison est particulièrement recherchée tant il apparaît que l'ordre symbolique implique la mobilisation de savoirs pour exister en tant que tel. Cette optique est exposée par Leveratto (2000) qui développe « une sociologie de la qualité artistique » dont les instruments de mesure sont « les savoirs intellectuels ». Cet auteur renvoie à tous les savoirs mobilisés ou mobilisables ainsi qu'aux experts chargés de les mettre en œuvre (il pense aux principales disciplines universitaires : l'histoire de l'art, l'économie de la culture, la philosophie de l'art, l'ethnologie). Il n'exclut pas les publics qui sont promus, au même titre que les experts, au rang d'acteurs susceptibles de mobiliser des savoirs et de qualifier les choses.

Il faut également signaler les études de Raymond Boudon qui, depuis les années 1990, développe une sociologie cognitiviste axée sur l'étude des « bonnes raisons » d'agir. Il applique cette perspective au domaine apparemment subjectif du goût et de l'art.

> « Il y a des raisons précises [...] et sur lesquelles il est facile de s'entendre, de trouver [une] toile grande ou belle [...]. Ce sont des raisons sur lesquelles on peut facilement s'accorder, des raisons qui sont partagées [...]. Le consensus (sur une qualité) est l'effet de raisons objectives. »
>
> Raymond Boudon, 1999, p. 272, 281 et 283.

• *Les experts*

Dans le cadre d'analyse des raisons, toutes les sociologies de l'expertise peuvent trouver un terrain favorable :

– les travaux de Quémin et Moulin sur le groupe des commissaires-priseurs et d'une manière générale sur les spécialistes de l'histoire de l'art (« La certification de la valeur de l'art. Experts et expertises », *Annales ESC*, novembre-décembre 1993, n° 6, p. 1421-1445) ;
– les recherches de Bessy et Chateauraynaud qui essaient de dépasser un « constructivisme désincarné », une expertise intellectuelle.

• *Le droit*

Dans leur entreprise de qualification des actes (délictueux, criminel, intentionnel), des hommes ou des choses, qui est la tâche fondamentale du droit, les juristes mobilisent aussi des savoirs. Depuis un siècle environ, ils tentent, comme les philosophes, de définir le « culturel », à tel point que c'est peut-être au droit que l'on doit l'effort le plus soutenu pour « décider » de ce qu'est un « bien culturel ».

> « Le droit d'auteur s'est élaboré autour de quelques concepts simples, apparemment évidents, qui en constituent la structure élémentaire. L'exposé de ces concepts et leur articulation dessinent une conception tout à fait originale de l'art et de la littérature

qui n'a rien à envier aux théories les plus subtiles de l'esthétique, de la critique littéraire ou de la sociologie de l'art. »

Bernard Edelman, 1989, p. 5.

Edelman rappelle les principaux critères déterminant la définition de l'œuvre (ou qui permettent de parler d'œuvre). Celle-ci est une « création » à trois conditions : qu'elle soit le produit d'un travail intellectuel ; qu'elle exprime la personnalité du créateur ; qu'elle s'incarne dans une forme originale. Le dernier point suppose donc que, pour devenir une œuvre susceptible de protection culturelle, l'idée se réalise dans une forme. Or, à partir de quel moment l'idée commence-t-elle à prendre forme ? Il faut en passer par une définition de la forme, obstacle devant lequel les juristes ne rechignent pas : « La forme est l'organisation de signes en vue de produire un effet esthétique, c'est-à-dire intervenir dans la sphère des représentations » (*ibid.*, 1989, p. 20).

Rares sont pourtant à ce jour les sociologues qui ont associé leurs efforts à ceux des juristes, tant la connaissance du droit est évacuée des formations de sociologie (et symétriquement), en dépit de la richesse des réflexions des hommes de loi spécialisés, des affinités entre ces deux disciplines et de la culture juridique des fondateurs de la sociologie (Marx a été formé à la jurisprudence, Weber à l'histoire du droit classique auquel il consacra sa thèse, Durkheim réalisa une thèse de sociologie juridique…). Certains sociologues ont cependant compris l'avantage qu'ils peuvent tirer de la connaissance précise du droit dans les domaines qu'ils explorent :

- Nathalie Heinich multiplie les éclairages juridiques (1996, 1998*a*, 1998*b* et 2002). Elle montre, par exemple, comment les objets dépendent des *traitements* cognitifs qu'on leur réserve (2002) ; son dernier ouvrage est écrit en collaboration avec Edelman, juriste spécialiste des questions artistiques ; ils s'interrogent ensemble sur leurs démarches respectives et sur les apports spécifiques du droit et de la sociologie ;
- Bessy et Chateauraynaud (1995) font reposer une grande partie de leur sociologie de l'expertise sur leur connaissance du droit des marques et des contrefaçons ;
- Yvon Lamy insiste sur le régime juridique du patrimoine qui tente toujours de fonder en raison les opérations de qualification. La loi du 31 décembre 1913 s'efforce de définir les biens patrimoniaux : ils doivent présenter un « intérêt public au point de vue de l'art ou de l'histoire ». Tout le patrimoine français est peu ou prou concerné par cette définition (Lamy, 1996).

De même que des pans entiers d'objets autrefois usuels ont été transmués en biens culturels par l'action publique, d'autres types de biens autrefois considérés comme industriels ont changé de statut pour devenir des « œuvres d'art ». Les exemples les plus frappants concernent la photographie (Moulin, 1999 et 2000) et le cinéma (Yann Darré, *Histoire sociale du cinéma français*, Paris, La Découverte, 2000) qui ont bénéficié d'une législation leur ayant reconnu un statut non industriel en les incluant dans le code de la propriété artistique.

Dans cet ordre d'idées, l'on pourrait évoquer aussi le jazz, la bande dessinée, tant de domaines d'expression « en voie de légitimation » (Bourdieu, 1971).

• *Les valeurs*

D'autres auteurs vont plutôt rechercher du côté des « principes de justice » les moyens de « monter en généralité », de mobiliser des collectifs et de qualifier des choses. Boltanski et Thévenot montrent qu'il existe différentes « cités » à partir desquelles on peut mobiliser des arguments et des groupes (1991). Cette piste a été poursuivie et approfondie dans le domaine de l'art par Heinich (Heinich, 1998*b*) qui s'est fait une spécialité d'identifier les valeurs mobilisées par les individus qui réagissent à des œuvres.

Raisons ou valeurs ?

Il existe un vaste programme de réflexion (sociologique ou philosophique ?) pour déterminer ce qui permet aux individus et aux collectifs d'agir et de s'entendre : sont-ce plutôt des valeurs ou des raisons ?
Une solution parmi d'autres consiste à montrer que les valeurs sont fondées en raison. C'est la piste suivie par les cognitivistes (Sylvie Mesure, sous la dir. de, *La Rationalité des valeurs*, Paris, PUF, 1998) dont Boudon est aujourd'hui le représentant. Ce dernier a élargi le concept de rationalité utilitaire aux dimensions téléologique, axiologique, traditionnelle et cognitive La « rationalité axiologique » est empruntée à Weber qui parlait de « rationalité en valeur » :
« L'adhésion à une valeur s'explique par le fait qu'elle fait sens, c'est-à-dire que le sujet a des raisons de l'accepter. Les raisons sont donc les causes de la croyance » (Boudon, 1999, p. 139-140).

Des corps

Les humains ne sont pas seulement des êtres de raison, mais aussi de chair et d'émotions. Dans la plupart des interactions avec des objets ou les autres hommes, le corps joue un rôle essentiel. C'est à travers le corps que l'on qualifie les objets (et les gens), selon qu'ils provoquent ou non une émotion (rougissement, frissons, extase, cris, soupirs…).

Si la « sociologie du corps » n'a pas vraiment d'assise institutionnelle (Berthelot, « Les sociologies et le corps », *Current sociology*, vol. 33, n° 2, 1985 ou David Le Breton, *La Sociologie du corps*, Paris, PUF, 2000, 1re éd. : 1992), certains sociologues, depuis Mauss (les techniques du corps), Halbwachs, Simmel ou Sapir (sociologie des sentiments et des émotions) savent en tirer partie. On pense à Goffman (les interactions en face à face) ou à Bourdieu (apprendre « par corps »).

Dans le domaine artistique, Christian Bessy et Francis Chateauraynaud (1995) ont proposé une réflexion sur la production des preuves d'authenticité d'objets anciens. Selon eux, le constructivisme (ils y incluent Bourdieu et Panofsky, dans la lignée de Kant) insiste trop exclusivement sur les représentations (raisons ou valeurs) au détriment des corps. Ils distinguent quatre types « d'épreuves » décisives pour aboutir à une qualification d'un objet : des épreuves matérielles ; la généalogie des réseaux tracés par l'objet (histoire de l'objet, les témoins) ; l'exploration sensorielle (épreuve physique, corps de l'expert et techniques) ; le « coup d'œil », qui fait de l'expert à la fois un empiriste (il fonde son travail sur les corps et la matière) et un intellectualiste (il détient un savoir idéel et formel).

Des procédures

La sociologie des épreuves débouche sur une sociologie des procédures, entendues au sens large, c'est-à-dire comme un système où s'allient des corps, des savoirs, des réseaux et des techniques. Bessy et Chateauraynaud parlent à ce propos des « bonnes médiations » : les matériaux, les réseaux de personnes et d'objets, les conventions descriptives. Ou aussi, dans le langage de Deleuze, les bonnes « prises » : des corps, des objets, des représentations et des dispositifs qui doivent tenir ensemble pour former un tout.

Les juristes se sont orientés de fait vers une approche procédurale des biens culturels : ils ne disent pas ce que sont ces biens en eux-mêmes (les sociologues non plus, on l'a vu), car ils ont compris depuis longtemps, par la force de la pratique, qu'il fallait y renoncer, mais ils construisent les procédures à suivre qui mènent à la qualification culturelle d'un bien. Il serait, en effet, totalement erroné de penser que le droit fabrique le qualificatif par le seul travail de l'argumentation. Il comprend aussi un ensemble de dispositifs collectifs, d'actes et de performances qui produisent en eux-mêmes des effets pratiques. On retrouve ce double travail du droit dans son organisation : d'un côté, la loi votée au Parlement détermine les grands axes et s'attache à donner par exemple une définition du patrimoine (il concerne tout ce qui a un intérêt historique, scientifique, esthétique…) ; de l'autre, de multiples décrets d'application, une jurisprudence abondante, des codes de procédures se chargent de la mettre en application. Cette seconde phase pratique intéresse la description sociologique dans la mesure où ces modalités mettent en branle les collectifs (commission régionale, procédures d'inscription et de classement, contrôle et inspection, inventaire) qui ont une efficacité sociale.

La description par Heinich du litige qui opposa en 1927 le sculpteur Brancusi à la douane américaine montre à quel point un procès consiste en la mobilisation de collectifs (alliés, témoins, presse), de procédures (distribution de la parole, ordre, hiérarchie), d'arguments (définitions, justifications, jugements), de corps (de l'artiste, des juristes, des avocats, des experts), d'objets (les œuvres, des photographies, des coupures de presse…) (Heinich, 1996).

Cependant, les biens culturels ne le sont qu'incomplètement quand on les considère seulement du point de vue des procès de qualification : ils développent à partir de là des effets sociaux, qui marquent leur spécificité et qui expliquent pourquoi tant d'efforts sont entrepris pour les orienter préalablement vers cette « nature ». Dans cette optique, tout bien est potentiellement culturel, à condition qu'il ait pu mobiliser des collectifs tendus vers sa qualification et qu'il ait produit les effets attendus. Ce n'est pas faire preuve de relativisme que de le signaler dans la mesure où on insiste sur des nécessités procédurales qui n'ont rien à faire avec un « arbitraire ».

Chapitre III

Les effets sociaux du « culturel »

Ce chapitre complète le précédent : la qualification des biens (mais aussi des gens et des pratiques) n'a d'intérêt sociologique qu'en tant qu'elle engendre des effets sociaux. La description des processus à l'œuvre dans la qualification culturelle des biens ne peut donc être détachée de l'analyse de ses conséquences sur la société. Cette présentation des problèmes s'inscrit pleinement dans la tradition sociologique, dans la mesure où les grands auteurs (Durkheim et Weber) ont insisté sur cette double dimension : la qualification et ses effets.

L'hypothèse forte consiste à dire que si les biens culturels ont des effets sociaux (objectivement observables, on le verra), ils le doivent en partie à leur qualification culturelle. Constater l'efficace des désignations n'équivaut pas à dénier l'existence d'une réalité objective. La perspective sociologique a ceci de différent de celle de la philosophie qu'elle peut s'en tenir à l'observation empirique des procès de qualification des choses (chapitre précédent) et de leurs effets sociaux (ce chapitre) sans avoir à trancher sur l'existence ou la non-existence du « culturel » en soi. Le sociologue peut simplement constater que la dénomination est un travail objectif qui a des conséquences observables, évitant ainsi le périlleux débat sur le nominalisme.

Notre présentation s'effectue en trois temps : d'abord, rappeler la fécondité de cette perspective qui, loin d'être marginale, inspire consciemment ou non la plupart des recherches sociologiques. La raison en est simple : la quête des effets est totalement empiriste, elle se traduit en actes par la recherche des signes mesurables d'une réalité. Ensuite, présenter dans leurs multiples dimensions les effets des biens culturels. Enfin, décrire quelques mécanismes importants de leur fonctionnement.

Origines et applications

Une inspiration commune : le pragmatisme

On ignore souvent l'importance des philosophes américains de la fin du XIXe regroupés sous la bannière du « pragmatisme », n'imaginant pas à quel point les classiques de la sociologie alors naissante en Europe ou aux États-Unis ont pu y trouver une véritable inspiration (Cometti, 1994). La sociologie américaine est largement fondée sur cette tradition (Jean-Michel Chapoulie *La Tradition sociologique de l'école de Chicago. 1892-1961,* Le Seuil, 2001).

Dans un article paru dans la *Revue philosophique* en 1878-1879, Charles Sanders Peirce (1839-1914) ne s'intéresse pas aux vérités scientifiques élaborées et définies pour elles-mêmes (*opus operatum*), mais à la démarche scientifique, aux clartés qu'elle livre sur tel ou tel phénomène, c'est-à-dire au processus de la découverte scientifique ainsi qu'à ses effets (*modus operandi*). Ce déplacement du regard fait de la science non plus une explication du monde, mais un simple moyen d'agir sur lui : « La portée rationnelle d'un mot ou d'une expression réside dans les effets concevables qu'elle est susceptible d'avoir sur la conduite de vie » (Peirce, cité par Cometti, 1994, p. 390.) Selon Peirce, la pensée n'a pas d'autres buts que de produire de la croyance pour le repos de la pensée : « La conception de tous les effets pratiques que l'on peut penser est la conception complète de l'objet » (*ibid.*). Dans sa théorie de l'enquête, la vérité n'est pas une donnée préalable, elle est toujours un résultat.

Son contemporain William James (1840-1910), tenant de « l'empirisme radical », se fait l'écho de cette position dans son ouvrage sur la croyance religieuse : *La Volonté de croire* (1896). Il développe une théorie de l'expérience selon laquelle « le mot vérité n'est qu'un nom collectif résumant des processus de vérification ». Est vrai le jugement « qui paie ». Selon lui, la vérité s'éprouve aux intérêts qu'elle satisfait et aux utilités qu'elle procure. De même, John Dewey (1859-1952) réduit sa conception de la vérité en science, en religion ou en morale à ses effets sur les organismes récepteurs, quels qu'ils soient : individu, groupe, société, génération, époque, nature.

Les pragmatistes récusent toute conception statique et définitive de la vérité. Ils jugent bonne ou mauvaise une croyance par ses effets dans le futur. Leur vision du monde est à la fois constructiviste, volontariste et « faillibiliste » : les vérités sont faillibles et falsifiables, relatives et provisoires. Comme chez Popper, la rationalité est procédurale par nature : elle s'éprouve.

Selon ce courant, la théorie de l'expérience se fonde sur les effets et les usages positifs ou négatifs que l'on tire des épreuves (scientifiques, artistiques, religieuses...) pour la vie, pour la science, pour la société, pour l'habitude... Nous avons un certain pouvoir de modifier ce qui est certifié dans le passé en fonction de ses effets dans le futur. Et la société est ce qui garantit la stabilité de la plupart des vérités (ici le pragmatisme rejoint la position de Durkheim).

En sciences sociales, le pragmatisme inspire diverses orientations fécondes, par exemple quant au sujet de la décision, de la position sociale et du contexte culturel du décideur.

L'influence du pragmatisme sur les fondateurs de la sociologie

Sans entrer dans une présentation approfondie de cette relation, peu connue en France, au moins doit-on savoir que le courant pragmatiste n'était nullement ignoré par les fondateurs de la sociologie. Durkheim y consacra un cours entier à la Sorbonne en 1913-1914 (*Pragmatisme et sociologie*, Paris, Vrin, 1981). Quant à Weber, il connaissait le James de *La Volonté de croire* (1896). Son approche de l'éthique religieuse s'en inspirait dans la mesure où elle prenait étroitement en compte les conséquences sociales, économiques de diverses religions historiques (judaïsme, confucianisme et taoïsme, bouddhisme et hindouisme, calvinisme et catholicisme...), par la médiation de la psychologie, comme le montre sa thèse sur les effets – controversés – de la croyance en la prédestination par exemple.

• *Durkheim : définir les « choses » par leurs effets*

L'attention portée aux effets est considérée par Durkheim comme la seule démarche scientifique possible. Alors qu'il soutenait sa thèse, il écrivait déjà :

> « Nous ne pouvons connaître scientifiquement les causes que par les effets qu'elles produisent [...]. L'étude de la solidarité relève de la sociologie. C'est un fait social que l'on ne peut bien connaître que par l'intermédiaire de ses effets sociaux. »
>
> Émile Durkheim, *De la Division du travail social*, Paris, PUF, 1991, p. 30-31 (1re éd. : 1893).

Dans les *Règles de la méthode sociologique* (1895), il fait de cette option une règle de la méthode. On doit par exemple définir le crime par ses effets juridico-judiciaires, c'est-à-dire par la peine. La sociologie a, de ce point de vue, une posture scientifique analogue à celle de la physique : pour décrire un phénomène (l'« électricité » par exemple), le scientifique observe ses effets en introduisant des mesures. C'est par ce biais que la physique peut dire ce qu'« est » l'électricité. Dit autrement, l'électricité n'est pas autre chose que ce qu'elle produit.

Ce point de vue s'avère toujours pertinent pour définir les choses. Si l'on veut par exemple caractériser les différents types de cinéma (commercial, expérimental, « d'art et d'essai », « de proximité »...), la démarche sociologique cherchera à comparer et à spécifier les usages et les modes de diffusion différenciés entre ces types. Le cinéma se distingue de la vidéo par la dimension collective de sa projection, par son usage collectif dans un espace fonctionnel institutionnalisé. Il en est de même pour la culture de masse étudiée du point de vue de ses effets industriels, économiques, sociaux et de ses effets plastiques : les objets de série peuvent aussi être beaux à l'occasion, sachant que la beauté n'est pas leur fin (Kalifa, 2001 ; Noël Carroll, *A Philosophy of Mass Culture*, Oxford, 1998).

• *Weber : spécifier les effets pour comprendre*

Pour sa part, Weber a pris le problème dans un autre sens mais pour aboutir aux mêmes conclusions méthodologiques. Il a constamment réaffirmé qu'il fallait entreprendre une sociologie des effets de la religion au lieu de réfléchir à ce qu'était la religion en soi : peu lui importait son essence (improbable). Les discussions sans fin que cette perspective « philosophante » ouvrait ne l'intéressaient pas : « Le sujet [de la sociologie religieuse] n'est pas de définir ce qu'est la religion, c'est impossible » (Max Weber, 1995, tome 2, p. 145.) Sa préoccupation ne porte pas sur la nature du religieux, mais sur ses implications : il qualifie certains hommes, il structure et hiérarchise la société, il encourage certaines pratiques et en décourage d'autres, etc. « Notre tâche est d'étudier les conditions et les effets d'une façon particulière d'agir en communauté », écrit-il. L'objet, le champ et l'œil du sociologue sont ici au cœur de sa pertinence. Sans doute faut-il ici voir l'influence de la double formation juridique et économique de Weber, deux disciplines pratico-théoriques ?

L'esthétique pragmatiste

De nombreux philosophes de l'esthétique se replient sur cette position pour éviter les apories des dialogues socratiques (du type : qu'est-ce que « l'œuvre d'art », « la culture », « le beau », « le laid » ?). Ils préfèrent se pencher sur les effets qualifiés d'« artistiques », de « culturels », en vue de les spécifier.

Nelson Goodman se demande par exemple comment les biens artistiques « fonctionnent ». Pour lui, l'essentiel est de comprendre ce que l'art fait, non ce qu'il est (*Manières de faire des mondes*, trad. fr., Nîmes, Jacqueline Chambon, 1992). Il parle d'« activation » des œuvres par la vertu des dispositifs qui les mettent en circulation : exposition, publication, édition, publicité, tous les « réseaux » qui, de l'éclairage à la restauration du tableau, immergent l'œuvre en société (appartement, galerie, musée).

Arthur Danto, pour sa part, insiste sur les opérations d'interprétation qui distingueraient les œuvres d'art des autres objets : c'est la définition qui sépare ontologiquement le non art de l'art. Genette ne veut pas dire autre chose avec son néologisme d'« articité » (Cometti *et alii*, 2000 ; Cometti, *Art, représentation, expression*, Paris, PUF, 2002 ; Marie-Dominique Popelard, *Ce que fait l'art*, Paris, PUF, 2002).

Le pragmatisme de l'économie de la culture

L'économie de la culture n'a pas attendu la sociologie pour étudier le culturel d'un point de vue pragmatiste. L'une des caractéristiques majeures de la (jeune) théorie économique de la culture est précisément de ne pas chercher de définition ontologique du bien culturel, mais de le cerner par ses modes spécifiques de consommation – qui ne sont pas autre chose que ses effets – par rapport à leurs usages et aux autres biens ou activités associés.

L'un des premiers économistes à raisonner de la sorte fut Thorstein Veblen (1857-1929) dans sa *Théorie de la classe de loisir* (1899, trad. fr. 1970, Paris, Gallimard). Celui-ci remarqua les modes atypiques de consommation conduisant certains types de biens (et certains usages) à relever de « lois anormales ». La demande de biens et de services culturels remettait en cause les hypothèses de l'analyse économique standard (en particulier l'utilité marginale décroissante).

L'effet Veblen

L'« effet de snobisme » est bien connu : la demande de certains biens est amenée à augmenter avec son prix et inversement à diminuer quand le prix baisse, en contradiction avec la loi standard de l'offre et de la demande.

À la consommation ostentatoire et distinctive des produits de luxe s'oppose l'interprétation dévalorisante d'un prix trop bas par les publics de connaisseurs.

On peut aujourd'hui considérer à rebours que les biens dont l'effet de snobisme est observable (par la mise en évidence de l'élasticité positive de prix) peuvent être considérés comme des « biens culturels ». Autrement dit, l'élasticité positive de la demande est un indicateur d'un type particulier de consommation, soumis à des phénomènes d'ostentation et de distinction. Ce qui pourrait déboucher sur une conception continuiste des biens : ils seraient plus ou moins culturels et non pas enfermés dans l'alternative, de type culturel ou industriel.

Ce type de théorie a ouvert la voie à la théorie néoclassique des nouveaux consommateurs. Dans la théorie de Lancaster qui date des années 1960, on considère que :

> « Les loisirs sont des services que le consommateur se rend à lui-même, en ce sens que la satisfaction qu'il en retire est indissociable du fait qu'il en est lui-même le producteur. En tant que loisirs, ces activités perdent leur sens si elles sont déléguées. Les loisirs sont des activités non déléguables. »
>
> Nicolas Herpin et Daniel Verger, 2000, tome 2, p. 58.

En ce sens, les effets d'une délégation (faire faire par d'autres ce qu'on peut faire soi-même) dévoilent la spécificité de la relation qui nous relie à certains objets (ou la spécificité de certains objets eux-mêmes, cela importe peu aux économistes).

Cette approche fut approfondie par Linder quand il décida d'ordonner les activités de loisirs depuis la lecture jusqu'au jeu de *poker* selon le coût par unité de temps passé : « L'argent peut plus ou moins bien se substituer au temps selon les activités de loisir. Exemple : l'argent me permet de gagner du temps dans la lecture » (Linder, cité par Herpin et Verger, p. 58.)

Autre exemple parmi les plus célèbres, la définition indirecte des biens culturels de Gary Becker et George Stigler (Benhamou, 1996, p. 13-15). Ce sont les biens « dont le désir ne s'assouvit pas avec la consommation », au contraire : un individu qui possède une formation élevée aura intérêt à une consommation importante qui lui demandera de moins en moins d'investissement.

Toujours en tenant compte des caractéristiques de la consommation, les théories de Samuelson (Nobel d'économie en 1970) sont à l'origine d'une nouvelle approche avec sa théorie des biens collectifs qui ne sont ni rivaux, ni divisibles :

> « Un bien collectif (service mais on parle de bien) est un bien dont la disponibilité n'est pas diminuée par la présence d'un consommateur supplémentaire (on parle de « non rivalité » des consommateurs) [...]. Par nature, les biens collectifs échappent à la logique du marché : ce sont des externalités positives. Ils justifient donc l'intervention de l'État (même dans une optique libérale) puisque la collectivité doit décider quels biens collectifs produire (quantité, qualité) et les financer. »
>
> Jean-Paul Piriou, *Lexique de sciences économiques et sociales*, Paris, La Découverte, 1997, p. 13.

C'est sans doute par ce biais de la demande qu'il faut rechercher la définition la plus efficiente de ce que peut être un bien culturel.

Typologie des effets

Marcel Mauss développe une approche de la portée du « fait social total » dont l'analyse doit se décliner selon trois dimensions. Ainsi, à propos du rythme, il écrit :

> « Dans le rythme, il faut considérer ses effets : sa hantise, sa façon dont il poursuit ceux qui ont été impressionnés. Ce que les groupes recherchent dans les rites, les pratiques, ce sont les effets physiologiques, psychologiques et sociologiques : l'activité, la fatigue, l'excitation, l'extase. »
>
> Marcel Mauss, 1985, p. 301.

Nous adaptons ici sa perspective en y ajoutant des dimensions axiologique et cognitive. Il faut noter en passant que le programme de recherche énoncé par Heinich (1998 et 2001) est très proche de ce regard pragmatiste de Mauss. Elle l'intitule d'ailleurs « sociologie pragmatiste », sans pour autant signaler l'existence de l'école philosophique, ni reprendre Mauss :

> « La sociologie peut alors s'intéresser aux œuvres non pour ce qu'elles valent ou signifient, *mais pour ce qu'elles font.* Elles agissent sur les émotions, les catégories cognitives, les systèmes de valeur, l'espace des possibles perceptifs [...] ; elles font bouger les acteurs (émotion, mais aussi visites massives d'expositions), elles font parler. »
>
> Nathalie Heinich, 1998*a*, p. 30.

De ce point de vue, on peut considérer que les biens sont eux-mêmes devenus des épreuves : cette fois-ci, loin d'être qualifiés, ils qualifient, ils produisent du « social », des représentations, suscitent des jugements collectifs, des publics d'amateurs, de connaisseurs, des interventions politiques…

Les effets morphologiques

Par « morphologie », nous entendons, dans la tradition de la sociologie durkheimienne (Durkheim, Mauss, Halbwachs), les aspects formels de la vie collective (démographiques, générationnels, spatiaux et temporels…), en somme la « physique des groupes ». Outre le fait déjà abordé que la qualification d'un bien dépend de collectifs, celle-ci produit à son tour des groupes, plus ou moins amorphes, plus ou moins durables et institutionnalisés, plus ou moins larges et massifs. De manière générale, définir, c'est pratiquement inclure et exclure.

• *Les groupes de professionnels*

Les individus qui contribuent à la production des biens et à leur diffusion se professionnalisent autour de savoirs. Ce n'est pas un hasard si l'on parle de « qualifications » professionnelles.

Weber décrit, avec une grande sûreté, l'émergence de ces instances professionnelles au sujet de ce qu'il appelle les « magiciens » qui, selon lui, sont les « premiers professionnels » (Weber, 1995). De même, les producteurs de biens culturels produisent les définitions et les réactivent en permanence (Heinich, 1998*c*).

Pierre Bourdieu et Howard Becker insistent tous les deux, en dépit de leurs divergences, sur ces groupes qui sont chargés d'étiqueter choses et gens à l'intérieur des « champs culturels » (Bourdieu) ou des « mondes » (Becker). Les institutions sont plus ou moins institutionnalisées. Académies, jurys, universités, critiques se chargent d'imposer des définitions conventionnelles qui cadrent les objets en les soumettant à une série de canons et de critères. La compétence consiste à détenir le monopole de la légitimité, à savoir le monopole de la capacité sociale à dire ce qui est ou non un bien culturel (*cf.* l'exemple des comités de lecture des maisons d'édition dont le fonctionnement est décrit par Anne Simonin et Pascal Fouché : « Comment on a refusé certains de mes livres. Contribution à une histoire sociale du littéraire », *Actes de la recherche en sciences sociales*, n° 126/127, mars 1999, p. 103-105).

• *La production des publics*

Des groupes d'usagers des biens ainsi qualifiés constituent l'autre part importante de la morphologie culturelle. Les « publics » sont plus ou moins nombreux, durables, fidèles et dévots. Selon Hennion (1993), la musique se définit à travers ce qu'elle fait, elle constitue une médiation. Ici, la sociologie de l'amateur rejoint et renforce l'amour des concerts rock, c'est-à-dire le groupe affectif et émotionnel. Il en va de même chez Paul Yonnet dans le cas du sport et des jeux (1999).

Les collectifs induits par la patrimonialisation

Le patrimoine constitue le phénomène à partir duquel nous pouvons illustrer ces idées. Le processus de patrimonialisation, lui-même issu d'un travail de groupe, « produit » à son tour des collectifs :

– les associations locales qui sont souvent à l'origine des initiatives de classement ou d'inscription sont mobilisées durablement et réactivent les biens qu'elles estiment d'intérêt général et susceptibles de certains traitements spécifiques, dont la conservation ;

– on a de nombreux groupes d'experts, de professionnels (architectes, archéologues, ethnologues, géographes, historiens, universitaires, etc.) qui sont sollicités régulièrement dans le cadre des processus d'inscription et de classement (Lamy, 1990) ;

– les publics du patrimoine se constituent de manière disparate, ils sont plus ou moins ancrés sur des territoires, commémorant des habitudes collectives, réactivant des fêtes, animant des services culturels. Ces publics développent des attitudes spécifiques. Ils constituent toujours la caution ultime de la mise en patrimoine. Les biens culturels de type patrimonial induisent des rapports spécifiques aux objets et des collectifs correspondants : le tourisme en est un ;

– des identités collectives, rassemblées autour de biens communs, relient entre elles des générations qui se transmettent ces biens (Lamy, 1996). Le patrimoine surajoute finalement de la durée (quand les groupes sont durables) et du contrôle social (Lamy, 1993) : en amont avec les cadres juridiques de classement, les règles administratives et les accompagnements financiers qui s'imposent aux propriétaires, aux usagers, aux corps de professionnels ; en aval avec la protection, la restauration à l'identique ou la conservation.

Les effets axiologiques

• *Principe*

Les sociologues ont été les premiers à montrer à quel point ont partie liée entre eux les effets morphologiques des qualifications et leurs effets symboliques. L'opération de qualification a des effets d'inclusion et d'exclusion : au sein d'une catégorie ; dans des groupes ; dans des groupements hiérarchisés et valorisés.

En ce sens, la question de la qualification culturelle n'est pas séparable de celle de la construction de la valeur des choses et des gens, dans la mesure où la qualification engage leur qualité en plus de leur identité : quand je dis que *X* est « *y* », je le qualifie. Ce faisant, je fais littéralement deux choses :

– j'identifie *X* à un élément qualificatif, je le renvoie à un « *y* » qui est supposé en dire « plus » sur lui. Par exemple, si je dis que cette statue est « de l'art », je renvoie un objet singulier à une catégorie plus étendue – « l'art » – qui est censée le qualifier ;
– j'attribue alors une qualité à *X*, ici une qualité « artistique ». Je sors un objet de son isolement pour l'inclure dans un collectif qui est rattaché à des individus et des hiérarchies, des valeurs et une histoire, un « monde » et/ou un « champ ».

• *Application*

Les sociologues sont nombreux à adopter cette perspective d'analyse du social, comme travail à la fois symbolique (qui dote de sens et de valeur) et physique (densité sociale, corps en mouvement…) :

• Dans son étude publiée en 1912 (*Les Formes élémentaires de la vie religieuse)*, Durkheim démontre que la division morphologique a son équivalent symbolique dans la division profane/sacré. La religion inclut et exclut des objets et des êtres en deux catégories antithétiques : le « sacré », fortement valorisé (par des interdits et des tabous), et le « profane », dévalorisé parce qu'ordinaire, commun et quotidien. C'est dans cet esprit que Mauss et Hubert (Mauss, 1995) avaient étudié le sacrifice, entendu comme processus de modification des états des personnes qui aboutit à la consécration.

• La sociologie religieuse de Weber a également développé cette perspective. Le travail religieux produit de la valeur (le « salut »), c'est-à-dire des qualifications sociales indétachables des hiérarchies : les professionnels qualifiés (les « virtuoses ») d'un côté, les non-qualifiés (les « masses ») de l'autre. Cette division induit des luttes pour le monopole des accès à la qualification (les « voies du salut »).

• Norbert Élias (1897-1990), dans son ouvrage sur les processus d'exclusion (*Logiques de l'exclusion*, trad. fr., Paris, Fayard, 1997, 1re éd. allemande : 1965), décrit également ces processus de dévalorisation et de stigmatisation : aux groupes physiques et humains sont toujours associés des objets matériels et des notions symboliques.

• L'anthropologue Françoise Héritier montre (*Masculin/féminin, la pensée de la différence*, Paris, Odile Jacob, tome 1, 1996, tome 2, 2002) que la division sexuelle des sociétés est toujours liée à une division axiologique, ce qu'elle appelle la « valence différentielle des sexes » et correspond au travail social de transposition au plan des valeurs des « qualités » féminines et masculines : le masculin est rattaché à des objets, pratiques ou institutions constamment valorisés, tandis que le féminin est associé au reste.

• Bourdieu a pour sa part très largement analysé les effets morphologiques et symboliques des classements sociaux et des qualifications scolaires en particulier. Loin de se restreindre aux seuls cadres scolaires (les

« jugements scolaires » de l'« entendement professoral »), les qualifications culturelles (diplômes, compétences) produisent des effets en chaîne, pouvant être plus ou moins convertis selon les univers : en honneur et prestige (capital symbolique), en capital économique, politique, etc. Le mérite scolaire externe se transmue en mérite moral interne, attaché à la personne, à sa valeur propre. De même, les accumulations de capitaux culturels ont des effets sur les stratégies de distinction qui sont autant de façons de maintenir sa valeur, la décupler, l'entretenir, la transmettre.

• *Ce que fait le patrimoine*

De son côté, le processus de patrimonialisation impose au public un nouveau rapport aux objets, des conduites juridiquement réglées, souvent respectueuses (sous peine de sanctions formelles). Il s'opère en ce sens une « alchimie », autrement dit une opération magique qui prend plusieurs formes :

– le patrimoine englobe avec lui des valeurs nationales et historiques, d'intérêt général, de dépassement de particularismes et d'intérêts privés ;
– ces phénomènes de « montée en généralité » (Boltanski, 1990), « d'objectivation » (Heinich, 2000) et de collectivisation infèrent des attitudes spécifiques : sacralisation, respect, attention (Lamy, 1996) ;
– cela implique le développement conjoint d'une éthique de la responsabilité et d'une éthique de la conviction : les générations deviennent dépositaires et gardiennes de quelque chose qui les dépasse, d'une cause qu'elles défendent ;
– on assiste en outre à un basculement dans un autre régime de propriété : on soustrait certains biens à toute aliénation privée, on les met à la disposition de l'ensemble de la collectivité. Aucune appropriation n'est possible.

Sociologie des valeurs et neutralité axiologique

En s'engageant dans un travail d'enquête sur la formation des valeurs et des procès de valorisation, sur les effets des qualifications produites, le sociologue est confronté à la délicate question de ses propres valeurs. Idéalement, il devrait suspendre ses jugements : il ne doit pas dire ce qui a ou aurait de la valeur selon lui, et encore moins ce qu'est la valeur « en général ». Il devrait montrer de manière objective (au sens de descriptif et d'empirique) comment se produit la valeur.

Il doit éviter le « sociocentrisme », voire l'« intellectualisme », qui consiste à considérer que ce qui vaut pour le chercheur est ce qui vaut en général. Typique dans ce cadre de la sociologie de la culture, l'objet « livre » est valorisé et valorisant dans le groupe auquel appartient l'universitaire. Il ne devrait pas pour autant être considéré comme valorisant pour tout le monde. Cette attitude est dite « relativiste », à moins de considérer, par un « coup de force symbolique », que ce qui est bon pour moi doit être bon pour tous.

Comme le signale Heinich (1998*a*), le sociologue doit aller jusqu'à réfléchir aux effets sociaux de la publication de ses enquêtes, ce que Weber appelait l'« éthique de la responsabilité. » (Max Weber, *Le Savant et la politique*, trad. fr. Paris, Plon, 1959, 1re éd. allemande : 1919).

Les effets physiologiques et émotionnels

L'expérience esthétique ne peut être réduite à des questions de jugement : le plaisir n'est pas nécessairement intellectuel, il est aussi sensible, engage les corps et provoque l'émotion. Or, l'émotion est pour une grande part (indéterminée) somatique : malaise, transport de joie, rougissement, sueurs, tremblement, battement du cœur, sensations sexuelles. De ce point de vue, l'art et les biens culturels en général ont des effets sur les corps.

Mauss a noté dans un texte classique sur les techniques de corps, mais aussi dans son *Manuel d'ethnographie* (1967), qu'il existe une relation très ancienne entre le corps et la culture, le corps et l'esthétique. L'art est même, selon lui, à l'origine un travail du corps : cosmétique, parures, danse (qui fait bouger), drame (qui émeut), littérature orale (qui est récitée et publiquement écoutée)… Il distingue par ailleurs les objets techniques des objets artistiques en fonction de leurs effets : physiques (utilité) pour les uns, sensibles (non utilité) pour les autres. Selon lui, « l'esthétique contribue à l'efficacité des rites par ses effets sensibles » (Mauss, 1985, p. 85).

Les effets psychologiques et identitaires

Il est impossible de rentrer dans une description des effets psychologiques de la production, de la possession, de l'acquisition, de la consommation, de la diffusion du « culturel » comme qualité sociale. D'autant que cet aspect se situe aux frontières de la sociologie qui reste réticente à pénétrer dans ces espaces psychologiques. Mais c'est (encore !) à l'originalité d'un Mauss qu'il faut se référer pour présenter ce que peut être une sociologie des effets psychologiques. Dans son étude sur le sacrifice, il évoque avec Hubert la transformation des états qui sont visés par les individus (Mauss, 1995). Toute la sociologie des rites s'est engouffrée dans cet espace (Durkheim, Van Gennep, Bourdieu, Rivière, Segalen, Héran, Bozon…).

Heinich a emprunté également cette piste en étudiant les « épreuves de la grandeur ». S'intéressant aux transformations des états induits par le fait de recevoir un prix littéraire de grande portée, elle a interrogé les lauréats sur les effets de ces changements de dimension sociale. Certains ont totalement assumé ces « transports de grandeurs », tandis que d'autres en sont restés paralysés (Heinich, 1999).

Ce qui intéresse ces auteurs, c'est le phénomène social en tant qu'il transforme l'identité d'une personne (c'est le propre d'un effet, d'une épreuve), qu'il soit producteur ou consommateur de biens culturels. C'est une piste particulièrement fructueuse en ce qui concerne la description des pratiques culturelles et de leurs motivations.

Les effets cognitifs

Pour être complet, il est nécessaire d'ajouter quelques mots sur les effets de sens induits par le culturel. Ce travail sur le sens et les catégories mentales est développé à propos des artistes contemporains par Heinich (1998*c*). Ceux-ci mettent un point d'honneur à bouleverser les cadres mentaux et cognitifs, les conventions en vigueur.

Mais cette constatation des cadres cognitifs est aussi à l'origine d'un courant important de la sociologie de l'art qui a toujours privilégié les œuvres par rapport à leurs déterminismes sociaux. Des auteurs comme Francastel, Duvignaud ou Adorno attribuent aux œuvres une force qui agit sur nos représentations mentales et nos manières de voir le monde.

Le fonctionnement des effets du « culturel »

Au-delà de cette dimension descriptive qui constitue en soi un vrai travail sociologique, il faut entreprendre un effort de compréhension autour de la question qui reste en suspens : en quoi peut-on être assuré de la dimension proprement culturelle de ces phénomènes ?

Effets forts et effets faibles

Les biens usuels, en eux-mêmes, ne recèlent pas beaucoup de mystères. Ils sont destinés à des utilités immédiates ou partiellement différées, à des consommations que l'on doit entendre au sens économique, à savoir des « destructions ». On peut s'attendre par conséquent à ce que le changement de statut d'un bien provoque pour lui et surtout pour ce (ux) qu'il entraîne des effets notables, caractéristiques des biens « culturels ». Il semble que l'on ait affaire pour ces derniers à un « basculement » dans un autre monde.

Pour se représenter la chose, on peut penser à la qualification juridique : quand un acte est requalifié et passe par exemple du statut de délit à celui de crime (cas du viol dans les années 1980), cela implique d'autres procédures et d'autres sanctions. C'est ce qui arrive dans le cadre de la question qui nous intéresse, de surcroît largement déterminée par le droit : un bien qualifié de « culturel » change de régime de propriété. Le cadre devient celui de la propriété intellectuelle qui introduit des dispositions majeures sur les conditions de l'échange, du commerce, de l'aliénabilité, de la gratuité, des modes de financement, de diffusion, d'exploitation et de consommation. Le droit influence tout le régime d'échange des biens et le rapport que les individus peuvent avoir avec eux. Si l'on songe au droit d'auteur, au droit patrimonial s'ajoute un droit moral. On cède une matérialité mais il reste, au nom du respect de l'œuvre, un droit de retrait ou repentir, un droit de paternité, qui ne porte pas sur la chose elle-même mais sur son usage (exploitation, reproduction).

Une qualification est obtenue par une épreuve qui possède des modalités pratiques précises, dont l'issue est plus ou moins prévisible. La « grandeur » tirée de l'épreuve est proportionnelle au risque encouru. Les effets symboliques peuvent être énormes dans les deux cas, heureux ou malheureux. La *violence symbolique* (terme issu de la sociologie de Bourdieu à propos de l'école) d'une disqualification peut entraîner des phénomènes de honte et de déclassement. Ne pas posséder la langue ou ne pas bien la maîtriser, ne pas bénéficier de la nationalité, d'une culture historique, politique, implique des conséquences considérables, d'autant plus puissantes que leur privation est d'origine étatique : l'administration est souvent à l'origine de l'organisation des épreuves, de leurs contenus et de la distribution des récompenses et des échecs (exemple : le diplôme, la compétence linguistique ou la nationalité...).

Un exemple de qualification culturelle aux effets puissants : la nationalité

La nationalité est typiquement une « étiquette » culturelle et non une essence, aux effets considérables : elle délivre la citoyenneté à des groupes entiers d'individus, qui forment des « nations ».

Le récent ouvrage de l'historien et politiste Patrick Weil (*Qu'est-ce qu'un Français ? Histoire de la nationalité Française depuis la Révolution*, Paris, Grasset, 2002) montre que la définition de la nationalité est une construction légale qui évolue sans cesse dans le temps (*cf.* Mauss : « le social est ce qui change »). Elle est à la fois nécessaire au plan de la production de la cohésion d'un collectif et conventionnelle au plan des critères nécessaires à l'appartenance ou non à ce collectif.

C'est une convention qui inclut des individus à l'intérieur d'une entité abstraite aux effets concrets (droits, devoirs) et qui en exclut d'autres (les « étrangers »).

En outre, cette catégorisation a des effets en termes de valeur : il est valorisé pour un Français d'être Français et dévalorisant de ne pas l'être. Cependant, cet effet axiologique dépend de chaque individu, tous les Français ne considèrent pas dans la même mesure que leur identité est la meilleure...

Effets voulus et non voulus

Comme nous l'avons écrit plus haut, les biens, et à travers eux les hommes et les groupes, ne sont candidats à la qualification que dans la mesure où l'on peut en anticiper des effets. Pourtant, tous ne sont pas intentionnels. La sociologie wébérienne a développé cette question, allant jusqu'à sous-entendre que les effets de légitimation sont d'autant plus efficaces que leur intentionnalité est déniée.

• *Effets intentionnels*

Dans le cas général, les luttes pour la qualification sont particulièrement acharnées quand les conséquences sont connues et anticipées (que l'on se réfère à la qualification scolaire et ses « rendements économiques », à la qualification des biens culturels et leur protection). Beaucoup d'auteurs insistent sur la dimension intentionnelle. Ainsi, Sartre lorsqu'il écrit : « C'est l'effort conjugué de l'auteur et du lecteur qui fera surgir cet objet » (*Qu'est-ce que la littérature ?* Paris, Gallimard, 1997, p. 50, 1re éd. : 1948). Il faut donc la rencontre d'une intention individuelle et d'une attente collective. Mais aussi, d'une manière générale, tous les sociologues rationalistes qui partent du principe que les raisons des acteurs sont les moteurs de l'action.

• *Effets non intentionnels*

Certains sociologues sont en revanche très réticents par rapport au paradigme intentionnel. D'abord parce que les effets d'agrégation des actions individuelles induisent des phénomènes non souhaités (Boudon, *Effets pervers et ordre social*, Paris, PUF, 1977). Mais aussi parce que la dénégation de la recherche consciente des effets peut être comprise comme une condition de leur efficacité. Telle est la position de Bourdieu, selon lequel les effets symboliques sont d'autant plus efficaces qu'il existe des institutions (l'école, la religion...) qui neutralisent les lectures intentionnelles.

Les juristes distinguent aussi les effets voulus et non voulus. Cette distinction a été récemment appliquée aux biens culturels (Cabrol, 1999), selon qu'ils le sont *par nature*, quand ils sont intentionnellement conçus pour porter une identité (ce qui concerne toutes les œuvres de l'esprit définies par le régime de la propriété littéraire et artistique), ou selon qu'ils le sont *par destination,* quand ils ont pour effet objectif de participer à cette identité (les archives, les pièces archéologiques...).

Deuxième Partie

Les pratiques et les publics

Chapitre IV

Les acteurs et les logiques de la recherche

Une règle élémentaire de la méthode sociologique consiste à retracer la genèse sociale des problèmes que l'on se pose (Bourdieu, 1992). En l'occurrence, quand il s'agit des enquêtes sur les « pratiques culturelles », le sociologue doit commencer par s'interroger sur les protagonistes, leurs intérêts et leurs objectifs : qui enquête, pourquoi, comment et depuis quand ? L'attitude sociologique tient dans cette compréhension des intérêts à définir les « choses » plutôt que dans la recherche de leur juste définition. Ce point de vue est également poussé à l'extrême par la théorie critique de l'École de Francfort (Adorno, Horkheimer, puis Habermas), selon laquelle la sociologie doit avant tout développer un regard réflexif sur la science en train de se faire, ses usages sociaux, ses motivations, au lieu de participer à la reproduction aveugle d'un ordre social.

Nous avons identifié au moins trois types d'acteurs impliqués dans la production d'enquêtes sur les pratiques : les administrations (l'INSEE, le ministère de la Culture) qui imposent les représentations dominantes sur le sujet ; les professionnels, liés à des institutions publiques ou à des industries culturelles, qui ont des raisons différentes de connaître leurs publics et développent des formes d'investigation adéquates ; les universitaires, enfin, qu'ils soient sociologues, économistes, ethnologues ou historiens, dont les intérêts de connaissance sont variables (appliqués ou non). Ces acteurs ont tous des objectifs et des méthodes spécifiques que nous allons tenter de présenter brièvement.

La statistique publique

L'INSEE

L'optique de l'INSEE (Institut national de la Statistique et des études économiques) peut être considérée comme double : économiste quand cet institut assimile les pratiques à des dépenses, anthropologique quand il enquête sur le temps libre ou la sociabilité.

• *Pratiques = dépenses*

L'approche statistique privilégie la dimension marchande en choisissant de traduire un maximum de pratiques dans le langage de l'échange monétaire. L'INSEE adopte donc un certain point de vue sur un phénomène qu'il a contribué à faire émerger. C'est d'autant plus notable que les « pratiques culturelles » ne sont souvent ni marchandes, ni monétaires : que l'on songe au fait d'écouter un disque, de dessiner, de faire du théâtre « en amateur » ou de jouer du piano... Ces pratiques ne coûtent rien, occupent beaucoup et ne seront pas prises en compte par la statistique publique.

Les pratiques culturelles sont étudiées par l'INSEE dans le cadre des dépenses budgétaires des ménages, sous le titre « Culture et loisirs » (Herpin et Verger, 2000). Cette manière de voir remonte aux premières enquêtes sur la consommation des ménages initiées au XIXe siècle par Frédéric Le Play (1806-1882). Polytechnicien de formation, celui-ci publia en 1855 *Les Ouvriers européens*. Dans cet ouvrage novateur, il fut confronté à la question de la catégorisation des dépenses des familles. Il décida de les classer en cinq « sections » (on parle aujourd'hui de « postes budgétaires ») : nourriture, habitation, vêtements, un ensemble « besoins moraux, récréations et services de santé » et un dernier ensemble « industries domestiques » (pour les ménages qui travaillaient chez eux).

Il était parfaitement conscient de ce que la nomenclature adoptée dépendait des buts qu'il s'assignait, à savoir « mettre en relief la condition physique et morale de chaque famille et faciliter les comparaisons ». Selon Le Play, la section « besoins moraux, récréations », qui nous semble le mieux correspondre à ce que l'on inclut aujourd'hui dans le poste « culture et loisirs », se rattachait aux combinaisons ayant pour but de « pourvoir aux besoins de l'âme, de développer l'intelligence, de faire diversion aux fatigues du travail et de conserver le corps en santé ». Elle se subdivisait comme suit : culte, secours et aumônes ; instruction des enfants ; récréation et solennités ; santé.

Cette sociologie de la consommation (avant l'heure) reposait sur le classement des dépenses par types. Elle fut discutée par la suite. Lorsque Maurice Halbwachs (1877-1944) étudia à son tour la consommation des ouvriers, il axa sa réflexion sur les usages des dépenses, interprétées comme l'expression de besoins. Ainsi, il expliquait que la dépense d'éclairage, loin de se réduire à sa fonction manifeste (éclairer), pouvait constituer un symptôme des activités sociales des ménages :

> « Elle augmente d'une manière sensible à mesure que les populations apprécient mieux les jouissances que peuvent donner, pendant les soirées d'hiver, la lecture, la

conversation et les réunions de voisinage. Cet article de dépense est parfois une excellente mesure de la culture intellectuelle et de la sociabilité de chaque famille. »

Maurice Halbwachs, 1970, p. 167 (1er éd. : 1912).

Cette réflexion amène donc à considérer avec précaution les interprétations que l'on peut tirer aujourd'hui des statistiques de l'INSEE, dont les catégories ne correspondent pas forcément aux usages sociaux.

• *Le poste « Loisirs et culture » aujourd'hui*

Selon les statisticiens spécialistes de la question, ce poste concernait en 1995 environ 12 % de la consommation globale des Français (Herpin et Verger, 2000, p. 29.) Mais que regroupe-t-on exactement sous cet agrégat ? L'enseignement marchand ; les matériels et services audiovisuels ; les disques et les cassettes ; l'édition (livres et presse) ; les matériels et les services du sport ; la photographie (appareils, pellicules, services de développement) ; les spectacles ; les jeux de hasard ; les jouets ; les services des agences de voyages ; l'hébergement de vacances (camping, hôtels, gîtes ruraux, clubs) ; les équipements en bateaux, caravanes.

Tableau 1. La structure de la consommation des ménages (en %)

Postes budgétaires	1960	1970	1980	1990	2000
Alimentation + alcool et tabac	28.6	21.8	17.1	15.5	14.1
Habillement	9.7	8.1	6.1	5.4	4
Logement + équipement	19.1	23.1	23.6	23	24.2
Santé	5.6	8	9.7	11.7	12.6
Transports + communications	9.8	11	13.4	14.1	13.9
Loisirs et culture	6.2	6.8	7.1	7	7.1
Hôtels, cafés, restaurants	6.5	5.4	5.5	6	6
Éducation	5.8	6.4	6.6	6.3	6.9
Autres	5.7	6	6.1	6.1	6

Source : d'après l'INSEE.

Les résultats dépendent évidemment du contenu des rubriques : faut-il inclure l'éducation (qui se trouve dans l'ensemble des « consommations collectives »), auquel cas les chiffres de la culture redoublent d'importance ? Faut-il intégrer les transports qui ont des destinations de loisir ? Que faire de la sociabilité qui occasionne des dépenses (pour les fêtes par exemple) ? Ou des « biens » à double usage, tels que l'automobile, les ordinateurs, et les animaux, qui servent en partie seulement à se détendre ?

Le travail de comptage statistique et monétaire effectué par l'INSEE s'avère donc complexe : non seulement il n'aborde que les pratiques culturelles qui ont donné lieu à un échange monétaire (déclaré), mais en plus il ne prétend pas identifier les dépenses selon leurs finalités effectives. Certes, il est juste de dire qu'on achète de l'essence pour le « transport », ou que l'on téléphone pour la « communication »… Mais pour quoi se déplace-t-on et pour quoi communique-t-on ?

Le plus généralement, les données présentées fractionnent les dépenses par postes, correspondant à des « produits et services culturels » (*cf. France, portrait social*, INSEE, 2000, p. 184-185 ou Herpin et Verger, 2000, p. 31). On apprend alors que les ménages y ont consacré 204 milliards de francs en 1998, soit 4,4 % de leur consommation totale.

Tableau 2. Consommation des ménages en produits et services culturels (millions de francs courants)

Produits et services culturels	1990	1998
Télévision	25 976	39 257
Presse	32 521	35 737
Photographie	17 303	20 042
Livres	17 200	17 020
Photographie	17 303	20 042
Spectacles	7 320	13 771
Appareils d'enregistrement (son et image)	17 934	12 426
Disques et cassettes	8 092	11 772
Manèges, parcs	9 539	11 385
Radio	8 480	8 261
Vidéos	2 824	7 677
Cinéma	1 903	7 321
Bals, discothèques	6 127	6 931
Musées, monuments	1 123	1 712

Source : *France, portrait social*, Paris, INSEE, 2000, p. 185.

En dépit de ce qu'il faut bien appeler des « arrangements avec la réalité », l'INSEE produit et diffuse une représentation qui s'impose comme une évidence à beaucoup d'acteurs sociaux, le plus souvent par l'intermédiaire des relais médiatiques qui en sont friands.

• *La perspective anthropologique*

Toutefois, à côté des enquêtes de dépenses de consommation, se mirent en place dans les années cinquante des enquêtes sur les vacances, les loisirs ou les usages du temps libéré. Tout en s'intéressant à l'argent qui fonde la dépense, l'INSEE a pris en considération le facteur temps. Cette nouvelle orientation s'inscrit dans la lignée de travaux de la sociologie quantitative américaine et internationale de l'entre-deux-guerres (enquête de 1924 du Bureau international du Travail sur les loisirs ouvriers) et les monographies des milieux sociaux (les ouvriers, les employés, etc.). Elle s'est développée dans un contexte plus général de préoccupation politique concernant l'encadrement des loisirs ouvriers (dans les décennies 1960 et 1970, des recherches en psychologie sociale en témoignent : Paul-Henry Chombart de Lauwe, René Kaes, Janine Larrue).

Les enquêtes sur les « comportements non monétaires »

Autant les enquêtes sur l'équipement des ménages, les conditions de vie et de consommation sont commandées pour les besoins des diverses administrations qui en font un usage politique (par exemple, en vue d'établir l'indice des prix), autant « l'étude des comportements non monétaires » fut initiée par les statisticiens seuls (*cf.* Jacques Desabie, « Les enquêtes sur les conditions de vie des ménages », *in Pour une histoire de la statistique*, Paris, Économica, 1987, tome 2, p. 257) et n'eut pas d'autre motivation que « le besoin de savoir ». Les intérêts de connaissance économique et politique trouveront vite leur place au fur et à mesure du développement des industries culturelles et du tourisme de masse.

Chronologie des enquêtes

1949 : Première enquête sur les vacances.
1964 : Enquête générale sur les vacances.
1966 : Première enquête sur les budgets – temps.
1967 : Enquête sur les loisirs.
1974 : Première enquête nationale « Emploi du temps ».
1981 : Première enquête sur la sociabilité (dite enquête « contacts »).
1997 : Enquête « Réseaux de parenté et entraide »

• *La sociabilité, une pratique culturelle ?*

L'INSEE a systématisé les enquêtes sur la sociabilité dans les années 1980. Leur originalité consiste à étudier les relations interpersonnelles (entre membres de la parenté, entre amis, collègues de travail, voisins), sans considération des biens ou services échangés. L'optique est cette fois délibérément non monétaire, influencée par l'anthropologie : on considère que l'échange prédomine sur le bien échangé. Leur esprit est peut-être né des études pionnières d'Alain Girard qui, à l'INED en 1958, étudia l'homogamie des conjoints.
Certaines enquêtes fixent leur attention sur les modalités de l'échange, selon qu'ils sont directs (conversations, interactions) ou médiatisés par des objets (téléphone, PC…). C'est seulement par la suite que l'INSEE s'est intéressé aux biens et services échangés. On a pu établir ainsi que les professions libérales recevaient en moyenne davantage qu'elles ne donnaient (Héran, 1988). L'enquête « Réseaux de parenté et entraide » de 1997 a pu mettre en évidence les aides « morales ou matérielles » qui circulent au sein des familles élargies (des enfants aux grands-parents, en passant par les fratries).

Dans ce cadre d'analyse, aller au restaurant, boire un café, ou rendre visite à sa famille, à ses amis, peuvent être qualifiés de « pratiques culturelles » au sens où il s'agit d'actions socialement différenciées (en termes de diplômes et de milieux sociaux), qui se réfèrent à une communauté de normes et de valeurs partagées. Ces pratiques sont irréductibles à des dépenses. Cette approche appartient aujourd'hui à la vision commune de l'INSEE et du DEP (Donnat, 1994 et 1998).

Le ministère de la Culture

• *Origines des enquêtes*

La production « inséenne » est relayée depuis les années 1960 par le ministère de la Culture. L'idée de recueillir des données statistiques qui portent spécifiquement sur les pratiques culturelles a été justifiée par le projet politique d'établir un recensement des besoins et des attentes des Français en matière de loisirs, afin de les amener à « bien » occuper le temps libéré par les « surplus de productivité » dégagés par la croissance économique (notion forgée par Pierre Massé, Commissaire au Plan de l'époque). Le diagnostic des « besoins culturels » a fondé le développement d'une politique nationale d'équipements qui leur correspondraient, selon les souhaits d'André Malraux, le ministre de la Culture du Général de Gaulle entre 1959 et 1969. Ce projet a émergé dans les commissions à l'équipement culturel pour la préparation des Plans, spécialement au cours des réunions préparatoires du IVe Plan. L'un des personnages clés en fut Augustin Girard (Rioux et Sirinelli, 1997 et Dubois, 1999).

• *Augustin Girard : du SER au DEP*

Né en 1926, agrégé d'anglais, il participe en 1961 aux travaux de la commission à l'équipement culturel du IVe Plan (1962-1965). Il est rapporteur général de la commission des Affaires culturelles du VIe Plan. En 1968, le SER (Service des Études et Recherches) du ministère des Affaires culturelles est officiellement créé sur la base des structures mises en place depuis 1963 par Augustin Girard. Des liens sont tissés autour de 1971 avec l'INSEE qui délègue des administrateurs (Pierre Vesse et Jacques Antoine) en vue de construire un « compte satellite culture » et de l'associer à la comptabilité nationale (ce projet n'a pas abouti). Le premier annuaire statistique de la culture porte sur la décennie 1960-1970 ; il a paru en cinq volumes en 1977. En 1986, le SER devient le DEP (Département d'Études et Prospectives).

Par délégation de l'INSEE, Augustin Girard réalise des études nécessaires aux travaux du Comité ministériel d'évaluation qui a pour mission d'apprécier l'efficacité des politiques mises en œuvre par le ministre de la Culture. Il travaille en liaison avec le Commissariat général au Plan, les SER des autres ministères, l'UNESCO et le Conseil de l'Europe. Il suit six axes de recherches : l'emploi (Observatoire de l'emploi culturel), l'économie de la culture, l'éducation artistique, les publics et pratiques, l'aménagement du territoire et le financement public de la culture, l'international.

• *Les types d'enquête*

La production d'enquêtes des services du ministère est très abondante et se déploie sur trois axes :

– la centralisation des enquêtes réalisées par les institutions culturelles qui ont accumulé des données sur leurs publics et leurs pratiques. Ce fut le premier gros chantier du SER ;
– la production d'enquêtes nationales, par domaines spécialisés, par types de publics et par lieux ;
– la politique de commande d'enquêtes par l'intermédiaire d'appels d'offres. Un des derniers (2001) porte précisément sur les pratiques culturelles en vue d'un colloque (2002). Le ministère tente ainsi de s'associer avec certains universitaires spécialistes de la culture pour leur emprunter certains concepts, tandis que les chercheurs trouvent des financements pour mener des travaux qui auront toutes les chances d'être diffusés. Parmi les plus célèbres, on peut citer l'enquête sur la fréquentation des musées européens dirigée par Pierre Bourdieu (1966), celle de Raymonde Moulin sur le public de l'art contemporain (1971), celle de Michel de Certeau sur les pratiques culturelles au quotidien, (1980), celle de Nathalie Heinich sur les réactions négatives de certains publics à l'égard de l'art contemporain (1995), celle de Pierre-Michel Menger sur les publics de l'orchestre intercontemporain et celle sur les intermittents du spectacle et les comédiens (1997 et 1999)...

Méthodologie des enquêtes nationales sur les pratiques culturelles

Il y a eu à ce jour quatre vagues d'enquêtes nationales sur les pratiques culturelles des Français : 1973, 1981, 1989 et 1997. Elles sont quantitatives, c'est-à-dire réalisées à partir de sondages sur échantillons représentatifs (10 000 en 1996, 3 000 en 1997), par questionnaires fermés. Elles portent sur des « déclarations de pratiques ». Généralement, les catégories de « pratique » et de « culture » ne sont pas interrogées, sauf cas exceptionnel (on pense à l'enquête sur les pratiques amateurs de 1996). Le coordinateur procède toujours *in fine* à des inclusions et à des exclusions nécessairement problématiques : « Ont été écartées les activités culturelles non artistiques (travailler sur des archives, participer à des fouilles archéologiques, écrire des articles pour un journal ou une revue), ainsi que les activités dont le caractère artistique ne fait pas l'objet d'un consensus (faire de l'artisanat d'art) » (Donnat, 1996, annexes méthodologiques, p. 173-176.)

Pressés par une logique pratico-politique, les enquêteurs des administrations visent avant tout la production de résultats ; l'interrogation sur les catégories est secondaire. Ils se contentent donc, le plus simplement, de reprendre les grandes catégories des industries et des institutions culturelles.

Tableau 3. Les pratiques culturelles des Français
(sur 100 Français de 15 ans et plus)

Domaines des pratiques	Types de pratiques	1989	1997
Lecture	Lisent un quotidien	79	73
	Tous les jours	43	36
	Lisent un magazine	86	84
	Un livre dans l'année	75	74
	Ont lu plus de 25 livres	17	14
Sorties culturelles (au moins une fois dans l'année)	Cinéma	49	49
	Bibliothèque et médiathèque	23	31
	Concerts rock	10	9
	Opéra	3	3
	Variétés	10	10
	Spectacles de danse professionnelle	6	8
	Spectacles d'amateurs	14	20
	Musée	30	33
	Monuments historiques	28	30
	Galerie de peinture	23	25
	Cirque	9	13
	Théâtre	14	16
Pratiques audiovisuelles	Télévision (tous les jours)	73	77
	Vidéo (dans la semaine)	13	28
	Radio (tous les jours)	66	69
	Disques et cassettes	21	27

Source : d'après Olivier Donnat, 1998.

• *Les problématiques du ministère : démocratisation ou évaluation ?*

À quoi servent au juste les enquêtes ainsi produites ? Il faudrait se demander quels usages les politiques font de la connaissance macroscopique des usages du temps libre par les Français. Les enquêtes du ministère constituent-elles un outil d'évaluation des politiques publiques ?

Il semble qu'elles n'intéressent pas les politiques : « Les députés ne s'intéressent pas à la culture : deux heures de débat, treize députés au mieux pour le débat sur la politique budgétaire... » (Entretien avec Augustin Girard, dans *Profession Culture*, n° 8, 1993, p. 23-24.) Elles peuvent même les gêner : « Le cabinet du ministère a été jusqu'à s'opposer à la publication d'un annuaire jugée peu opportune sur le plan politique » (Augustin Girard, « Genèse d'une statistique culturelle », projet d'article, juin 1984, centre de documentation du SER.)

En outre, comme le rappelle ce dernier, les pratiques culturelles dépendent de facteurs extra-politiques (les innovations techniques par exemple) qui influencent davantage les pratiques culturelles que les diverses orientations du ministère.

Pourtant, et c'est là une controverse au sein du ministère, les enquêtes sont de plus en plus utilisées comme moyen d'évaluation (Moulinier, 1999). Le niveau de la fréquentation joue comme un levier de justification des financements publics.

Les professionnels de la culture

Il serait cependant naïf d'imaginer que les professionnels de la culture ont attendu les administrations pour connaître leurs publics ; naïf aussi de croire que les statistiques nationales constituent les seules sources de production de connaissances sur les pratiques. Il existe de nombreuses traditions de recherches réalisées par les premiers intéressés, c'est-à-dire par ceux qui en vivent. Qui sont ces professionnels ? Nous les avons regroupés selon qu'ils appartenaient au secteur marchand (domaine des industries culturelles, de l'édition, de la presse et des médias, du cinéma, des distributeurs de disques...) ou au secteur public de la culture (bibliothèques, musées, monuments...).

Le secteur marchand

Les professionnels de la diffusion des biens de culture se sont très vite intéressés aux publics en tant que marché. Leur représentation s'en trouve profondément marquée : ils les évoquent en termes de marketing, parlent de « fréquentation », d'« impact », d'« audience », de « lectorat », de « consommation » ou de « clients » (et ignorent le terme de « service »).

• *La technique du sondage*

Elle est au cœur de la méthodologie des spécialistes du marketing. Il s'agit principalement d'interroger les individus, en tant que consommateurs d'un bien ou d'une famille de biens spécifiques, selon un protocole formalisé, à partir de questions formatées et de réponses préconstituées (questionnaires dits « fermés »). Les individus sont associés à des échelles en fonction de leur satisfaction, de leur fidélité aux produits ou de leur mémorisation.

Il faut présenter ici quelques grandes figures historiques de cette technique et souligner que ce sont des universitaires américains qui sont à l'origine du développement intensif des sondages dans le domaine des pratiques culturelles du secteur culturel privé :

- Georges Gallup (né en 1901 dans le Middle-West) a introduit la méthode des sondages dans l'analyse des lecteurs de la grande presse. Après une maîtrise en psychologie, il a proposé dans sa thèse de journalisme (soutenue en 1928) une méthode aujourd'hui au fondement des enquêtes de lectorat ;
- Paul Lazarsfeld (1901-1976), devenu une grande figure de la sociologie américaine après son exil d'Autriche en 1934, fut un utilisateur opiniâtre des méthodes quantitatives. Il a notamment analysé l'impact des campagnes médiatiques sur les individus (études financées par la Fondation Rockefeller) dans le cadre de son institut pour la Recherche appliquée. Il a pu nuancer la vision simpliste d'un « auditeur éponge » dans ses enquêtes sur l'écoute radiophonique (1942-1943) et mettre en évidence la part d'autonomie des auditeurs (*The People's choice,* 1944) ;
- En France, Jean Stoetzel (1910-1987), qui occupa la chaire de sociologie de Bordeaux après la Seconde Guerre mondiale (dont le plus illustre prédécesseur fut Durkheim), a rédigé ses premiers travaux sur la « psychologie de la réclame » et enseigna la psychologie sociale. Il a surtout introduit la pratique des sondages et des études d'« opinion publique », suite à ses fréquents voyages Outre-Atlantique. Il a créé l'IFOP (Institut français de l'Opinion publique) en important les méthodes de Gallup. Tout un courant de la sociologie française est resté marqué par son empreinte.

• *L'exemple de la presse et des médias*

La presse et les médias en général sont de parfaits représentants de cette approche des publics. Il faut réaliser que les enjeux de connaissance y sont considérables : la valeur des espaces médiatiques est directement corrélée avec la « qualité » des lecteurs (c'est-à-dire leur niveau de revenus). L'intérêt de connaissance des entreprises de presse doit être mis en relation directe avec les usages secondaires qu'elles peuvent en faire. Connaître les profils socio-démographiques des publics, cela sert d'abord à identifier des cibles plutôt qu'à les comprendre, en vue de guider les annonceurs (leurs autres clients) dans leurs achats d'espaces. Les professionnels de l'étude des publics cherchent à « toucher l'opinion davantage qu'à la saisir », à « l'influencer plutôt qu'à la mesurer » (Loïc Blondiaux, *La Fabrique de l'opinion. Une Histoire sociale des sondages*, Paris, Le Seuil, 1998, p. 110.) Peu importent les comportements de lecture, la subtilité ou la complexité des publics.

Les services publics

• *La « culture du public »*

Contrairement aux professionnels du marché des biens culturels, les professionnels des services publics de la culture ont mis plus de temps à s'intéresser aux pratiques. Cette « culture du public », comme on dit aujourd'hui, est encore loin d'être acquise. Certains évoquent les « résistances à l'analyse du public » qui auraient partie liée avec le refus de « mesurer la culture » et avec la réticence à réduire les pratiques à des consommations (Sylvie Octobre, *in Politique et musée*, collectif, Paris, L'Harmattan, 2001, p. 343.)

Dans le monde des musées, il a fallu imaginer une loi (loi Tasca, 2002) pour inciter les musées à s'en soucier davantage : on attribuera désormais le label « Musée national » aux institutions qui auront manifesté un intérêt pratique pour les visiteurs de leurs collections. Rares sont en réalité les musées qui leur portent une attention approfondie. Mises à part quelques grandes institutions parisiennes (Louvre, Orsay, Cité des Sciences, Grande Galerie de l'évolution), les plus petites structures n'investissent pas dans la connaissance de leurs publics. Pas tant pour des raisons budgétaires (le coût d'un observatoire n'est pas prohibitif), que parce que l'idée ne s'impose pas. L'école supérieure de formation des conservateurs (École nationale du Patrimoine) préfère insister sur le versant marketing, ce qui amène à évoquer les « cibles » à « capter », pour rentabiliser des expositions de plus en plus coûteuses. Cependant, il se développe une réflexion, initiée par le DEP, basée sur des comparaisons relatives au traitement que les institutions font de leurs publics (Donnat et Octobre, 2001).

Une exception : le Musée d'Art et d'Histoire du Judaïsme

Dès son ouverture au public en 1998, le MAHJ a misé sur la connaissance approfondie de ses visiteurs. Cette démarche fait figure de pionnière dans les institutions de cette catégorie (100 000 entrées par an). Les motivations de l'équipe directrice sont multiples :
– savoir qui sont les visiteurs d'un point de vue socio-démographique (leur origine géographique, leur milieu social, leur âge, leur sexe) ;
– cerner les liens qu'ils tissent avec le musée par le biais de leurs identités religieuse, culturelle, civique, de leurs connaissances et de leur sociabilité ;
– déterminer leurs rapports pratique et physique à l'institution, leurs usages des dispositifs de médiation, leurs parcours. Évaluer par là le fonctionnement de la scénographie (installée de manière temporaire ou non) ;
– fournir aux organisateurs un outil de réflexivité sur les effets de leurs expositions au niveau des représentations et faciliter l'appropriation des expositions et du site par les visiteurs.

Mis en balance avec les apports manifestes de cette démarche, les moyens mis en œuvre sont relativement modestes : depuis l'ouverture du musée, une personne à temps partiel, formée en muséologie, est en charge des études des publics (budget : 15 000 euros par an). Elle réalise les enquêtes sur les expositions temporaires et les collections permanentes. Ses rapports sont communiqués à l'équipe de direction ainsi qu'aux principaux responsables des relations publiques (médiathèque, communication, service pédagogique, auditorium, billetterie...). En outre, elle tisse des liens avec les milieux universitaires (séminaires, colloques, cours), la direction des Musées de France, l'ENP.

Les enjeux de ces enquêtes sont multiples : en termes d'accès et de fréquentation, d'abord ; d'ouverture à des publics *a priori* non intéressés ensuite (vertu pédagogique) ; de fidélisation enfin, dans le cadre du développement d'une sociabilité culturelle (assister à des conférences et des dîners rencontres, participer aux sociétés d'Amis des musées...).

Les musées, comme les autres institutions culturelles, s'orientent dans plusieurs directions en apparence antinomiques :

– dès lors qu'ils s'intéressent à leurs publics, leurs services commerciaux développent la « demande » muséale par les moyens de la communication selon des méthodes éprouvées (publicité, objets dérivés) (*cf.* Denis Bayart et Pierre-Jean Benghozi, *Le Tournant commercial des musées en France et à l'étranger*, Paris, La Documentation française, 1993) ;
– en outre, et c'est une tout autre approche, sont proposés des services pédagogiques aux écoles, collèges, lycées, centres de loisirs, comités d'entreprise... Les techniques et dispositifs didactiques (conférences, multimédias, interventions en milieux professionnels), ou sensibles (ateliers), font partie de cette offre.

• *La muséologie*

C'est une forme spécifique d'intérêt pour les publics qui se loge à la frontière de la communication, des sciences de l'éducation, de l'histoire et de la sociologie. Cette science d'invention récente (les années 1930) aide à prendre en compte les visiteurs dans les expositions, à évaluer les dispositifs et à faire ressortir les interprétations (*cf.* Paul Rasse, *Les Musées à la lumière de l'espace public*, Paris, L'Harmattan, 1999). Elle tente en particulier de favoriser « l'accès » aux objets et aux discours mis en scène, en améliorant les techniques de médiations ou les dispositifs scénographiques.

Il existe aujourd'hui une tension au sein des institutions entre l'approche commerciale et l'approche communicationnelle des publics. Elle se traduit par une controverse qui traverse aussi la muséologie quant à sa finalité et sa nature (*cf.* Sophie Deshayes et Joëlle Le Marrec, « Évaluation, marketing et muséologie », *Publics et musées*, n° 11-12, janvier 1997, p. 165-189). Cette tension renvoie à la conception de la relation musée/public : s'agit-il d'une relation de discussion, dans la tradition de *l'Aufklärung* (c'est-à-dire des Lumières, telle qu'elle a été théorisée par Habermas, 1962), ou d'un rapport d'offre et de demande, rationalisant la production et usant de techniques pour élargir un marché ?

Les universitaires

Il est important de relativiser la représentation qu'on pourrait avoir en ce qui concerne une position hégémonique des universitaires sur cette question : l'Université n'est ni la première ni la seule institution à s'intéresser aux publics de la culture et à leurs pratiques. Elle n'est pas la seule à produire des connaissances sur eux, ni non plus celle qui s'y intéresse le plus. Rares sont sans doute les universitaires à en avoir conscience.

Les intérêts de connaissance, qui sont les aiguillons de la volonté de recherche, sont très différents d'un côté et de l'autre :

– au sein des institutions publiques ou privées, la motivation est sans doute plus élevée et les études plus systématiques, dans la mesure où l'on dépend des publics ;
– dans les milieux universitaires en revanche, les chercheurs ont des intérêts avant tout « académiques » qui se traduisent par la participation à des colloques, des communications orales, des préparations de cours, des rédactions d'ouvrages et d'articles.

Cette présentation ne doit pas laisser penser qu'il existe une séparation stricte entre milieux universitaires, administrations et secteurs professionnels. Les échanges sont nombreux. Les individus qui sont passés d'un bord à l'autre, dans leurs carrières ou à l'occasion d'enquêtes ponctuelles, pourraient être suivis dans des enquêtes à mener (*cf.* le cas de Gallup).

Il est néanmoins possible de distinguer la recherche sous contrat et la recherche autonome, non pas comme deux réalités distinctes, mais comme deux logiques *idéaltypiques*. Cette polarité peut même servir, à la rigueur, à distinguer les disciplines entre elles : elles ne sont pas toutes utilisables dans la même mesure par les acteurs économiques et politiques. Ainsi, les recherches des historiens sont peu « utiles », tandis que certaines recherches sociologiques sont davantage susceptibles de répondre à une demande (privée ou publique). On peut assez schématiquement présenter les travaux universitaires sur un axe en fonction de leur degré de préoccupation pratique :

– à gauche de l'axe, les disciplines et les universitaires animés par des motivations académiques et heuristiques, ce qu'on pourrait appeler un « pôle spéculatif » ;
– à droite de cet axe, un « pôle pratique » ou « pratico-théorique », avant tout préoccupé par des usages publics ou privés.

La sociologie est partagée entre ces deux pôles : spéculative quand elle s'intéresse aux catégories ou aux modalités de la pratique ; appliquée quand elle répond à des demandes institutionnelles précises sur tel ou tel type de public en vue d'agir sur lui. Sa position sur notre axe idéaltypique est indéterminée et dépend de l'orientation que lui donnera chaque sociologue en particulier.

Sans présenter ici toutes les problématiques soulevées par tous les universitaires spécialisés sur la question, nous fournirons quelques exemples de la diversité des approches liées à la pluralité des motivations.

Le pôle spéculatif

Il serait absurde de prétendre présenter en quelques lignes les apports théoriques de la philosophie, de l'histoire ou de l'anthropologie sur les pratiques et les publics. Nous souhaitons seulement indiquer quelques orientations spéculatives afin de montrer que les pistes suivies ne sauraient intéresser directement les praticiens de la culture. Les logiques sont ici académiques, il ne sera question que de philosophie.

Celle-ci s'interroge depuis Socrate sur les catégories de l'art (au sens du métier et du savoir-faire), du beau ou sur ce qu'est une « pratique ». Elle se demande par exemple en quoi celle-ci s'applique à des actes posés ou à des paroles énoncées. D'Aristote à Marx, en passant par Kant, elle engage l'être tout entier, sur les plans moral et physique. Le danseur est « corps et âme ». La pratique se traduit par des gestes, des comportements, mais aussi par leurs effets rétroactifs. Elle est manifestation d'une intention préalable à l'acte et constitue la réalisation d'un projet. Enfin, elle transforme l'acteur et les objets de l'action. Le relais de cette vision globale sera pris par la théorie de la *praxis* développée comme action révolutionnaire de classe à partir de Marx.

Dans la ligne d'Emmanuel Kant (*Critique de la faculté de juger*), Hannah Arendt (1906-1981) privilégie l'activité de juger au fondement du goût, comme pratique discriminante :

> « Le goût [est la] principale activité culturelle [...], activité d'un esprit cultivé [...]. Le goût produit une culture, il fait sortir l'individu de sa subjectivité et le lance dans une entreprise de recherche de l'autre [...]. [C'est] une attitude qui sait prendre soin, préserver et admirer les choses du monde [...]. Une société de consommateurs n'est aucunement capable de savoir prendre en souci un monde et des choses qui appartiennent exclusivement à l'espace de l'apparition au monde, parce que son attitude centrale par rapport à tout objet, l'attitude de la consommation, implique la ruine de tout ce à quoi elle touche. »

Hannah Arendt, *La Crise de la culture*, 1972, p. 270, 285-286, 288.

Le pôle pratico-théorique

• *L'exigence de professionnalisation des formations supérieures*

L'Université contemporaine accueille aujourd'hui près de deux millions d'étudiants. Elle doit aussi s'adapter aux demandes professionnalisantes de ses publics, d'abord en les recensant (enquêtes du ministère de l'Éducation ; services de recherche, d'information et d'orientation.). Elle forme de futurs professionnels qui auront à répondre à des demandes privées ou institutionnelles (avec le développement du tourisme culturel par exemple). L'Université et ses enseignants ne peuvent perdre de vue qu'ils sont financés par l'impôt et que leurs budgets dépendent des axes et orientations des hommes politiques, eux-mêmes élus. Ce sont eux qui décident en dernière instance d'ouvrir ou de fermer telle ou telle filière.

Ainsi, les formations professionnalisantes se développent en réponse à une attente des marchés de l'emploi qui souhaitent disposer de professionnels compétents sur des sujets aussi divers que les relations avec la presse, la communication, les relations publiques, la gestion, le droit. D'où la multiplication des nouvelles formations de « médiation », d'information et communication, de projets et de développement culturels, qui entremêlent souvent tous les aspects juridiques, économiques, historiques et sociologiques.

• *L'adaptation des disciplines traditionnelles*

Certaines disciplines sont traditionnellement soucieuses de cette exigence pratique, comme la gestion ou le droit. En revanche, leur orientation vers la culture est nettement plus récente.

La préoccupation de l'économie pour la culture dépend très largement de la demande institutionnelle d'évaluation et de justification de la politique culturelle. Le but pratique est indéniable. Il est d'ailleurs intéressant de noter le peu de cas que les ouvrages d'économie font des problèmes, somme toute assez spéculatifs, de définition de ce qu'est la culture. Alors qu'une sociologie détachée de toute demande sociale peut s'interroger sur le processus social de définition du culturel et en faire un axe majeur de sa réflexion, les économistes passent très souvent sur la question de la catégorisation comme on passe sur une mauvaise question : « C'est un débat sans fin, tout est culturel [...]. Laissons la question ouverte et avançons pour nous en tenir au périmètre de l'INSEE et des produits et services qualifiés de culturels » (Laurent Benzoni, « Les biens culturels, une exception économique ? », *Problèmes économiques*, n° 2750, février 2002, p. 27, d'après « Entre exception culturelle et culture de l'exception », *Revue de la concurrence et de la consommation*, n° 124, novembre-décembre 2001.)

L'économie de la culture se développe en France depuis les années 1970 et 1980 de manière assez dynamique (Colloque d'Avignon, 1985). À la question de l'alliance un peu sulfureuse entre culture et économie, elle a décidé de répondre assez unanimement qu'on touchait là un faux problème. À présent, les études économiques sur les publics font florès et la gestion enseigne les techniques de marketing, les « comportements des consommateurs » dans un grand raffinement de savoirs (*cf.* Claude Pinson et Alain Jolibert, « Comportement du consommateur », *in* Yves Simon et Pierre Joffre, dir., *Encyclopédie de gestion*, Paris, Économica, 1997, p. 372-475). Les économistes distinguent les moments de la consommation (décision, acte, satisfaction) et les facteurs (sociaux, psychologiques). Il est remarquable de constater, en outre, qu'il existe une grande complicité entre les approches psychologique et économique.

La visée pratique du marketing culturel se retrouve dans sa définition fonctionnaliste : « Il a une fonction de médiation entre l'offre et la demande, il doit organiser la rencontre de l'œuvre et du public » (Yves Evrard, *Le Management des entreprises artistiques et culturelles*, Paris, Économica, 1993, p. 73.) Les économistes s'intéresseront à des aspects économico-pratiques, telle la question du niveau optimal de la tarification (René Teboul et Luc Champarnaud, *Le Public des musées. Analyse socio-économique de la demande muséale*, Paris, L'Harmattan, 1999) qui concerne les professionnels du secteur public.

• *La création de nouvelles disciplines : l'exemple de la communication*

Dans le secteur marchand de la culture se développent des spécialités qui ne parlent plus de publics mais de « clients » (l'ingénierie par exemple), de « flux » (le tourisme) ; non plus de « pratiques » mais de « comportements » ; non plus de goûts mais de « consommations ». Les institutions se vivent de plus en plus facilement comme des techniques rationnelles en vue de toucher des « cibles » (notion d'« impact », issue de la publicité).

Certaines disciplines universitaires ont été montées de toutes pièces au cours des années 1970 en partie pour répondre à cette demande sociale. C'est le cas de la section information-communication, créée en 1974, qui s'est spécialisée dans l'étude des phénomènes de communication, du journalisme, des médias et des métiers de la culture (*cf.* Erik Neveu, *Une Société de communication ?*, Paris, Montchrétien, 2001 et Matellart, 1995).

Aux frontières de l'université et du marché de l'emploi se développent des cursus dits « semi-professionnels » : des IUT de communication, des IUP de culture et patrimoine, voire des licences et des maîtrises (de « conception et mise en œuvre de projets culturels ») qui peuvent aller jusqu'au DESS (avec la réforme universitaire actuelle, on parle de *mastères* professionnels). Tous les étudiants issus de ces formations sont (plus ou moins) attendus sur un marché de l'emploi particulièrement exposé, précaire, dans lequel ils voient pourtant se profiler un avenir professionnel plus valorisant que celui des secteurs « classiques » (non culturels).

Tableau 4. Les producteurs de connaissances sur les pratiques culturelles

QUI ? **Acteurs**	**POURQUOI ?** **Intérêts à connaître**	**COMMENT ?** **Méthodes de connaissance**	**RÉSULTATS** **Représentations des publics**
Statistique publique **INSEE, ministère de la Culture**	Logique politique : aide à la décision, évaluation Logique académique (colloques, collaborations avec des universitaires, publications)	Recueils de données Appels d'offres auprès d'universitaires Enquêtes quantitatives Séminaires	Indicateurs Annuaires statistiques Publications Centres de documentation
Professionnels de la culture du secteur marchand	Vendre et diffuser les biens culturels de manière efficace Rentabiliser les investissements	Sondage, marketing Recherches comportementales Psychologie expérimentale	Audience Lectorat Cibles
Professionnels de la culture du service public	Logique pédagogique Logique politique (démocratisation, accès au patrimoine) Logique commerciale (réduction des déficits)	Enquêtes quantitatives et/ou qualitatives Appel à des entreprises privées spécialistes de l'opinion	Publics ciblés : en fonction des âges, compétences, ou « handicaps » sociaux Évaluation des usages et effets sur les publics
Universitaires du pôle spéculatif **(histoire, philosophie, sociologie...)**	Logique académique Publications d'articles dans des revues scientifiques, d'ouvrages, organisation de colloques	Bibliographie, introspection Enquêtes auprès des acteurs	Concepts : espace public, jugements, catégories, usages, compétences...
Universitaires des disciplines appliquées **(sociologie, économie, droit, information-communication...)**	Logiques académiques Logique économique : trouver des financements, jouer un rôle de conseils ou d'expertise	Enquêtes Collaborations avec les professionnels, commandes, appels d'offres	Concepts, typologies, conseils pratiques et stratégiques

Chapitre V

Décrire, expliquer et comprendre

Décrire

Approches quantitatives

• *Degrés de participation et d'engagement*

Les enquêtes sur les pratiques culturelles doivent rendre compte à la fois des formes et des degrés de pratiques. Donnat (1994) dresse des typologies des Français selon l'intensité de leurs pratiques dans les différents domaines. Concernant l'écoute musicale, il distingue les « exclus » (un quart), le « minimum musical » (un tiers), les « amateurs de tubes » (10 %), les « classiques » (10 %), les « rockers » (14 %) et les « mélomanes éclectiques » (6 %), qui sont les plus investis dans l'écoute et aiment tous les genres. Dans le domaine de la lecture, il balaye le même spectre, allant de l'abstention de toute pratique (un quart des Français ne lisent jamais) à la catégorie des « gros lecteurs » (plus de vingt livres par an). Dans l'ouvrage sur les pratiques amateurs (Donnat, 1996, annexe 3, p. 203-229), il approfondit son investigation en ce qui concerne les dimensions de l'engagement. Celui-ci peut être :

– *Temporel* : depuis quand ? Quelle est la durée que les individus sont disposés à y consacrer par jour ?
– *Spatial* : reste-t-on chez soi ou se rend-on dans un cadre associatif, scolaire (conservatoire, atelier…) ?
– *Social* : privilégie-t-on une pratique en solitaire ou au contraire de groupe (chorale, fanfare, orchestre, troupe…) ?
– *Financier* : les investissements associés sont-ils importants et réguliers (instruments, cours, matériel, concerts…) ?
– *Identitaire* : l'individu se considère-t-il comme un professionnel ? A-t-il des projets professionnels en rapport avec ce qu'il fait ?

Pratiques religieuses et politiques : des modèles de description ?

La description des pratiques implique d'emblée des questions de méthode, auxquelles sont également confrontés les analystes du religieux et du politique.

• Les pratiques religieuses

La sociologie empirique de la religion a été initiée par Gabriel Le Bras (1891-1970) après la Seconde Guerre mondiale. Elle visait à établir une connaissance objective des rites catholiques dans un contexte de sécularisation. Cette méthodologie était fondée sur le sondage, de conception récente. Elle a débouché sur une typologie célèbre des différentes catégories de « pratiquants » :
– les « étrangers » à la vie de l'Église, qui n'y ont jamais été intégrés ou qui s'en sont détachés ;
– les « conformistes saisonniers », qui n'entrent à l'Église que pour les trois sacrements (baptême, mariage, enterrement) ;
– les « pratiquants réguliers », qui assistent à la messe dominicale, se confessent et communient à Pâques ;
– les « bigots » ou chrétiens engagés, qui ont des activités religieuses débordant les pratiques obligatoires.

D'après Gabriel Le Bras, *Études de sociologie religieuse*, Paris, PUF, 1955-1956.

• La participation politique

Les politistes proposent des typologies selon les formes et les degrés de la participation politique :
– les degrés : ils vont de l'exclusion de ce champ (individus non informés, non socialisés, non inscrits, abstentionnisme structurel) au niveau le plus élevé, soit le professionnalisme ;
– les formes : le sympathisant, l'électeur, le militant, le manifestant, le professionnel. Elles ne sont pas indépendantes des degrés : le militantisme implique un degré élevé de participation. De même, l'abstention peut être plus ou moins radicale : de la non-inscription sur les listes électorales à l'abstention tactique qui ne dure que le temps d'un tour électoral.

D'après Alain Lancelot et Dominique Memmi, « Participation et comportement politique », *in* Madeleine Grawitz et Jean Leca, *Traité de Science politique*, tome 3, « L'action politique », Paris, PUF, 1985.

• *Les systèmes de pratiques*

L'approche quantitative possède un avantage : elle associe les domaines distincts en « systèmes de pratiques » statistiquement corrélés, donc avérés (technique des analyses factorielles). Il en découle deux résultats :

– au plan social, on construit des « univers culturels » relativement clos et identifiés, qui correspondent à des « sous – cultures » ;
– au plan individuel, on obtient des ensembles que Bourdieu appelle des *habitus*, entendus comme des dispositions structurées, objectivées ou actualisées par des goûts (alimentaires, vestimentaires, sportifs, esthétiques) et des compétences.

À l'intérieur de ces systèmes, les biens sont substituables et les pratiques transférables d'un domaine à l'autre, car ils expriment le même besoin social :

> « C'est ainsi qu'une fréquentation assidue du musée est à peu près nécessairement associée à une fréquentation équivalente du théâtre et à un moindre degré du concert. De même, tout semble indiquer que les connaissances et les goûts tendent à se constituer en constellations (strictement liées au niveau d'instruction) en sorte qu'une structure typique des savoirs en peinture a toutes les chances d'être liée à une structure de même type des connaissances et des goûts en musique, ou même en jazz ou en cinéma. »
>
> Pierre Bourdieu, 1969, p. 101.

Ces enquêtes quantitatives montrent que les idées reçues n'ont pas toujours leur raison d'être. Ainsi, la lecture intensive n'est pas nécessairement incompatible avec l'assiduité télévisuelle (Establet et Felouzis, 1992). Par contre, l'intensité des pratiques télévisuelles est, avec la lecture de la presse régionale, le dernier refuge des « exclus » de la culture organisée (Donnat).

Débats méthodologiques

• *L'irréductibilité des domaines culturels*

Selon certains, la statistique réunit de manière artificielle des données qui sont séparées dans la pratique et qui exigent des méthodes d'enquête différentes. Ces auteurs refusent d'assimiler les pratiques les unes aux autres et préfèrent les traiter comme des univers singuliers. C'est la thèse de Pedler qui insiste sur l'irréductibilité des analyses des pratiques selon les domaines :

> « Les sphères d'activité artistique – arts du temps, arts visuels et arts littéraires – présentent des caractéristiques techniques tellement opposées qu'il est vain de chercher à repérer des homologies de structure. »
>
> Emmanuel Pedler, postface de Weber, *Sociologie de la musique*, Paris, Métailié, 1998, p. 195.

Il faudrait donc analyser les pratiques par domaine (écoute, regard, lectures...), dans la mesure où chacune s'adresse à l'un des cinq « sens ».

• *Le « réalisme » des catégories (les effets de seuil)*

Les typologies ont une fâcheuse tendance à produire des « effets de seuil » : les divisions en catégories transforment des différences de degrés en différences de nature (une dénomination). On le constate quand Olivier Donnat nomme les groupes qu'il a constitués (les « avertis », les « exclus », les « branchés ») en fonction de seuils fixés de manière conventionnelle. On retrouve cet effet dans des interprétations très tendancieuses de tableaux statistiques chez Bourdieu : il qualifie par exemple de « masculine » la pratique photographique au regard des niveaux respectifs d'équipement (64 % pour les uns, 49 % pour les unes) ou de l'intensité des usages (intermittents pour 63 % des femmes et 51 % des hommes) (Bourdieu, 1965, p. 346). Une différence relative est transformée en différence absolue.

• *L'artificialité des « déclarations de pratiques » (l'effet de légitimité)*

Il ne faut jamais perdre de vue que les « déclarations de pratiques » sont au cœur de la méthodologie quantitative et sondagière. Que valent-elles ? Chez un auteur comme Bourdieu, l'ambivalence est radicale : d'un côté, il en fait un usage intensif (1964, 1965, 1966, 1970, 1979...) et, d'un autre, il est l'un des seuls à établir une juste critique du procédé :

> « L'enquête par questionnaire fermé n'est jamais qu'un pis-aller, imposé par la nécessité d'obtenir un grand nombre d'informations comparables sur une population suffisamment nombreuse pour autoriser le traitement statistique : en premier lieu, elle laisse échapper presque complètement la modalité des pratiques ; or la manière d'accomplir les pratiques et la manière d'en parler, entendue au sens de manière d'être ou de faire particulière, *font souvent toute la différence* [...]. En outre, un questionnaire a contraint à une série de paris consistant à livrer l'exploration de tout un domaine (par exemple la musique, le cinéma, la cuisine, le vêtement) à deux ou trois questions (parfois à une seule). »
>
> Pierre Bourdieu, 1979, Annexe 1 (sur la méthode), p. 587-605.

> « La plus élémentaire interrogation de l'interrogation sociologique apprend que les déclarations concernant ce que les gens disent lire sont très peu sûres en raison de ce que j'appelle *l'effet de légitimité* : dès qu'on demande à quelqu'un ce qu'il lit, il entend : qu'est-ce que je lis qui *mérite* d'être déclaré ? C'est-à-dire : qu'est-ce que je lis en fait de littérature *légitime* ? Quand on lui demande : aimez-vous la musique, il entend : aimez-vous la musique classique, *avouable* ? Et ce qu'il répond, ce n'est pas ce qu'il écoute vraiment ou lit vraiment, mais ce qui lui paraît *légitime* dans ce qui lui arrive d'avoir lu ou d'avoir entendu [...]. Donc les déclarations sont extrêmement suspectes. »
>
> Pierre Bourdieu, « La lecture, une pratique culturelle », *in* Roger Chartier, *Pratiques de lectures*, Paris, Payot, 1993, p. 273-274.

Il est amusant de connaître l'argument de Donnat pour réfuter la non-fiabilité de ces déclarations : la stabilité des résultats est, selon lui, une preuve scientifique de leur objectivité.

• *La superficialité de la description*

Comme le reconnaissait Le Bras à propos des enquêtes sur les pratiques religieuses, elles sont « loin de révéler toute la vitalité religieuse [...]. Par la force des choses on s'en tient aux apparences » (*La Sociologie*, Paris, Gérard, 1972, tome 2, p. 352.) Le constat est le même du côté d'Augustin Girard, l'initiateur des statistiques culturelles du ministère : « Elles laissent le lecteur très loin de la manière dont chaque individu vit sa vie culturelle dans la réalité de la construction de sa personnalité » (*in* Rioux et Sirinelli, 1997, p. 304.)

Il faut finalement comprendre la notion d'« indicateurs » dans les deux sens du terme : celui d'« indice » statistique, qui permet d'objectiver par les statistiques des faits sociaux ; mais aussi celui d'« indication », au sens où il n'a pas d'autre prétention que de fournir des « tendances » (*cf.* Louis Dirn, *La Société française en tendances*, Paris, PUF, 1999) et des pistes en vue d'une étude plus approfondie.

Décrire par observation

Il existe d'autres méthodes qui ont pour ambition de décrire les pratiques en train de se faire :

• *L'observation expérimentale*. Elle n'est pas pratiquée par les sociologues, mais plutôt par la psychologie expérimentale (Bouveresse, 1998). Elle permet de décrire l'« expérience esthétique » telle que la ressent l'individu. Elle tente de mesurer les émotions, les sensations. On peut filmer, enregistrer et étudier les phénomènes de consensus, compromis, conflit.

• *L'observation in situ*, qui se rapproche de l'ethnographie classique, est réalisée dans le cadre des suivis de parcours d'expositions. On aboutit à des typologies établies en fonction des relevés des déplacements et des attitudes des visiteurs (Véron et Levasseur, 1983 ; Passeron et Pedler, 1991). Elle permet de s'intéresser aux pratiques en tant que mode d'engagement des corps (Hennion, 2000 ; Bessy et Chateauraynaud, 1995).

• *L'observation participante*. Elle est peu développée. Certains sociologues tentent néanmoins de décrire « de l'intérieur » l'amour de l'art et des passions. Hennion fait partie des rares sociologues à avoir tenté cette immersion. En voici le programme :

« La méthode utilisée, pour mener l'auto-sociologie de la musique, consiste à analyser dans le détail le travail de ses médiateurs, en partant de l'observation ethnologique des lieux et moments décisifs. Nous allons nous rendre sur scène, au concert, écouter des disques ou la radio, pour comparer les dispositifs de mise en relation de la musique et du public dans le rock et dans la musique classique… »

Antoine Hennion, 1993, p. 317 et s.

Quelles que soient les méthodes de description, toutes butent sur la question des explications et de la compréhension et laissent insatisfaits nombre de chercheurs (bien que, comme nous l'avons dit, d'autres enquêteurs s'en tiennent à l'identification des pratiquants).

Expliquer

Les facteurs explicatifs

La méthode explicative renvoie fondamentalement au *credo* de la sociologie de Durkheim, à savoir : « Un fait social ne peut être expliqué que par un autre fait social » (1988, p. 237.) Ici, cela consiste à relier de manière causale (sur un mode déterministe ou probabiliste) des collectifs (groupes sociaux, genres, générations…) avec les systèmes de pratiques observés. L'économie de la culture est sans doute la plus friande de cette approche factorielle (*cf.* Farchy, 1999 ;

Benhamou, 1996). Les principaux facteurs explicatifs des variations et de la répartition sociales des pratiques sont les suivants :

• *La démographie*

L'*âge* renvoie aux phénomènes de générations, qui déterminent pour une grande part les pratiques des individus (*cf.* l'ouvrage pionnier de Karl Mannheim, *Le Problème des générations*, Paris, Nathan, 1990, 1re éd. allemande : 1928 ; également Claudine Attias-Donfut, *Générations et âges de la vie*, Paris, PUF, 1991). Dans le domaine qui nous intéresse, l'écoute musicale est, par exemple, très différenciée selon qu'on est né avant le « boom musical » (qui correspond au développement des équipements hi-fi des foyers dans les années 1980) ou après (Donnat, 1994 ; Mayol, 1997). De même, le public principal des salles de cinéma est jeune : 40 % ont moins de 25 ans.

Si le *genre* est devenu, depuis les années 1960, un élément majeur d'explication des phénomènes sociaux (sous l'impulsion des *gender studies*), les enquêtes sur les pratiques culturelles masculines et féminines ne sont pas très nombreuses, en dépit de résultats encourageants concernant la construction sociale des sexes. On sait que les lectures sont très distinctes : les femmes préfèrent les romans et la fiction, tandis que les hommes lisent des essais ou de l'histoire. La presse est également clivée (*cf.* Samra-Martine Bonvoisin et Michèle Maignien, *La Presse féminine*, Paris, PUF, 1996). Quant aux pratiques liées au corps (danse, sports, gymnastique...), elles sont particulièrement sexuées.

• *La géographie*

En tant qu'il induit les lieux de résidences, les modes de vie spécifiques qui y sont associés (urbain/rural) et les questions de morphologie (densité sociale), on se doute de la prééminence de ce facteur. On constate de fait que la vie culturelle est toujours stimulée par une offre concentrée (en région parisienne). À l'inverse, la télévision a tendance à retenir les individus chez eux et à réduire leur sociabilité de sortie.

• *Les groupes sociaux*

Les PCS sont des variables composites qui synthétisent de nombreux sous-critères, dont certains s'avèrent particulièrement décisifs :

– le *diplôme*, dont on a souvent l'occasion de parler dans cet ouvrage (Bourdieu, 1969), a toujours été considéré comme un élément prédictif des activités culturelles. Mais ses effets ont pu être nuancés par Donnat (1994) dans la mesure où l'on aurait dû constater une hausse des visites de musées corrélée avec une forte augmentation de la proportion de bacheliers (20 % d'une génération en 1960, 64 % aujourd'hui). Or il n'en fut rien.

– les *PCS* recouvrent aussi la division salariés/indépendants. Les seconds partent beaucoup moins en vacances, ce qui influe nécessairement sur leurs pratiques. Mais il y aurait également beaucoup à dire sur le clivage public/privé associé à de véritables univers culturels autonomes (*cf.* François de Singly et Claude Thélot, *Gens du public et gens du privé*, Paris, PUF, 1985.)

• *Le revenu*

Le temps libre et le niveau de revenus sont deux facteurs privilégiés par l'approche économiste (et l'INSEE). Ils sont en mesure d'expliquer les conditions de possibilité des actions individuelles (Herpin, 2001). Il est nécessaire de distinguer deux approches. La première s'attache au niveau absolu des dépenses consacrées à la culture. Il est clair, dans ce cas de figure, que les types de pratiques ne sont pas identiques selon qu'un ménage consacre 400 ou 1 000 euros par an à ce poste. Mais la seconde considère le niveau relatif (le coefficient budgétaire), qui est étonnamment indépendant (non élastique) du salaire, comme l'indiquent les chiffres :

Tableau 1. Volume et part des dépenses culturelles en fonction du revenu des ménages en 1995

	Niveau de revenus (milliers de francs)					
	< 70	70-100	100-150	150-200	200-300	> 300
Dépenses culturelles (en milliers de francs)	2 699	3 789	5 416	7 408	9 767	15 474
Coefficient budgétaire (%)	3,5	3,5	3,6	3,6	3,6	3,5

Source : d'après CREDOC – INSEE, enquête *Budget des familles*, 1995, repris dans *Développement culturel*, n° 132, février 2000, p. 7.

• *La technique*

Selon Augustin Girard, le développement de nouveaux supports et des nouvelles méthodes de diffusion fait partie des facteurs principaux d'évolution des pratiques, bien davantage que les politiques publiques. Les nouvelles activités sont surtout liées au développement du multimédia (32 % des ménages sont équipés en 2001), à la généralisation de la hi-fi (61 % de taux d'équipement en 2001), aux millions de CD vendus (environ 120 millions), à l'internet (18 % de ménages connectés en 2001). C'est une raison majeure de l'entrée dans l'ère de la « culture de l'écran » et des « pratiques à domicile », qui s'individualisent et se privatisent, au détriment des spectacles vivants et de la sociabilité de sortie (Donnat, 1994 et 1998 et Farchy, 1999, p. 97, qui parle de culture « d'appartement »).

La visite au musée

La difficulté – mais aussi l'intérêt – de l'approche statistique réside dans la hiérarchisation des facteurs, certains étant plus prédictifs que d'autres (comme il en est du vote qui est en grande partie déterminé en France par la religion). À chaque type de pratique correspond une ventilation différente des variables qui n'arrivent pas au même niveau. Si l'on choisit d'étudier la visite des musées, qui concerne 30 % des Français chaque année (ce qui la hisse dans le groupe de tête des pratiques culturelles), avec une fréquentation qui voisine autour de 50 millions, on peut ordonner de manière décroissante les facteurs comme suit :
– le *diplôme* (inclus dans les PCS) est une variable forte : de 18 % pour les sans diplôme à 64 % pour les individus ayant suivi des études supérieures ;
– la *PCS* fait varier l'amplitude de la fréquentation de 65 % (2/3 des cadres sont allés au musée dans l'année) à 22 % (les inactifs retraités). Le clivage actifs/inactifs est donc déterminant. En outre, les écarts vont de 65 % à 20 % (agriculteurs) ou 23 % (ouvriers), soit de 1 à 3 en fonction des groupes d'actifs. Depuis 1973, on remarque même que l'écart s'est accentué (contrairement aux objectifs de démocratisation) ;
– le *lieu d'habitation* est également important : le fait d'habiter Paris incite largement à aller au musée (59 %). C'est donc ici une variable d'offre : plus l'offre augmente, plus l'art se rapproche du public ;
– l'*âge* met en évidence une corrélation positive : plus on est jeune, plus on va au musée. De 38 % pour les plus jeunes à 19 % pour les plus âgés. Mais on remarque d'ores et déjà que cette variable est beaucoup moins discriminante que les précédentes ;
– le *sexe* est très peu influent pour cette activité : 31 % des femmes et 29 % des hommes sont allés au musée.

D'après Olivier Donnat, 1998.

Nous avons choisi d'approfondir celui de ces facteurs sociaux qui implique le plus le sociologue dans son identité professionnelle, à savoir la classe sociale, pour plusieurs raisons :

– montrer qu'il existe deux grandes façons de se saisir de la question : expliquer les pratiques par les classes, ou l'inverse. Elles correspondent à des intentions différentes, mais il semble que dans les deux cas on participe, plus ou moins volontairement, d'une sociologie des classes ;
– la présentation systématique que nous proposons peut servir de modèle dans les cas où l'on souhaite mobiliser les autres facteurs explicatifs (pratiques en fonction des groupes d'âge, des genres…) ;
– cette mise en relation est d'une complexité assez redoutable et ne saurait être réduite à un matérialisme sommaire.

Tableau 2. Pratiques culturelles et PCS

PCS du chef de famille (Sur 100 personnes de chaque groupe)	Sortent plusieurs fois par semaine	Ne sortent jamais	Ne vont jamais au cinéma	Ne vont jamais à un spectacle	Regardent la télévision tous les jours	Regardent surtout TF1	Ont un PC	Aiment le jazz	Lisent souvent un quotidien national	N'ont lu aucun livre dans l'année	Aucun achat de livres
Agriculteurs	15	9	74	85	70	39	18	16	1	47	30
Artisans, commerçants, chefs d'entreprise	18	12	60	83	75	34	31	38	5	24	28
Cadres et professions intellectuelles supérieures	30	4	38	51	61	15	56	63	26	7	11
Professions intermédiaires	20	7	53	70	70	22	42	47	16	13	20
Employés	28	16	61	83	73	28	22	35	13	19	31
Ouvriers qualifiés	22	11	66	90	82	42	14	24	8	36	44
Ouvriers non qualifiés	24	19	74	94	81	42	13	20	7	30	43
Retraités	6	43	89	90	87	34	7	24	13	37	54

Source : d'après Olivier Donnat, 1998.

Des classes aux pratiques

S'il s'inscrit dans une perspective marxiste ou matérialiste, le sociologue part des classes sociales (les « ouvriers », la « bourgeoisie », les « employés », les « classes moyennes », les groupes statistiques des PCS), qui sont des collectifs qu'il estime avérés, dans le but d'« expliquer » les pratiques de ses membres. L'adage qui le guide est alors : « Dis-moi qui tu es et je te dirai ce que tu aimes et ce que tu fais. » La classe est la variable explicative, et les pratiques la variable à expliquer. À partir de là, quatre possibilités se présentent.

• *Cas 1 : les enquêtes confirment implicitement l'homogénéité des classes de départ*

Thorstein Veblen est un bon représentant de cette approche. Dans sa classique *Théorie de la classe de loisir* (1899), il montre que les « couches rentières » développent, de manière supposée uniforme et homogène, une consommation ostentatoire dans le but de se distinguer des autres classes, de les dominer symboliquement en leur signifiant leur incapacité sociale. Le fait de définir un ensemble de départ (les classes de loisir) par des pratiques homogènes, conduit à le confirmer. De même, exemple parmi tant d'autres, René Kaes (*Images de la culture chez les ouvriers français*, Paris, Cujas, 1968) analyse les ouvriers en termes de « manque » et de « frustration culturelle » et montre qu'ils privilégient toujours le repos, ont peu d'activité intellectuelle et peu de créativité ou de sensibilité esthétique. Là encore, le groupe de référence est renforcé par une étude dont le but est de le caractériser.

• *Cas 2 : les enquêtes confirment volontairement l'existence des classes sociales*

Ici, le sociologue s'applique à préciser ou redessiner les contours des « vrais » groupes sociaux tels qu'ils ont été objectivés dans leur homogénéité par les enquêtes. Dans la tradition de Halbwachs (1912), c'est ce à quoi parvient Bourdieu (1979), en partant des données empiriques et statistiques regroupées par CSP, pour aboutir à une structure sociale en trois parties : classe supérieure (le « goût pur »), classe moyenne (le « goût moyen ») et classe populaire (le « goût du nécessaire »). Les CSP sont ainsi réaménagées dans le cadre de ce qu'il faut bien appeler une sociologie des classes sociales. Tout ce matériau empirique manifeste est un moyen inductif de révéler une structure sociale latente :

> « Les goûts fonctionnent comme des marqueurs privilégiés de la classe [...]. L'art et la consommation artistique sont prédisposés à remplir, qu'on le veuille ou non, qu'on le sache ou non, une fonction sociale de légitimation des différences sociales [...]. L'étude des goûts, c'est-à-dire des préférences *manifestées*, est l'affirmation pratique d'une différence inévitable. Ce n'est pas par hasard si lorsqu'ils ont à se

justifier, ils s'affirment de manière négative, par le refus opposé à d'autres goûts [...]. Les goûts sont sans doute avant tout des dégoûts. »

Pierre Bourdieu, 1979, Introduction, p. II, VIII et 60.

Dans de nombreuses autres enquêtes, le but explicite est de caractériser une « culture de classe ». Au lieu d'évoquer les « pratiques culturelles des ouvriers » (supposées diverses), on parle de « la culture ouvrière ». Celle-ci se trouve renforcée dans sa consistance et son objectivité par les données empiriques qui abondent au point de conclure à l'autonomie du groupe (Michel Verret, *La Culture ouvrière*, Thonon-les-Bains, Éd. l'Albaron, 1988 ; Hoggart, 1970, sur « les classes populaires »).

• *Cas 3 : les enquêtes relativisent l'existence des groupes de départ*

D'autres enquêtes montrent qu'il existe une hétérogénéité à l'intérieur du groupe de référence. On parle alors de « sous-cultures » de classe, en apposant un pluriel au nom de départ (par exemple : « les cultures ouvrières », les « univers des employés »). Quand Michel Crozier (*Le Monde des employés de bureau*, Paris, Seuil, 1965) étudia l'« univers culturel » des employés dans son enquête de 1957, il fut amené à distinguer différents sous-groupes de pratiques. Ainsi, parmi les employés qui n'ont aucune responsabilité, certains compensent par des loisirs actifs tandis que d'autres se replient et renforcent en dehors du travail leur passivité. Il décrit quatre « niveaux culturels » : un niveau élevé (15 %), moyen (20 %), faible (40 %) et très faible.

Alain Chenu (*Les Employés*, Paris, La Découverte, 1994) souligne également l'existence de différents mondes d'employés. Rien ne permet d'assimiler les employés de bureau, de commerce ou d'administration, qui ont des modes de vie hétérogènes (à diplômes et revenus à peu près comparables).

• *Cas 4 : Les enquêtes infirment l'existence des groupes de départ*

Il reste une dernière possibilité, soutenue par tous les sociologues qui estiment que les pratiques culturelles s'uniformisent en traversant indifféremment les groupes sociaux. Le groupe Louis Dirn a développé un temps cette représentation du social. Mendras, qui en est le membre fondateur, en multiplie les indices : la scolarité de masse et la télévision constituent des forces d'homogénéisation dont les effets sont estimés supérieurs à ceux des forces de différenciation. Ces dernières s'affaiblissent toutes : les cultures paysannes s'effacent, les langues régionales disparaissent, la formation religieuse se marginalise, le cinéma populaire a disparu... La classe dirigeante seule n'est plus en position de diffuser la culture dominante et la légitimité élitiste est contestée. Les innovateurs appartiennent à la vaste « constellation centrale » (Mendras, 1988).

Cette perspective s'inscrit dans la lignée de Tocqueville qui insistait sur le nivellement culturel associé au développement de la démocratie ; ou de Simmel qui anticipait le rôle hégémonique d'une vaste « classe moyenne », critiquant ainsi les schémas bipolaires de Marx et Engels. On n'est pas éloigné non plus des théories américaines des années 1960 qui évoquent une « culture de masse » et des individus atomisés. Chacun essaie de fabriquer ou de « bricoler » son identité sans que celle-ci soit déterminée par la classe.

Des pratiques aux classes

Il existe pourtant une autre manière de se saisir du problème en renversant la perspective. L'adage devient : « Dis-moi ce que tu aimes et ce que tu fais, je te dirai qui tu es. » La démarche est plus inductive dans la mesure où l'on part de faits sociaux observables pour aboutir à des faits sociaux présumés (les classes) mais à vérifier. On entre dans une sociologie empirique des classes sociales, initiée par Halbwachs ou programmée par Schumpeter (dans un article de 1927 intitulé « Sociologie des classes sociales »). On distingue alors deux cas de figures.

• *Cas 5 : on infirme l'existence des classes sociales*

Les pratiques sont envisagées comme des facteurs d'agrégation de collectifs qui valent en eux-mêmes. Les typologies auxquelles parvient Donnat, quand elles restent purement internes et descriptives, non rattachées à des collectifs *a priori*, en fournissent de parfaits exemples. Mais il existe bien d'autres recherches, en particulier du côté de la sociologie des réseaux (Forsé et Degenne, 1994). Ces auteurs mettent en évidence des alliances conjoncturelles entre individus, conçues indépendamment des classes. Les réseaux de sociabilité étudiés par l'INSEE depuis les années 1980 sont des sous-ensembles de ce type. Le principe est simple et original : on part d'une pratique (sortir, téléphoner, converser avec autrui) et on décrit par « graphes », au plan formel ou morphologique, les collectifs qui émergent.

La sociologie « formale » de Simmel a inspiré en partie cette approche dans la mesure où elle vise d'abord à recenser les « formes sociales », c'est-à-dire tous les groupements plus ou moins éphémères (1896-1897). Cependant, il est important de souligner que Simmel rattache toujours en dernière instance les associations (ou « sociations ») à la préexistence des classes. Il faudrait plutôt s'appuyer sur le Durkheim des *Règles de la méthode sociologique* (1895), si l'on veut bien se souvenir qu'il a occulté la notion de classe de sa sociologie en préfigurant une sociologie des formes sociales.

C'est aussi le cas des « cités » construites par Boltanski et Thévenot (1991) à partir des « principes de justice » invoqués par les agents. Dans ce cas, on assimile les systèmes de valeurs aux systèmes de pratiques, ce que réalise Heinich depuis les années 1990 en étudiant l'axiologie des pratiquants, en dehors de toute appartenance sociale (1998). Tous ces auteurs s'inspirent en partie du philosophe américain Walzer qui fonde la structure sociale sur ce qu'il appelle des « sphères de justice », c'est-à-dire différents régimes de répartition des « biens sociaux » (*Sphères de justice. Une défense du pluralisme et de l'égalité*, Paris, Le Seuil, 1997, 1re éd. anglaise : 1983.)

Dans ces perspectives, on peut être amené à substituer aux clivages de classes *a priori* d'autres clivages sociaux qui s'avèrent *a posteriori* plus déterminants. L'âge fait partie de ces groupes émergents, au point de constituer une « culture jeune », comme d'autres parl(ai)ent de « culture ouvrière ».

• *Cas 6 : les enquêtes retrouvent partiellement les classes ou certains groupes des PCS*

Une approche purement inductive montre que les pratiques culturelles (mais aussi politiques, sociales, collectives et idéologiques) se relient à l'existence de classes sociales. Telle était l'observation de Simmel au sujet de la mode, auteur si malencontreusement assimilé à l'individualisme méthodologique (*cf.* Frédéric Vandenberghe, *La Sociologie de Georg Simmel*, Paris, La Découverte, 2001, p. 31).

> « La mode est [...] *un produit de la division en classes* et elle se comporte de la même façon que bien d'autres formations – surtout l'honneur – dont la double fonction est de réunir un cercle tout en l'isolant des autres [...]. Si les formes sociales, le vêtement, les jugements esthétiques et tout le style dans lequel l'homme s'exprime sont refondus sans arrêt par la mode, celle-ci, dans sa nouveauté reste en tout point *l'apanage des classes supérieures*. Dès que les *classes inférieures* commencent à s'approprier une mode, [...] [les classes supérieures] se détournent de la dite mode pour en adopter une nouvelle qui les distinguent à son tour des dites masses et relancent le jeu une fois de plus. »
>
> Georg Simmel, 1988, p. 92, 95 (1re éd. allemande : 1895).

Cette perspective simmélienne a trouvé des prolongements dans les travaux « constructivistes » qui cherchent à rendre compte du travail collectif, pratique et symbolique générateur des groupes sociaux (Boltanski 1982 ; Desrosières et Thévenot, 2000). Les sociologues et statisticiens de l'INSEE, qui depuis 1954 élaborent (et ajustent) la grille des CSP (devenue PCS en 1982), n'ont de cesse de rappeler les « remarquables régularités » de leur outil, que confirment sans cesse les enquêtes secondaires. Les pratiques culturelles constituent à cet égard une preuve majeure de l'homogénéité des groupes sociaux.

De même, parmi les instigateurs des enquêtes nationales sur les pratiques culturelles, *a priori* peu disposés à reconnaître aux classes une existence, le constat est patent :

> « Au total, il apparaît que l'approche en terme de CSP demeure efficace, à l'échelle de la population française, pour mettre en évidence les fortes disparités qui continuent à marquer l'accès aux grandes œuvres de l'art et de l'esprit. »
>
> Olivier Donnat, 1999, p. 115-116.

Dans la même veine, au terme de la vaste enquête sur la sociabilité des français (enquête « Contacts » de l'INSEE), François Héran (1988) assimile la sociabilité aux pratiques culturelles en cela qu'elle est socialement hiérarchisée comme ces dernières. De même que le capital va au capital, les relations sociales vont aux relations.

Il faut enfin signaler la récente prise de position d'un des membres du groupe Louis Dirn qui, dans un article dissident, réanime les preuves inductives de l'existence des classes (Louis Chauvel, « Le retour des classes sociales ? », *Revue de l'OFCE*, n° 79, octobre 2001, p. 315-359.) Il s'appuie notamment sur la sociologie de la consommation de Halbwachs et constate que le fait de pouvoir acheter le travail d'autrui demeure le lieu des principaux clivages de classes.

Tableau 3. Présentation synthétique des différentes approches de la relation explicative classes/pratiques

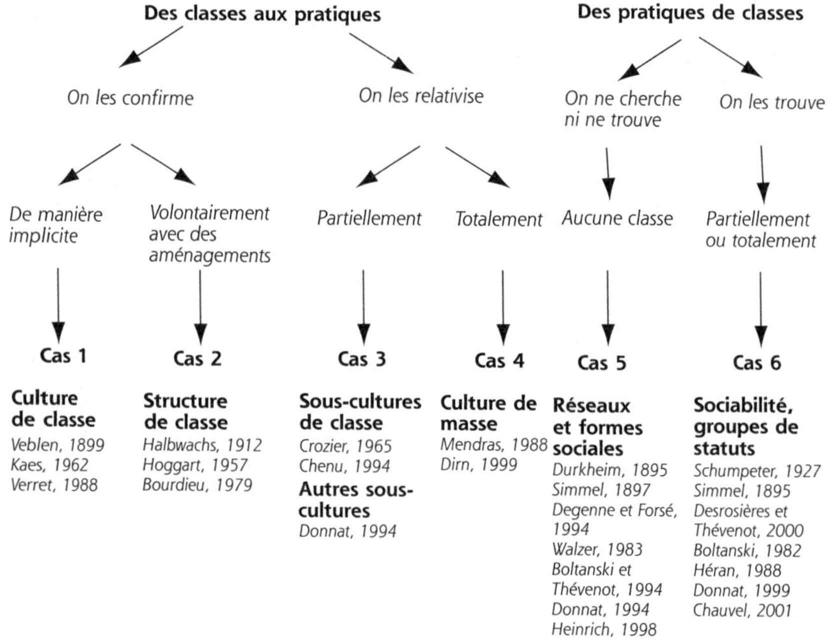

Comprendre

« Compréhension » et « explication » ne s'opposent pas. Nous dirons avec Weber qu'elles se complètent : « La propre tâche [de la sociologie compréhensive] ne commencerait pourtant qu'au moment précis où il faut expliquer par interprétation » (Max Weber, 1992, p. 308.). Ou encore :

> « Une interprétation causale juste doit être significativement adéquate et causalement adéquate [...]. Sinon, on a une probabilité statistique non compréhensible ou une herméneutique sans preuve. Si on en reste à des régularités, on entre dans une

> problématique différente de l'activité compréhensible : celle des conditions, des entraves, des occasions, des facteurs. »
>
> Max Weber, 1995, tome 1, p. 39-40.

Cependant, bien que Weber soit clair sur la complémentarité des approches, on doit insister sur le clivage qui existe en théorie et en méthode entre les sociologues mobilisant des collectifs en vue d'expliquer les pratiques et ceux qui tentent de déchiffrer les mobiles individuels des agents. Ainsi, exemple parmi d'autres, Nathalie Heinich (qui se réclame régulièrement de la sociologie compréhensive) continue d'opposer scolastiquement « expliquer » et « comprendre » :

> « Faut-il laisser la visée explicative, inspirée des sciences de la nature, dominer ? Ou lui adjoindre l'approche compréhensive, spécifique des sciences humaines, qui insiste sur le réel et inclut les représentations dans celui-ci ? »
>
> Nathalie Heinich, 2001, p. 107.

De leur côté, les enquêteurs adeptes des méthodes quantitatives expriment souvent un sentiment d'incomplétude vis-à-vis de leurs résultats et de leur incapacité à approcher ce qu'ils nomment l'« expérience esthétique » :

> « L'enquête qui permet [au sociologue] de fournir une représentation de l'ensemble des pratiques culturelles *a un prix* : il la *condamne* à appréhender les pratiques culturelles à travers des *catégories grossières*, souvent porteuses de *peu d'informations* sur leur contenu artistique et *dénuées de pertinence* aux yeux des spécialistes du domaine considéré [...]. Elles *ne disent rien des expériences esthétiques et cognitives vécues.* »
>
> Olivier Donnat, 1998, p. 11.

Il existe comme un « mystère propre » aux « expériences esthétiques », quelque chose d'inexplicable ou d'inexpliqué, qui reprend en écho ce que Gabriel Le Bras ressentait après ses enquêtes : *quid* de la foi, se demandait-il, après avoir décompté les pratiques rituelles. *Quid* des motivations subjectives des amateurs, se demandent aujourd'hui les sociologues – car ce dont il s'agit, c'est d'une approche individualiste, intéressée au sujet et à son expérience. « Une pratique est le contraire d'une consommation », écrivait de Certeau qui, hostile aux méthodes quantitatives et à Bourdieu, se demandait comment l'on se crée soi-même par et dans la culture.

On peut distinguer deux approches, selon qu'elles se réfèrent aux agents pour comprendre leurs intentions ou selon qu'elles déduisent, par le raisonnement, leurs raisons.

Comprendre avec les acteurs

• *Un présupposé moral*

La sociologie contemporaine développe de manière quasi systématique la technique des entretiens (dans le cadre des apprentissages universitaires, c'est une technique élémentaire). Dès lors que l'enquêteur cherche à connaître les motivations, il paraît logique de les demander à l'enquêté. Le sociologue peut ainsi examiner les valeurs mobilisées par les individus. Il « prend au sérieux » le discours des acteurs pour en saisir la cohérence, allant jusqu'à considérer que c'est une attitude morale. Certains vont jusqu'à s'insurger contre ces sciences dites *humaines* qui passent par-dessus les individus et décident à leur place de leurs « raisons d'agir » (Heinich, 1998). Antoine Hennion qui a cherché à comprendre l'amour de la musique, s'en prend ouvertement à la sociologie critique : « [Celle-ci] disqualifie toute analyse sociologique de l'art en tant que tel [...] qui marque son désintérêt pour l'œuvre et l'expérience esthétique [...]. On ne peut se contenter d'explication de la beauté en termes de convention, de croyance ou *d'illusio* » (Antoine Hennion, 2000, p. 29-30.)

Cette approche compréhensive est mise en œuvre dans la sociologie des valeurs de Heinich depuis une décennie, avec des résultats certains. Dans ce cas, on sollicite les comptes rendus des acteurs et on substitue « l'épreuve de cohérence à l'épreuve de vérité » (Heinich, 2001). Dans une optique webérienne, ce sont les valeurs qui motivent les actes. Cette approche est particulièrement innovante dans le champ des pratiques culturelles, qui, comme leur nom l'indique, voudraient s'en tenir à l'aspect « pratique ».

• *Des « pratiques » aux valeurs*

La perspective compréhensive met le doigt sur une carence essentielle des enquêtes sur les pratiques : de même que l'analyse de la religion souligne sa double dimension, rituelle et idéelle (Durkheim, 1912), celle de la culture doit prendre en compte l'association des actes et des valeurs. À la démarche compréhensive revient l'étude des représentations, des croyances, des mythes et des symboles, des jugements de valeur et des goûts, des compétences et des connaissances. À l'« explication » et à la description convient davantage l'étude des « pratiques », au sens littéral du terme ; constitué par les achats, les sorties, les contacts, les attitudes et les corps en action.

• *Méthodes*

Il existe des méthodes de recueil de données qui permettent de ne pas avoir à les solliciter directement auprès des acteurs, annulant ainsi les artefacts de la relation sociale d'enquête : l'examen des traces écrites en fournit une bonne illustration. Ainsi des livres d'or, qui sont laissés à la disposition des publics sur les lieux d'expositions ; des courriers de lecteurs (Boltanski, 1990, 3e partie), des œuvres littéraires ou des essais (Boltanski, 1993) ; des inscriptions sur les murs, qui en disent long sur ce que pensent les individus. Heinich a ainsi étudié les commentaires librement écrits (plus ou moins rageusement) sur les palissades du chantier des colonnes de Buren, ce qui lui a permis de restituer les registres de la dénonciation publique (Heinich, 1998).

Comprendre sans les acteurs

Aussi étonnant que cela puisse sembler, la sociologie compréhensive ne fait par toujours grand cas de la parole des acteurs et cela dans la lignée des classiques. Peu frappant venant de Durkheim, c'est plus surprenant de la part de Weber :

> « Les motifs invoqués ou les refoulements (motifs non avoués) dissimulent trop souvent à l'agent même l'ensemble réel dans lequel s'accomplit son activité, à tel point que les témoignages, *même les plus sincères subjectivement*, n'ont qu'une *valeur relative.* »
>
> Max Weber, 1995, p. 36.

> « Toutes les questions d'intention sont trop subjectives pour pouvoir être traitées scientifiquement [...]. Si on part des individus, on ne pourra rien comprendre de ce qui se passe dans le groupe. Toutes les fois qu'un phénomène social est expliqué par un phénomène psychique, on peut être assuré que l'explication est fausse [...]. La cause déterminante d'un fait social doit être cherchée parmi les faits sociaux antécédents, et non parmi les états de la conscience individuelle. »
>
> Émile Durkheim, 1988, p. 95, 103 et 109.

Si l'on ne peut demander aux acteurs de rendre raison de leurs actions, il reste alors à les interpréter. Il faut inventer des moyens de connaître ce que le sujet ne sait pas forcément et/ou ne peut pas savoir.

• *Recherche des usages*

La démarche compréhensive peut chercher à saisir la finalité des pratiques (qui sont des raisons) en recherchant les usages :

> « Quand on observe une corrélation entre le niveau d'instruction et la quantité de lectures ou la qualité de la lecture, on peut se demander comment ça se passe, parce que c'est une relation qui n'est pas auto-explicative. Il est probable qu'on lit quand on a un marché sur lequel on peut placer des discours concernant les lectures [...]. Dans beaucoup de milieux, on ne peut pas parler de lectures sans avoir l'air prétentieux. »
>
> Pierre Bourdieu, *in* Chartier, 1985, p. 275.

Selon Escarpit, la lecture des deux buts : fonctionnel (la presse, les informations) ou non fonctionnel (s'évader, rêver, méditer, se cultiver gratuitement).

De même, Gérard Mauger *et alii* (1999) proposent une typologie des usages de la lecture : de divertissement, didactique (conseils pratiques, ouvrages scolaires et professionnels), de salut (pour asseoir ses convictions religieuses ou politiques), esthète.

Un autre spécialiste s'interroge de manière quasi socratique : « Qu'est-ce que lire veut dire ? » (Chartier, 1985.) Y répondre, c'est étudier littéralement non ce qu'est la pratique mais ce qu'elle fait. Pour la « comprendre », il est nécessaire de la replacer dans le système des actes qu'elle remplace ou interdit, de connaître son articulation avec d'autres pratiques. De même que Duras écrivait : « Écrire, c'est se taire », les sociologues constatent que « la lecture est par excellence l'occupation solitaire. L'homme qui lit ne parle pas, n'agit pas, se retranche de ses semblables, s'isole du monde » (Escarpit, 1958, p. 116).

• *Les raisons*

La méthode la plus développée reste quand même celle de l'interprétation. Ainsi, le chercheur, fort de certaines connaissances historiques, de données statistiques diverses sur les conditions de possibilité et les contextes, se lance dans des interprétations, plus ou moins convaincantes, de ce que peuvent être les bonnes raisons de telle ou telle pratique.

McClelland propose par exemple de distinguer entre les logiques d'affiliation et d'accomplissement, ce que Chazel applique aux pratiques culturelles (David Mc Clelland, *The Achieving Society*, New York, The Free Press, 1961). D'un côté, on met l'accent sur l'intégration et la sociabilité, de l'autre, on met en évidence prouesse individuelle et performance. Warnier (1999), dans la même veine, évoque « la production des sujets » par les pratiques culturelles.

Chapitre VI

Interprétations à la lumière des traditions sociologiques

Un tel chapitre peut surprendre au moins à trois égards :

– il applique la thématique contemporaine de « pratiques culturelles » à certains pères fondateurs de la sociologie, semblant ainsi céder à l'anachronisme. En réalité, les auteurs classiques sont mobilisés comme initiateurs de grandes orientations interprétatives à l'intérieur desquelles les sociologues contemporains s'inscrivent nécessairement ;

– il prend l'apparence d'un travail scolaire de *listing* d'auteurs, alors qu'il s'agit surtout d'un travail de clarification des filiations entre des auteurs et des concepts, travail qui est rarement entrepris pour des raisons internes au champ académique ;

– il distingue sans doute trop nettement trois modèles d'interprétation quand certains auteurs pourraient se retrouver dans les uns et les autres. Un auteur comme Bourdieu est à la fois inspiré par la théorie critique, le modèle wébérien et la théorie durkheimienne. Mais il nous a semblé plus pertinent d'insister sur les différences que de définir des points de passage.

Nous avons cru pouvoir distinguer trois points de vue « théoriques » sur les pratiques culturelles relativement distincts : le premier cherche à dévoiler puis dénoncer les mécanismes de l'aliénation et de la domination culturelles ; le second développe l'aspect intégrateur et émancipateur de la culture ; le dernier adopte un regard ni positif ni négatif en considérant que les pratiques participent à la production simultanée des identités singulières et collectives.

Les théories critiques

L'aliénation

Karl Marx développe quelques notions fondamentales parmi lesquelles l'aliénation figure en bonne place. S'il n'a jamais réfléchi aux pratiques culturelles en tant que telles, ce qu'il a écrit a servi de fil conducteur pour des générations de sociologues de la culture.

L'étude de l'aliénation est abordée par deux fois chez Marx, qui s'inspire largement de Feuerbach (1804-1872) à qui il rend de nombreux hommages. Ce dernier avait centré sa réflexion sur le phénomène religieux en proposant une critique de l'aliénation religieuse (1841). Marx transpose ses analyses à la critique du travail industriel (*Les Manuscrits économico-politiques*, dits « *de 1844* ») et à sa théorie du « fétichisme de la marchandise ».

L'aliénation est l'impossibilité pour le travailleur de saisir le sens de ce qu'il produit. La restitution du sens doit passer par la libération du travail salarié, avec cette utopie d'une société communiste dans laquelle il n'y aurait plus d'artiste parce que tout le monde le serait devenu (*L'Idéologie allemande*, 1845). Les artistes sont conçus comme des figures inversées de l'ouvrier aliéné.

Dans son analyse du fétichisme de la marchandise, Marx montre que le travail ouvrier débouche sur une objectivation (la marchandise) qui est ensuite mise en circulation dans le monde en tant que telle, avec sa valeur d'échange propre, sans plus de référence à son origine humaine. Cette vie objective des marchandises est emblématique de la modernité : les valeurs des choses qui circulent et s'échangent sont pensées en dehors de toute humanité. On parle également de « réification ». Ce qui est à l'origine de l'aliénation n'est autre que le rapport salarial et la division intensive du travail, qui exploite l'homme et réifie la marchandise (Vandenberghe, 1997).

La piste de la critique de l'aliénation et le thème de la réification furent particulièrement suivis par les penseurs allemands de la culture. On ne saurait en dresser ici une liste exhaustive, tout au plus peut-on indiquer quelques références importantes :

- Georg Simmel (1858-1918), grand admirateur de Marx, tout en étant critique à son égard, développe dans *La Tragédie de la culture* une idée assez similaire : la culture s'objective dans des institutions qui s'autonomisent et que l'individu ne peut plus s'approprier parce qu'il en a perdu le sens ;
- Georg Lukacs (1885-1971), qui fut un élève de Simmel, généralisa la théorie marxiste de la réification et en fit une clé d'interprétation pour comprendre l'évolution des formes artistiques (les formes « épopée », ou « roman »). La transformation de l'homme en marchandise, l'universalité de la forme marchande, ont des effets sur les modes de récit littéraire, la mise en intrigue,

les types de héros… (1920 : *La Théorie du roman*, trad. fr. 1963 ; 1923 : *Histoire et conscience de classe*, traduit en 1960 chez Minuit) ;

• Les auteurs allemands de l'École de Francfort s'inscrivent dans cette tradition. Que ce soient les travaux de Walter Benjamin (1892-1940) sur l'art à l'ère de la reproductibilité technique, de Max Horkheimer (1895-1973) et de Theodor Adorno (1903-1969) sur l'art de masse et les industries culturelles, d'Herbert Marcuse sur l'« affirmation culturelle » ou de Jürgen Habermas sur le dévoiement de l'espace public (1962), tous soulignent la fécondité de cette interprétation. Selon eux, à l'aliénation des ouvriers dans le travail vient s'ajouter dans le capitalisme moderne une aliénation des masses (dont les classes moyennes sont les vecteurs) à travers la consommation des biens culturels reproductibles. La « culture de masse » ou « l'art de masse » sont les moyens de la nouvelle aliénation.

La critique des industries culturelles

« Les masses cherchent à se distraire, quand l'art exige le recueillement en vue d'une œuvre unique. Il existe un lien entre cette ère des masses, la multiplication des fêtes massives, des liturgies sportives et leurs modes de reproduction. Le processus dépend étroitement de la technique de reproduction et particulièrement d'enregistrement […]. Aux techniques de reproduction massive semblent associées des techniques de destruction […]. Le cinéma interdit la contemplation. »

Walter Benjamin, 1991, p. 166, 169 et 171.

« L'industrie culturelle consiste en répétition […]. L'industrie culturelle reste industrie du divertissement, inconciliable avec l'art. L'amusement est le prolongement du travail. Le spectateur ne veut plus avoir à penser par lui-même […]. Il ne peut plus prendre part au progrès de la raison […]. *Daffy Duck* reçoit sa ration de coups comme les malheureux dans la réalité, afin que les spectateurs s'habituent à ceux qu'ils reçoivent eux-mêmes […]. L'industrie culturelle empêche l'individu de résister à la consommation. Il se voit uniquement en éternel consommateur. »

Theodor Adorno et Max Horkheimer, « La production industrielle des biens culturels. Raison et mystification des masses », *in La Dialectique de la raison*, Paris, Gallimard, 1974, p. 145, 146 et 150 (1re éd. allemande : 1947).

« Le rapport à l'art ne se réduit pas à s'incorporer la chose (à en jouir). Au contraire, c'est le contemplateur qui disparaît en elle […]. Dans une société où l'art n'a plus sa place et dont toute réaction à l'art est perturbée, celui-ci se scinde en propriété culturelle chosifiée et figée, et, en accroissement de plaisir que le client récupère et qui n'a le plus souvent que peu de rapport avec l'objet […]. Le concept de jouissance artistique comme concept constitutif, doit être éliminé. »

Theodor Adorno, 1995, p. 31, 34-35.

La domination

Dans *L'Idéologie allemande*, *Thèses sur Feuerbach* (1844), Marx et Engels développent également l'idée d'une domination culturelle qui s'exerce par la classe économiquement dominante qui impose ses représentations et ses valeurs.

Max Weber les suit sur ce point. Sans entrer dans les détails de sa sociologie religieuse, elle-même imbriquée dans une sociologie politique de la domination (1921), on peut dire que la religion constitue une forme de domination des classes privilégiées sur les classes non privilégiées. Weber parle de moyen de « domestication des masses ». La religion propose une vision du monde, en partie par l'intermédiaire de sa théodicée, qui est une légitimation théorique et symbolique de l'ordre social. Il distingue les théodicées du bonheur et du malheur qui jouent leurs rôles respectifs : justifier les privilèges dans un cas et valoriser la souffrance dans l'autre, ou du moins la transfigurer en quelques espérances. La religion est aussi, au plan pratique, à l'origine d'une division sociale entre des « virtuoses » – les professionnels de la religion – et les masses de croyants, division fondée en partie sur le savoir religieux qui détermine l'inégale répartition de la qualification religieuse. Weber insiste donc lui aussi sur l'aspect différenciateur et conflictuel de la culture (religieuse).

L'analyse des fonctions et des effets de la religion fut transposée au champ de la sociologie de la culture par Bourdieu, qui, parmi les sociologues contemporains, s'inscrit pleinement dans cette tradition « critique ». C'est d'abord avec Jean-Claude Passeron qu'il a proposé de comprendre l'école comme le lieu d'imposition d'un arbitraire culturel. Bourdieu a toujours refusé de séparer la sociologie de la culture de la sociologie de l'éducation. La culture transmise dans nos sociétés industrielles est la culture scolaire :

> « Nous sommes encore dans une phase où il est absurde de séparer la sociologie de l'éducation de la sociologie de la culture. Comment peut-on faire de la sociologie de la littérature ou de la science sans référence à la sociologie du système scolaire ? »
>
> Pierre Bourdieu, 1987, p. 52.

L'usage systématique de l'indicateur du capital culturel permet de caractériser les individus dans leurs comportements, de les différencier les uns par rapport aux autres, de les assigner à des groupes ou à des classes sociales. La structure (hiérarchie, distribution des ressources) est largement dépendante du niveau de diplôme, c'est-à-dire du niveau d'assimilation de la « culture scolaire », au sens d'un patrimoine de connaissances transmises par l'institution scolaire et universitaire. Plus les individus sont diplômés, plus ils développent des pratiques qualifiées de « culturelles » par les institutions, qui reprennent largement les catégories enseignées à l'école. Celle-ci est « démasquée », « démystifiée » dans son apparente neutralité, qui n'est que l'imposition de la culture bourgeoise (Bourdieu et Passeron, 1970).

Cette tradition critique a aujourd'hui de beaux jours devant elle. Nombre d'intellectuels critiquent aujourd'hui la production industrielle des biens culturels, le « tout culturel », l'économie du *star system*, l'art de masse et les *mass médias*.

Les théories de l'intégration

École et intégration

La sociologie française, qui s'est institutionnalisée sous la IIIe République à la fin du XIXe siècle, fut portée par un courant nettement plus optimiste que celui de l'Allemagne à la même époque. Émile Durkheim ne suit pas du tout la tradition marxiste quand il s'intéresse à la question de la solidarité sociale. Il préfère insister sur les questions d'intégration et de régulation au lieu de celles de domination, de conflit, de luttes ou de révolution.

L'école obligatoire est alors généralisée (1881) et elle constitue le vecteur d'un savoir commun à tous les enfants, sans doute l'acteur principal de ciment social. Durkheim est convaincu qu'elle peut se substituer à ce que fut naguère la religion. Quels meilleurs fédérateurs que la langue, la littérature, les humanités, l'histoire, bref, la culture scolaire, pour intégrer les jeunes dans la communauté politique, nationale et sociale et pour leur inculquer les règles morales, l'encadrement nécessaire à la vie sociale ? L'école transmet aux jeunes la culture « universelle », souvent présentée dans un cadre scientifique, qui permet de les sortir de leur état de nature.

Dans la lignée de Durkheim, Maurice Halbwachs, qui fut longtemps membre de l'équipe de *L'Année sociologique*, a élaboré une théorie de l'intégration à partir de laquelle il nous est possible d'interpréter les pratiques culturelles. Selon lui, les individus et les groupes se situent sur un axe qui va de la matière (objet de transformation) à la société (lieu d'échange des signes et des mots). Ils sont tantôt proches de la matière à travailler (les ouvriers), tantôt proches de la vie (les employés). Plus les statuts sont élevés, plus les individus mènent une vie dense et intensive, ce qu'Halbwachs appelle le « foyer » (*cf.* Christian Baudelot et Roger Establet, *Maurice Halbwachs. Consommation et société,* Paris, PUF, 1994). La consommation des ouvriers exprime à la fois l'emprise de la matière sur leur existence et leur besoin de compenser l'éloignement du foyer. Ils privilégient une consommation qui favorisera une forte sociabilité :

– par une « culture de rue », la fréquentation des cafés, au détriment d'un investissement dans leur logement qu'ils assimilent à un isolement dans la sphère privée ;
– par une importance des dépenses de consommation alimentaire, en vue de favoriser les effets sociaux des repas, conçus comme des occasions de discussions, d'animation, d'être ensemble.

De nombreux sociologues contemporains se sont engagés depuis dans des recherches approfondies sur la sociabilité (Paradeise, Héran, Forsé, Lemel) et constatent que la sociabilité dépend effectivement du statut social, mesuré par les PCS. Plus les statuts sont élevés, plus la sociabilité est intense, au point qu'elle peut être lue comme un second métier pour les cadres et les classes moyennes. Elle est en outre socialement hiérarchisée par le diplôme et le statut, comme toutes les pratiques culturelles (Héran, 1988).

Éducation populaire et loisirs

Ce que Durkheim envisageait strictement pour et par l'école républicaine, la politique culturelle l'envisage depuis Malraux, par et pour l'accès de tous à la culture. Celle-ci est reconnue comme un facteur essentiel de cohésion et de lien social. Ce que l'école transmet est aussi important que le fait même de la transmission. Le patrimoine de connaissances et de culture n'est pas un simple prétexte (arbitraire), mais le support d'une cohésion sans cesse renouvelé dans le cycle continu des générations.

Georges Friedmann (1902-1977), qui a d'abord étudié le travail industriel dans une optique marxiste, a senti monter dans les années 1950 les enjeux sociologiques d'une « civilisation de loisirs » fondée sur le temps libre et les nouveaux modes de vie. Il a orienté sur cette piste Joffre Dumazedier (1915-2002) qui s'est chargé de créer une sociologie des loisirs en France sur le modèle américain.

Issu d'un milieu ouvrier, militant pour la cause de la formation continue, Dumazedier a toujours défendu l'idée de l'éducation populaire (remplacée de nos jours par l'« animation socioculturelle »). C'est par la culture, scolaire et continue, que l'individu peut parvenir à sortir de sa condition (ouvrière et de travailleur) et de son isolement social. Ce volontarisme a largement inspiré les politiques culturelles depuis Malraux : la culture étatique vient accompagner l'école républicaine qui lui sert de socle. Lors de l'élaboration des Plans des années 1960, Dumazedier a pris une part active aux travaux des commissions à l'équipement culturel (Dubois, 1999).

Cette tradition de pensée considère que le développement culturel passe par le développement du temps libre, celui des loisirs et des pratiques culturelles. C'est l'offre institutionnelle (équipements, ressources, services...) qui doit pourvoir à la demande des Français et la stimuler quand il s'agit des milieux populaires. Le temps libéré pour les loisirs doit venir compenser les manques scolaires de certains milieux professionnels et sociaux. La culture est un droit, au même titre que l'instruction, le logement ou la citoyenneté.

Intégration contre exclusion

Tout un pan de la sociologie contemporaine spécialisée dans les pratiques culturelles n'oublie pas de démontrer, enquêtes à l'appui, qu'il existe une inégale intégration des populations. Le point de vue des exclus préoccupe certains sociologues qui veulent alerter les responsables politiques locaux ou nationaux. Les pratiques restent mal réparties et la démocratisation culturelle un projet ou un vœu pieux. Que font les élus pour réduire les écarts différentiels entre les groupes ?

Les limites de la démocratisation culturelle trouvent leurs sources dans celles de la démocratisation scolaire dont la sociologie de l'éducation a pu, depuis 1964 (Bourdieu et Passeron, 1964) jusqu'à aujourd'hui, trouver de larges confirmations statistiques. L'exclusion culturelle va de pair avec le niveau scolaire, et ce dernier avec l'échec à l'école (chaque année, environ 60 000 personnes sortent du système éducatif sans qualification, soit 8 % des sortants, dont le taux de chômage avoisine les 50 % un à quatre ans après la fin des études, *cf.* INSEE, *France, Portrait social, 2001-2002*, p. 178-179.) La sociologie de l'éducation qui analyse et dénonce les inégalités sociales face à la réussite, et qui, de plus, souligne le lien entre violence (Debarbieux), échec (Dubet, Duru-Bellat) et illettrisme (Lahire), prolonge à sa façon la tradition durkheimienne et républicaine de l'école comme lieu par excellence de la socialisation culturelle, de l'intégration sociale et politique.

Les théories identitaires

À côté des deux traditions évoquées, il en existe une troisième, plus neutre, qui ne cherche pas à apprécier en valeur les effets des pratiques (négatifs ou positifs), mais s'intéresse davantage à leur description objective au plan individuel et au plan collectif. Le concept d'identité est mobilisé dans la mesure où il renvoie aux deux dimensions de cette dernière : à la fois ce qui est singulier, spécifique, unique, et ce qui est commun (dans la terminologie de Ricœur, l'« ipséité » et la « mêmeté »). Il permet de jouer sur la relation complexe entre l'individuel et le collectif, au cœur des questions de la sociologie. Les pratiques culturelles sont, de ce point de vue, des moyens de produire du singulier – l'individu se construit dans et par des pratiques – et des collectifs.

Identités collectives

Les sociologues ont toujours été sensibles aux modes de production du collectif. Les pratiques culturelles, cultuelles ou autres génèrent des groupes. La sociologie religieuse a, là encore, introduit les premières analyses les plus convaincantes.

Durkheim (1912) insiste sur les rites, en tant qu'ils servent à entretenir les croyances. Par leur mise en scène et la mise en mouvement des collectifs, ils réalisent « l'idée du groupe », la revivifient et contribuent à renforcer une cohésion collective autour de cette croyance. D'où l'importance des fêtes, des cérémonies, des danses, des chants, des rythmes, des représentations, des prières, quels que soient les domaines, en tant qu'ils sont des moyens de renforcer et réactiver les groupes. Duvignaud s'inscrit totalement dans cette approche quand il insiste sur la nature positive du festif, des ébullitions sociales et de l'anomie (au sens positif).

Weber (1917) montre, de son côté, comment les rites et les tabous ont pu contribuer à produire une communauté religieuse séparée (le judaïsme) au sein d'une société. Le ritualisme joue ce double jeu de différenciation et d'intégration. Il étudie également (« Essai sur les sectes », 1906) les rites initiatiques (les baptêmes protestants) qui contribuent à intégrer les individus et à construire des frontières. Le crédit social dépend de ces épreuves collectives.

Simmel, ainsi que Tarde, se sont intéressés à ces phénomènes : certains groupes ou collectifs sont amorphes, peu cohérents et peuvent partager des expériences communes le temps d'une mode, d'un événement, d'un match de football, d'une émission. Ces publics se durcissent quand certains membres décident de développer des structures de représentation et de reproduction. Que l'on pense par exemple, dans différents domaines, aux groupes d'amateurs qui s'organisent en *fan club*, en *supporters* (sportifs) ou en « sociétés d'amis des musées » : tous se dotent de règles, d'organes (de presse), de permanents, d'un appareil administratif plus ou moins élaboré. Les pratiques ne sont plus occasionnelles mais orientent les individus dans un véritable engagement en les inscrivant dans des savoirs de plus en plus importants (Le Guern, 2002).

La taille des collectifs ainsi produits par les pratiques est variable : quand il s'agit de pratiques de masses, ils sont immenses, souvent au détriment de leur durabilité (Gustave Le Bon parlait de « foule »). Ils sont sujets à des engouements passagers, des enthousiasmes éphémères. Quand ils sont restreints, ils ont plus de chance de s'organiser et de se perpétuer.

Identités individuelles

La perspective sociologique a en revanche davantage de réticence à suivre le processus dans sa dimension symétrique, à savoir individuelle. Ce versant psychologique n'a été poursuivi ni par Weber ni par Durkheim : tous les deux étaient trop soucieux de maintenir la spécificité de l'approche sociologique. Il l'a été davantage par Simmel et d'une manière générale par les Américains, influencés par les pragmatistes, la philosophie et la psychologie sociale.

Georges Mead (1863-1931), étudiant de William James et collègue de John Dewey, fut l'un des premiers sociologues à insister sur le rôle de l'interaction sociale dans la construction du moi : pas de construction de soi sans les autres, sans appropriation de modèles et processus d'identifications. Or les pratiques sociales sont, pour tous, des moyens de construire une identité en marquant des appartenances ou, au contraire, des différences. C'est la configuration spécifique de tous ces emprunts et ces rejets qui construit la singularité, c'est-à-dire l'identité.

Cette approche est aujourd'hui beaucoup plus répandue. Elle est particulièrement prisée dans les interprétations des multiples pratiques, d'autant que la société moderne a affranchi les individus de certains groupements contraignants qui leur assignaient des rôles et des statuts contrôlés. Cette perspective décrit les modes de construction de soi-même, les façons de négocier son image dans les interactions. Chacun se « bricole » son identité (Yonnet, 1999 ; Mendras, 1988 ; de Certeau, 1987 et 1990).

Les sociologues contemporains soucieux d'étudier les formes populaires des pratiques tentent de réhabiliter les *mass médias* par ce biais identitaire, dans la mesure où la version critique domine encore largement les esprits (notamment dans les milieux universitaires). Parmi les interprètes des formes de la culture populaire dans son versant identitaire, il faut citer les *cultural studies* anglaises qui insistent sur les formes de « résistance » développées par les individus face aux industries culturelles dans la mesure où chacun se les approprie à sa manière (Armand Mattelart et Erik Neveu, « *Cultural studies'stories.* La domestication d'une pensée sauvage », *Réseaux*, n° 80, 1996). Cette perspective est développée par Dominique Pasquier (1999) à propos des jeunes adolescents qui se servent d'un feuilleton télévisé pour construire leur identité et leurs représentations de la sexualité. Cette appropriation leur permet ensuite d'agir en fonction de modèles qui sont autant de possibles, nécessaires pour guider nos interactions avec autrui.

Troisième Partie

Les professions

Chapitre VII

Le modèle du créateur

Notre objet porte ici sur les traits distinctifs des professions culturelles (Freidson, 1986 ; Paradeise, 1998 ; Menger, 1998 ; Heinich, 1993, 2000 et 2002) eu égard à la sociologie générale des professions (Dubar et Tripier, 1998). Le travail original des créateurs et des artistes, ainsi que les diverses médiations qui le valorisent, occupe une place de choix dans ces enquêtes. Notre hypothèse est que tout le domaine de ces professions s'ordonne à partir du modèle de l'artiste créateur, ce qui fonde leur spécificité.

Origines et développements du modèle

La référence à la figure du créateur est une spécificité du champ. Au titre de représentation dominante, elle se diffuse de proche en proche et de cercle en cercle dans toutes les dimensions de l'activité organisée, elle affecte les pratiques, les médiations, les interprétations, les critiques et va jusqu'à influencer l'action politique.

Origines religieuses

La création artistique prend tout son sens dans et avec l'usage du mot allemand *Dichtung*. Ce dernier signifie « invention », « fiction », « poésie », prise alors au sens grec de *poïèsis*, comme acte contingent et imprévu de façonner le monde avec les mots et de modeler les mots comme des choses. Il nous conduit au-delà de la simple réalité des matériaux et des techniques. Généralement, il s'applique à la création littéraire, comme le signifie le titre de l'ouvrage de Goethe *Dichtung und Warheit* (*Poésie et Vérité*).

• *Dieu Créateur*

> « Dans toutes les populations primitives, l'artiste transforme ce qu'il touche par l'effet d'un pouvoir magique qui le met en rapport avec le mystère même de la création. »
>
> Pierre Francastel, *Art et technique*, Paris, Minuit, 1956, p. 244.

> « Il est certain que les formes primitives des œuvres d'art magiques et animistes furent les éléments d'une pratique rituelle en deçà de leur autonomie. Mais c'est justement parce qu'elles étaient sacrées qu'il était impossible d'en jouir. »
>
> Theodor Adorno, 1995, p. 32.

La Création est avant tout une image théologique. À partir d'elle, s'organise la hiérarchie de toutes les religions monothéistes qui placent un Dieu créateur supraterrestre à l'origine du monde. En régime chrétien, ce Dieu est immédiatement imaginé sur le modèle du travail de l'artisan qui, avec son outil, façonne son objet en transformant une matière première. Fabricateur du monde, c'est ainsi que, par exemple, la Bible le conçoit. Il agit comme un potier façonnant la glaise d'où, sous la main, surgiront les formes de la vie. Il pose son « en face » et s'en sépare. Il se distingue du monde, reflet de la « gloire » de son créateur, comme l'écrivent les théologiens. À la transcendance du Créateur s'oppose l'immanence du créé. Dieu aurait pu ne pas faire le Monde. Il aurait pu le faire autrement qu'il n'est. La création est le passage de l'infinité des Mondes possibles et conçus dans l'entendement divin, à l'unique monde réel dans lequel les hommes ont leur demeure.

• *L'artiste,* analogon *du Créateur*

Cette représentation chrétienne sert de modèle paradigmatique à toute création humaine ultérieure. La production de l'œuvre est aussi et avant tout un « choix », une « sélection », une « quête de la meilleure forme qui soit », bref la mise en œuvre d'une idée dont la force irrépressible s'impose à l'artiste :

> « L'artiste conscient n'est autre que l'artiste qui ne s'accepte pas. Celui qui va, comme Cézanne, d'esquisse en esquisse, de toiles abandonnées en toiles rageusement jetées dans la campagne d'Aix ; celui qui marche, comme le fit Balzac, vers la page définitive en laissant derrière lui cette jonchée d'épreuves qui est le sillage d'une recherche de l'absolu… La réalisation, pour Cézanne, n'est pas la conformité de sa toile à quelque image intérieure, mais l'apparition d'une forme plus forte que sa force de refus. »
>
> Gaétan Picon, *L'Écrivain et son ombre. Introduction à une esthétique de la littérature*, Paris, Gallimard, 1953, p. 22-25.

Le psychologue René Passeron souligne l'analogie de la posture artiste avec celle du Dieu Créateur : l'homme artiste sait que la condition de sa création, c'est le créé lui-même. Et, par définition, ce dernier ne peut être connu d'avance. L'imminence, voire l'urgence du travail créatif serait là : nombre de peintres ne savent pas d'avance ce qui sortira de leurs mains, ce qui « se » peindra sur la toile, mais ils ont toujours besoin de ce sentiment premier de table rase pour créer (Passeron, *L'Œuvre picturale et les fonctions de l'apparence*,

Paris, Vrin, 1986.) C'est bien ce sentiment de table rase qui rapproche l'artiste du créateur divin. L'artiste répète sur un mode humain et sur un mode vécu une scène originelle : il joue à être Dieu. Toutefois, ce n'est qu'un jeu d'imitation, parce qu'à la différence de son modèle, il met en forme son produit au moyen d'éléments préexistants. Il ne crée pas d'un seul jet et la matière et la forme, il ne les suscite jamais dans leur réalité :

> « À l'origine, la réalité vécue peut aussi bien être décisive pour la vie de l'artiste que d'apparence tout à fait insignifiante : une passion amoureuse ou un fruit posé sur une table. Ce qui la distingue, c'est simplement son impérieux appel à la durée. C'est à cet appel que l'artiste obéit et c'est là que commence son travail. Ce travail, d'abord tout intérieur, à peine conscient, est la mystérieuse transformation de cette réalité vécue qui exige de durer, en idée, en ébauche de l'œuvre. Ce processus que bien peu d'artistes ont su définir, l'inspiration, la suggestion, est généralement considéré, à tort, comme le point de départ de toute création artistique. Car cette étape est déjà la deuxième de la création, celle où la réalité vécue et disparue commence à devenir une chose existant pour tous, une œuvre d'art [...]. Ce que le vieux Bach a mis en fugues, ce que Wagner a fait dire à ses héros et à ses divinités n'est jamais autre chose que la réalité qu'ils ont vécue. »
>
> Daniel-Henry Kahnweiler, *Confessions esthétiques*, Paris, Gallimard, 1963, p. 62-63.

En outre, « l'imagination des artistes n'a jamais pu embrasser complètement ce qu'ils produisaient ». Cette incomplétude évoque la « marge d'indétermination » libérée par toute création, à savoir « la fonction productive d'éléments non imaginés, « surprenants » dans de nombreux arts modernes, comme l'*action-painting* et la musique aléatoire » (Adorno, 1995, p. 64). De même, on aurait pu croire avec Weber que l'introduction de l'écriture musicale conduirait à l'élimination de toutes les altérations mélodiques et de toutes les formes de l'irrationalité :

> « Il n'en a rien été à cause de la volonté des compositeurs qui tenaient à maintenir des éléments irrationnels pour sauvegarder leurs possibilités d'expression. On aurait par conséquent tort d'attribuer les irrationalités subsistantes dans la musique actuelle à la persistance de certains traits de la musique ancienne : elles sont au contraire voulues. »
>
> Julien Freund, *Sociologie de Max Weber*, Paris, PUF, 1983, p. 242.

La vraie figure de tout artiste est donc celle du *démiurge*, plutôt que celle de Dieu, lequel, selon le mot de Leibniz, *Dum calculat, fit mundus* (« tandis qu'Il calcule, le monde devient »).

• *Conséquence : la concurrence art-religion*

Le créateur se définit par une violence d'irruption au sein du réel dont il dispute le monopole avec Dieu en s'opposant parfois à lui. Adorno met l'accent sur la force critique de l'art : « L'art proteste contre la mort... Il est l'apparence de ce dont la mort n'approche pas » (Adorno, 1995, p. 51.) De même, Jean Duvignaud (*Sociologie de l'art*, Paris, PUF, 1967), comme Pierre Francastel (*Art et technique aux XIX*[e] *et XX*[e], Paris, Minuit, 1956), associent la pensée de la création au risque (positif) d'un désordre qui « casse » l'ordre social, ses normes et ses contraintes, et, par sa spontanéité, transforme l'inventivité en acte. La « grâce » charismatique du créateur se traduit par la gratuité de son geste et de l'œuvre qu'il réalise. L'irruption du créateur signifie que le progrès en art est porté par un esprit d'avant-garde, comme l'atonalisme en musique dans les années 1910 et 1920 avec Arnold Schoenberg.

Cherchant à résoudre les antinomies des valeurs transcendantes et des réalités immanentes, Weber rappelle à plusieurs reprises la concurrence qui, dans l'histoire économique, s'est jouée entre l'éthique religieuse et la production artistique, entre les pratiques rituelles et la jouissance artistique, opposant rudement le prophète (qui parle au nom de Dieu) à l'artiste (qui « joue » à être Dieu). Weber a montré comment s'exerçait le monopole de la création sur le monde humain des formes créées. Il en a aussi montré les limites, voire les interdits (*cf.* le rejet iconoclaste de toutes les figures anthropomorphiques de Dieu dans le Judaïsme et l'Islam) (Weber, 1996, p. 410-460.)

Quoi qu'il en soit, le regard de Weber nous aide à comprendre pourquoi l'artiste pense généralement son travail dans son rapport au modèle divin et sous son influence. Conservant quelque trait du « magicien » qui fait naître un monde comme par enchantement, le travail créateur est, au sens propre du terme, efficace. Et pour tenir leur rang, à leur tour, le prophète et le prêtre empruntent à la posture d'artiste les formules « secrètes » et les pratiques « sacrées », donatrices de sens et créatrices de formes. Leur « métier » consiste à s'adresser aux publics en les appelant à entrer dans la sphère de l'art et de l'émotion esthétique, non pas pour s'incorporer la chose et en jouir, mais bien en vue de disparaître en elle.

Évolution du statut économique des créateurs

• *L'autonomisation de l'artiste*

Les enquêtes sur l'évolution du statut social, des pratiques professionnelles, de l'insertion de l'artiste dans l'économie des commanditaires, sont très nombreuses et multiplient les angles d'attaques :

– l'évolution du rapport artiste/commanditaire (*cf.* White, 1991 ; Heinich, 1993 ; Viala, 1985 et Warnke, 1989). Comme Élias le montre dans son *Mozart, sociologie d'un génie* (1991), l'indépendance créatrice et professionnelle qui émerge peu à peu se fait à leurs risques et périls. C'est Schoenberg qui disait que sa « musique risquait le tout pour le tout » (Adorno, 1995, p. 41). Les artistes développent leur propre voie en dehors des cercles académiques grâce à des marchands qui s'intercalent entre eux et les nouveaux publics (White, 1991) ;

– le développement d'une opinion publique qui les affranchit des liens aliénants. Les historiens (la plupart anglo-saxons) insistent sur le rôle de la presse (Chatelus, 1991 ; Wrigley, 1993) et des expositions publiques

(Crow, 1985 ; Haskell, 1986) pour comprendre les ressorts de l'autonomisation artistique ;
– suite à la Révolution et aux bouleversements socio-économiques du XIXe, c'est une autre transformation de la vie d'artiste – matérielle et pas seulement symbolique – qui va renforcer et consolider l'image d'un artiste indépendant. Cette transformation va même finir par s'imposer comme accomplissement de la vie d'artiste. Le monde des arts libéraux est double : d'un côté, il est formé par la chape des jugements, des doctrines et des canons académiques qui plonge l'artiste dans la régularité convenue des « séances publiques », mais de l'autre, il donne la possibilité à l'artiste de se libérer des institutions qui l'enserrent. Il peut jouer, alors, les avant-gardes anti-conformistes et se tenir en rupture avec l'art des prédécesseurs. Le démantèlement des codes conventionnels et la déformation des formes plastiques ou sonores en sont les résultats.

C'est à la fin du XVIIe siècle en Europe, que le détachement de l'emprise académique commence à se faire sentir un peu partout dans les différentes sphères des Beaux-arts. L'artiste, en effet, prend ses distances à l'égard d'une tradition dont les canons de beauté réglaient conventionnellement jusqu'alors sa pratique (scènes mythologiques, modèles historiques, portraits illustres, natures mortes). Ce déplacement, étalé sur quelques siècles, a pour conséquence de poser l'artiste en autodidacte en face des écoles officielles et des styles dominants qui transmettent les contenus et reproduisent les valeurs de la tradition classique. Il quitte le système des corporations.

Les impressionnistes et néo-impressionnistes, tels Édouard Manet, Claude Monet, Paul Signac, symbolisent cet affranchissement. Peignant en plein air, selon des techniques inédites jusqu'alors, ils n'hésitent pas à contrarier les normes de travail et la régularité des formes que les écoles et les académies continuaient à transmettre. Manet, par exemple, juxtapose immédiatement taches et touches de couleur dans le but de passer directement de l'ombre à la lumière. On peut à ce sujet se reporter à son tableau *Impression Soleil levant* (1872) au Musée Marmottan. Par sa libération des conventions académiques, l'impressionnisme continue de jouir d'une réelle faveur auprès de l'opinion : tableaux simples et joyeux de la vie en plein air (*Un déjeuner sur l'herbe*), vision fugitive d'un bal de village d'autrefois et des souvenirs nostalgiques qu'il évoque… Le célèbre « Salon des Refusés » (1863) se voudra une « réparation publique » à l'outrage de la critique académique dominante de l'époque qui assimilait purement et simplement les tableaux impressionnistes à un « barbouillage » d'enfant (Jacques Lethève, *Impressionnistes et symbolistes devant la presse*, Paris, Colin, 1959).

Le prestige du créateur

Le statut d'artiste est aussi une affaire d'image, comme la définition de Weber le précise : le prestige et la considération sociale marchent du même pas que le statut socio-économique. Les éléments symboliques et les identités matérielles sont connectés les uns avec les autres. Pas d'identité professionnelle qui ne cherche à se traduire en symboles expressifs ; et, de même, pas de symbole socialement reconnu sans activité professionnelle qu'il accompagne. Certains historiens d'art et sociologues de la culture se sont même spécialisés dans l'étude du mythe de l'artiste (Kriz et Kurz, 1987 ; Heinich 1991 ; Bénichou, 1973).

Les signes de valorisation de l'image de l'artiste se sont multipliés dans l'histoire à partir de la Renaissance. Ainsi l'introduction de la signature de l'artiste dans les rapports de propriété de l'œuvre marque-t-elle bien la délimitation du statut d'artiste. Par son travail, ce dernier appartient clairement aux forces sociales de production de son époque, mais par sa signature (éventuellement par la légende ou le texte qui accompagnent son travail), il s'arrache au monde des banales réalisations industrielles et marchandes (Fraenkel, 1992).

L'artiste a franchi une étape quand il a rejoint le monde des « intellectuels ». Nathalie Heinich décrit les formes de ce processus dans le cas des artistes peintres (1993). Ses efforts pour rompre le cordon ombilical d'avec l'artisanat et pour s'insérer dans le monde des arts libéraux sont à ce prix. De même, Moulin insiste sur la manière dont s'est construite l'image de l'artiste (Moulin, 1995). Simple artisan au service de l'Église et de la foi religieuse durant tout le Moyen Âge, celui-ci se dégage peu à peu de cette dépendance et il passe à un statut d'académicien intégré au jugement des cours royales européennes qui l'emploient (Warnke, 1989).

Le cas du compositeur autrichien à la cour des Ashkénazy, Haydn, tour à tour créateur intellectuel libre et véritable tâcheron sous contrainte, est révélateur de cette démarche. Mais ce que l'on retient de ces transformations de l'image, c'est que l'inscription de l'artiste dans le champ des arts libéraux (par opposition au confinement des artisans dans les arts mécaniques et au service d'une clientèle privée) lui confère l'auréole d'un « prestige intellectuel » bien supérieur à celui de l'artisan et du compagnon tel que le Moyen Âge le concevait encore (Claude Simon, *Discours de Stockholm,* Paris, Minuit, 1981).

• *Le prestige du désintéressement*

Il s'est opéré ainsi un classement social (avec ses enjeux) lequel, d'un côté, renvoie l'artisan à la matérialité, à l'économie et au besoin, à la commande extérieure du client ou du collectionneur, et, de l'autre, l'artiste à la spontanéité de son inspiration, à la gratuité du geste et au désir, à l'absence de clientèle. Cette figure s'est appliquée dans la pratique, et les études socio-historiques le montrent bien, sous la figure du « saint » (le cas Van Gogh tel qu'il a été étudié par Nathalie Heinich, 1991). La séparation des deux figures artisan/artiste s'effectue sur la base de couples d'oppositions : utilité contre inutilité ; intérêt (de l'artisan) contre vocation (de l'artiste) ; volonté externe contre volonté interne ; économie et besoin contre beauté et désir ; travail sur la matière contre travail sur la forme… Si l'artiste et l'artisan sont définis par leur savoir-faire, l'application en est contrainte chez le premier et libre chez le second.

• *La littérature, un paradigme ?*

Selon l'hypothèse de Pierre Bourdieu (1991), reprise par Rémi Ponton (« Les images de la paysannerie dans le roman rural à la fin du XIXe », *Actes de la recherche en science sociales*, n° 17, 1977, p. 62-72), le champ littéraire va exercer une influence certaine sur la construction du champ culturel. Les poètes au XIXe, tels Lamartine, Hugo, Baudelaire ou Nerval, incarnent cette nouvelle figure emblématique de l'artiste en société, comme « prophètes » d'un art nouveau, en échappant aux contraintes et contrôles des censeurs. Zola lui-même insistera sur la formation de ce nouveau « mythe » du créateur. Les artistes ont accusé la société « bourgeoise », avec son philistinisme et son conformisme de la jouissance immédiate, d'être à la source des « maux » du créateur.

• *La représentation de l'artiste dans la division sociale du travail*

Ce statut « à part » de l'artiste et du créateur se traduit par une théorisation de cette place qui permet de la penser relativement aux autres formes du travail et positions sociales. Le pôle artistique figure comme le contrepoint du salariat. Il se situe plutôt du côté du pôle libéral, de la réalisation de soi, face au pôle aliéné. On oppose le règne de la nécessité à celui de la liberté. Marx n'hésite pas à réfléchir au dépassement historique de ce dualisme qui plonge les travailleurs basiques dans la division du travail, tandis qu'il réserve aux artistes l'expression de la singularité et la réalisation de soi. Il associe cette représentation à celle de l'intellectuel : producteur de sens, créateur de symboles, celui-ci est la figure d'une vie libre sous le règne de l'imaginaire ; il crée, sans jamais être aliéné et enchaîné au fétichisme de la marchandise. Weber fait aussi de l'intellectuel un producteur du sens, « celui qui veut doter le monde de sens ».

Identification et représentation des artistes dans les Professions et catégories socio-professionnelles

Il est particulièrement éclairant de suivre la place et la position qui ont été symboliquement affectées aux artistes dans le travail de catégorisation statistique :
– de la création des CSP (1954) à leur réforme en 1982 (PCS), leur statut « marginal » était inscrit dans les nomenclatures. Ironie du sort, ils figuraient dans une catégorie impensée intitulée « Autres », aux côtés des policiers et des personnels de l'armée et du clergé !
– depuis la réforme de 1982, ils ont été intégrés au groupe des « Cadres et Professions intellectuelles supérieures ». Ils sont désormais inscrits symboliquement dans le statut le plus élevé, sans l'exigence requise du diplôme (théoriquement à bac + 4, alors que la plupart ne sont pas diplômés du supérieur, Moulin, 1992). Ils sont en outre associés aux professions de « l'information, des arts et des spectacles » :

« Professions de l'information, des arts et des spectacles » (recensement de 1990)

– Journalistes, secrétaires de rédaction (29 000)
– Auteurs littéraires, dialoguistes, scénaristes (6 000)
– Bibliothécaires, archivistes, conservateurs (12 000)
– Cadres de la presse, de l'édition, de l'audiovisuel et des spectacles (11 000)
– Cadres artistiques des spectacles (6 000)
– Cadres techniques de la réalisation des spectacles vivants et audiovisuels (9 000)
– Artistes plasticiens (20 000)
– Artistes professionnels de la musique et du chant (16 000)
– Artistes dramatiques, danseurs (12 000)
– Professeurs d'art (22 000)
– Artistes de variétés (9 000)

D'après Alain Desrosières et Laurent Thévenot, *Les Catégories socio-professionnelles*, Paris, La Découverte, 2000, p. 107

La diffusion du modèle dans la sphère culturelle

L'exemplarité du créateur

La diffusion du modèle nous laisse dans le monde des représentations, non dans celui du travail créateur autonome. Le sociologue ne décrit pas l'artiste au travail, mais se penche sur l'existence d'un mythe qui perdure, celui du créateur artiste. Il observe sa force et sa portée. Il met en évidence le « travail » d'un tel mythe au sein des représentations de tous les professionnels de la culture et des publics. Ce mythe a une fonction performatrice à propos de laquelle il se doit de réfléchir.

C'est ici le point le plus important : au-delà du constat historique, sociologique, voire économique d'un statut à part dans la division du travail, il est essentiel de concevoir toutes les professions culturelles comme la répétition par onde de cette exceptionnalité. Toutes peuvent et veulent se lire comme des éléments qui la traduisent. Elles semblent vouloir s'inspirer, pour en tirer bénéfice, du charisme de l'artiste et du créateur, à des degrés divers. On pourrait sans doute les reconnaître à cela. C'est sans doute ce qui fait leur attrait et l'explique. Tout se passe comme si chaque professionnel se reliait peu ou prou au modèle exemplaire de l'artiste et comme s'il tentait de reproduire, d'interpréter et de diffuser, bref d'imiter, le « geste artiste » à son échelle propre.

Le champ des professions culturelles semble animé par un double mouvement :

– le créateur tend à dénier l'existence ou la nécessité de toute médiation, se (re) présentant volontiers comme individu autonome hors de tout souci du

public. S'il s'auto-représente sous ces traits, c'est parce que l'art se veut, selon la formule d'Adorno, « l'antithèse sociale de la société » (1995, p. 26) (*cf.* aussi Bourdieu, 1975, sur la division du travail artistique et Moulin, 1992, sur l'idéologie de l'autodidaxie) ;
– dans un mouvement symétrique plus récent, la diversité des intermédiaires, les publics eux-mêmes tendent à dénier l'exclusivité de l'acte créateur aux artistes et déclarent se vivre et se penser à leur tour, comme de vrais créateurs, ou, du moins, comme participant à la vie créatrice. Cela se rejoue à chaque étape : chaque membre « se représente » comme initiateur.

Menger (1989) pense que c'est pour cette raison que les professionnels acceptent des sacrifices financiers et consentent au « don de soi » : leur engagement est porteur de bénéfices symboliques à venir. Toute réussite artistique ou intellectuelle suppose la croyance en cette disposition.

Le modèle vocationnel s'impose à tous les niveaux : on le retrouve dans les entretiens avec ces interprètes que sont les médiateurs. Les professionnels vivent leur vocation comme un don. Le créateur est habité par l'idée d'une « vocation » vécue et chevillée au corps. Celle-ci est, comme le don créateur, une représentation. Freidson parle de « disposition à l'exercice de l'activité pour elle-même, par passion plutôt que par intérêt matériel » (Freidson, 1986, p. 432). C'est par là qu'il effectue la distinction de la création d'avec l'activité de soutien qui lui est complémentaire (pédagogique, d'animation ou autre...) dont la finalité est souvent alimentaire et répond à un besoin économique.

L'interprétation comme création

La notion d'interprète est d'une richesse insoupçonnée, car elle renvoie à celles d'interprétation, de traduction, de représentation et d'expression. Où commence la création et, parmi les lectures que l'on peut en faire, quelle est la plus importante ? Chacun est l'interprète de l'autre. Comme le remarque Wittgenstein, qui aimait à pointer les paradoxes, la création n'existe pas, elle est toujours inspirée en amont, commentaire de quelqu'un ou quelque chose :

> « À proprement parler, je suis simplement reproductif dans ma pensée. Je crois que je n'ai jamais inventé un chemin de pensée, mais qu'il m'a toujours été donné par quelqu'un d'autre. Tout ce que j'ai fait, c'est de m'en emparer immédiatement avec passion pour mon travail de clarification. Ce que j'invente, ce sont de nouvelles comparaisons [...]. *Tout artiste a été influencé par d'autres et porte les traces de ces influences dans ses œuvres.* Mais ce qu'il signifie pour nous, ce n'est cependant que sa personnalité. Ce qui provient des autres, ce ne sont là que des coquilles d'œufs. »
>
> Ludwig Wittgenstein, *Remarques mêlées*, trad. fr., Paris, Flammarion, 2002, p. 74 et 79-80 (1re éd. allemande : 1984).

Le travail de création opère sa mutation et son dépassement en se transférant dans celui de l'interprétation, et inversement. Il se déploie le long d'une trajectoire qui, comme les maillons d'une chaîne, égrène ses étapes depuis l'ébauche de l'œuvre jusqu'à sa finition et à sa livraison, pour l'assujettir à de nouvelles recréations. À la différence d'un bien marchand échangeable et consommable, destructible et fongible, le bien culturel peut toujours renaître de ses cendres ; il peut être revisité, parfois après de longues périodes d'oubli. Autrement dit, s'il est défini par l'artiste qui le produit, il trouve sa légitimité par ce qu'il devient ou pourra devenir dans les multiples interprétations qui le métamorphosent au cours du temps.

Différentes figures d'interprètes peuplent les mondes de la culture du côté des spectacles vivants, évidemment, mais aussi du côté des intermédiaires de tous acabits. Toutes ont l'ambition de doter les biens culturels de sens.

• *Les interprètes des spectacles vivants*

- les virtuoses de notoriété internationale se considèrent (ou sont regardés) comme des créateurs à part entière et vivent de leur « signature » ; leur carrière, comme celle des sportifs de haut niveau, se développe sur le mode de l'exception, souvent libérée des contraintes nationales habituelles (Glenn Gould) ;
- les comédiens interprètent des textes classiques, relisent et rejouent les pièces du passé. Mais, parallèlement, les sociologues montrent, par la voie d'entretiens (Menger, 1997), que leur enjeu est d'épouser la vocation du créateur de l'œuvre. Le retour à l'œuvre, en effet, trouve sa légitimité dans la tension entre son existence factuelle et sa mise en scène originale. Un modèle pur du comédien s'ébauche auquel tendent à se conformer, par imitation, les autres sortes d'interprètes de la scène (Paradeise, 1998) ;
- les chefs d'orchestre servent de « chiquenaude » initiale et font date en inscrivant leur travail dans un devenir historique de l'œuvre. À leur tour, et par un processus d'équivalence, ils deviennent des auteurs de renommée internationale (Herbert *von* Karajan, Daniel Barenboïm…) ;
- les chorégraphes, toujours issus d'une pratique de la danse, créent leur spécificité en monopolisant le registre de l'écriture, de la gestuelle et de la scénographie. À leur côté, mais en tension avec eux, les danseurs de leurs compagnies tentent d'introduire l'invention d'un style propre dans le travail interprétatif imposé (Dominique Bagouet).

• *Les intermédiaires culturels*

La virtuosité de l'interprétation est relayée par la puissance de la médiation opérant entre l'œuvre et ses publics. Ici aussi, le jeu des intermédiaires consiste à créer diverses approches et divers regards sur l'œuvre par l'intermédiaire de mises en scène originales capables de consacrer leurs initiateurs comme des quasi-créateurs :

- le commissaire d'exposition se sert du rayonnement des artistes et devient lui-même artiste (Yves Michaud, 1989). On peut citer une figure internationale, Harald Szeeman (*cf.* Nathalie Heinich, *Harald Szeeman, un cas singulier. Entretien*, Paris, L'Échoppe, 1995) ;

Le droit des artistes-interprètes

Le droit reconnaît une certaine équivalence entre l'interprète et le créateur.
La loi de référence est celle du 11 mars 1957 relative à la propriété littéraire et artistique. Elle s'est intéressée, dans sa nouvelle mouture (juillet 1985), aux « droits d'auteurs et des artistes-interprètes, producteurs de phonogrammes et vidéogrammes et des entreprises de communications audiovisuelles » (*Code de la propriété intellectuelle*, loi du 1er juillet 1992). L'artiste interprète est « celui qui représente, chante, récite, déclame, joue ou exécute de toute autre manière une œuvre littéraire, artistique, un numéro de variétés, de cirque ou de marionnettes. »
Si les interprètes peuvent bénéficier par extension des mêmes droits que les auteurs, il n'existe pas de stricte équivalence quant au droit moral :
« La loi de 1985 reconnaît la durée perpétuelle du droit moral de l'artiste-interprète [...]. Ils mettent en œuvre une large part de personnalité dans leurs contributions [...]. Cependant, plus on s'éloigne de la création, plus le droit moral diminue [...]. Le droit des artistes-interprètes est moins teinté de droit moral que celui attaché à la propriété littéraire et artistique, il est plus fragile aussi et davantage relatif. Cela est logique : la part de création y est moins grande [...]. Les artistes-interprètes sont dans une situation de grande fragilité en raison de leur forte dépendance à l'égard de leurs partenaires économiques [...]. L'artiste-interprète est très souvent un salarié [...] et non un professionnel exerçant libéralement son art. Lorsque l'artiste-interprète conclut un contrat pour la réalisation d'une œuvre audiovisuelle, ce contrat emporte présomption de cession des droits. »

Jean-Marie Pontier *et alii*, 1996, p. 254, 262, 267 et 273.

- le conservateur de musée structure le réseau d'artistes qu'il achète ; il organise et administre un marché qu'il a contribué à créer avec la connivence plus ou moins implicite des marchands ; sa connaissance intime du courant qu'il anime l'apparente à une sorte de chef d'orchestre et en fait le porte-parole officiel des créateurs auprès des collectionneurs et des musées ;
- les éditeurs d'ouvrages, à l'interface du monde économique et du monde symbolique, sont conscients de la fonction de valorisation du travail d'auteur qu'ils monopolisent ; ils n'hésitent pas à se donner des allures de « divas » ;
- les journalistes ont conscience du pouvoir qu'ils détiennent de faire ou défaire certaines notoriétés ou de légitimer certaines signatures ; par la maîtrise de l'écriture ou de l'image cathodique et sa diffusion massive, la tendance chez eux est de considérer qu'ils sont des intellectuels de la plume, parfois même des écrivains à part entière...

Chapitre VIII

La routinisation culturelle

Dans le chapitre précédent, l'objectif était de montrer que, par une sorte de mouvement du haut vers le bas, la légitimité charismatique – reposant sur la soumission extraordinaire à la valeur exemplaire de l'artiste créateur – se diffusait, par capillarité, à toutes les strates des professions culturelles. Par comparaison avec les autres professions et les autres sphères sociales, ce charisme leur confère leur spécificité. Ici, nous inspirant de la sociologie des religions de Weber, nous voulons tempérer ce propos en montrant que, par un mouvement du bas vers le haut, le charisme du créateur est à son tour atteint par la « routinisation » des autres professions culturelles, dès lors que se posent les problèmes de sa transmission, au moment où son institutionnalisation et sa permanence sont en question (Weber, 1922). Interprétée comme une perte d'« aura » par Walter Benjamin (1991), la figure charismatique est affectée par sa « démystification », par l'effacement de sa singularité et sa dépersonnalisation.

Applications du concept de routinisation

La routinisation du charisme religieux

• *La notion de charisme*

La notion de charisme est issue de la théologie. Elle signifie la possession innée d'une « grâce », d'un « don », d'une « disposition » spécifiques. Par analogie, il s'agit d'une qualité attribuée à un individu hors du commun en vertu de ses pouvoirs surnaturels :

> « Le charisme est rupture de la continuité, qu'elle soit légale ou traditionnelle ; il brise les institutions, il remet en cause l'ordre établi et la contrainte habituelle pour

en appeler à une nouvelle manière de concevoir les rapports entre les hommes. Il est à la fois destruction et construction. Les limites et les normes sont celles que le chef fixe de sa propre autorité, en vertu de ce qu'il croit être sa vocation ; il tire sa légitimité de son propre fond, indépendamment de tout critère extérieur [...]. Il arrache les hommes à la routine et à l'ennui de la vie quotidienne en exaltant les aspects irrationnels de la vie [...]. La notion charismatique est à chaque instant l'« épiphanie » d'elle-même. »

Julien Freund, *Sociologie de Max Weber*, Paris, PUF, 1983, p. 203-205.

• *La banalisation du charisme*

La sociologie religieuse de Weber décrit le passage du charisme des magiciens et des prophètes aux fonctions de la prêtrise. Cette translation se déploie selon un mouvement descendant. Elle s'étire historiquement selon une évolution qui « banalise » le domaine religieux en y introduisant la logique économique et la rationalité bureaucratique.

« La routinisation est l'élimination du caractère étranger à l'économie que présente le charisme ; c'est son adaptation aux formes fiscales (financières) de la couverture des besoins et aux conditions d'une économie d'impôts et de taxes. »

Max Weber, 1995, p. 333.

Trois figures idéaltypiques se dégagent de son étude :

• le *magicien* : sa fonction est d'établir le lien avec le sacré et de manipuler les croyances pour les rendre efficaces par un ensemble de signes « mystérieux » ;
• le *prophète* (*pro-fari*) : il se veut le porte-parole de la volonté divine, le guide et le redresseur de torts, il interprète (au nom de Dieu) les textes fondateurs oubliés ou écartés par les contemporains, qu'il rappelle à l'ordre et menace de la « colère divine » ;
• le *prêtre* : il est le commentateur du texte sacré et animateur de la liturgie rituelle qui l'accompagne ; il est le gardien de l'orthodoxie du dogme et le médiateur du sacré. Ministre de Dieu, il est au service de l'organisation de son église qu'il rassemble autour de ses dévots et de ses fidèles.

Routinisation, quotidianisation, naturalisation

Jean-Pierre Grossein, le nouveau traducteur de l'œuvre de Weber, soulève un problème terminologique autour du mot de « routinisation » du charisme, issu de l'ancienne traduction de *Économie et société* (de Dampierre, Freund *et alii*, 1971). Il lui préfère le terme de « quotidianisation » au double motif que la notion de « routine » a le défaut d'ajouter une tonalité péjorative en français, complètement étrangère à l'esprit de Weber, pour qui elle devait seulement rendre compte du processus de banalisation de l'exceptionnel. Tout en tenant compte de cette remarque quant à l'esprit, on admettra qu'il est impossible de changer dans le cadre d'un ou deux ouvrages les usages établis depuis plusieurs générations (Weber, 1996).

Pierre Bourdieu montre que l'efficacité de ce processus est de « naturaliser » les dimensions les plus exceptionnelles du « social », en les inscrivant dans le quotidien et en les incorporant (sous forme d'*habitus*, d'*hexis* corporelle ou d'*ethos* de classe).

• *Routinisation et rationalisation*

Le charisme religieux se sécularise en se donnant des règles formelles et en se combinant avec d'autres « types » de domination. Il revêt d'autres formes, comme par exemple le contrat juridique « de cas à cas ». Il investit de nouveaux domaines, se bureaucratise, s'élargit à d'autres figures dominantes, comme par exemple celle de l'entrepreneur. Et, de même que l'interactionnisme a pu montrer l'importation des « rites religieux et liturgiques » vers des « rites profanes » qui les banalisent et les routinisent hors de toute liturgie sacrée (Goffman 1974 et Rivière 1995), de même le charisme d'un seul homme a émigré du pouvoir religieux, militaire et politique vers tous les autres domaines symboliques.

Weber note que la routinisation équivaut à la rationalisation ou que cette dernière est la forme générale par laquelle la routinisation s'empare du religieux, de l'économique, de l'artistique, du politique : les fonctions d'exception, les figures exemplaires, les idéaux légendaires finissent par se dissiper dans la banalité des compétences, des statuts et des rôles. Ils se diluent dans l'ordre des corporations, dans celui des institutions, définis tant par l'anonymat de la division du travail et de la production, que par l'impersonnalité des services et des échanges. Le processus se complexifie, suscite des événements réguliers et répétitifs au sein d'un calendrier d'activités rituelles.

La routinisation de la création artistique

Ce processus s'applique, *mutatis mutandis,* de l'artiste aux professions culturelles. Si l'acte de création produit une anomie positive (*cf.* la « Nouvelle Vague » dans le cinéma expérimental des années 1950 par exemple), les créateurs finissent par rentrer dans l'ordre et par se laisser récupérer. Vecteurs potentiels de menaces pour les pouvoirs séculiers ou religieux, ils sont l'objet du contrôle social. Simmel utilise l'image du château d'eau, qui diffuse et diffracte l'eau par capillarité, couche après couche, pour faire comprendre la banalisation et la généralisation progressives des formes créées par la mode dans l'ensemble des groupes sociaux (1988).

À suivre Merleau-Ponty (1963), la culture ne fait qu'élargir et qu'agrémenter ce que l'artiste a déjà créé. Le clivage art/culture se retrouve aujourd'hui dans l'opposition familière entre l'art d'auteur (singulier, unique, original et non reproductible) et l'art commercial, industriel ou « de masse », reproductible. En témoigne l'opposition du début des années 1950 entre le cinéma d'auteur de la Nouvelle Vague et le cinéma commercial. S'opposent au fond l'art expérimental désintéressé, privé de moyens hormis ceux mobilisés par le créateur, et l'art industriel qui évolue sur le terrain des conventions établies, s'appuie sur des ressources importantes et s'adresse à un large public (Becker, 1988).

Dans *Le Triple jeu de l'art contemporain* (1998*c*), Nathalie Heinich dégage formellement trois temps de routinisation de l'art contemporain, conformément aux trois temps de la routinisation du charisme religieux : le temps de la transgression, celui de la réaction critique (positive ou négative), celui de l'intégration.

Les voies de la routinisation

La production industrielle des biens culturels suppose la spécialisation qui marque la supériorité de l'organisation (professionnelle et bureaucratique) sur le charisme. D'où la question : quelles voies suit la routinisation dans le domaine des professions culturelles spécialisées ? Là encore, c'est à Weber qu'il faut faire appel (Weber, 1995, vol. 1, p. 332 et s. et Weber, 1959, deuxième conférence sur le politique). Dans son essence, la domination charismatique est amenée à changer de caractère. Soit elle se traditionnalise, soit elle se rationalise (ou se légalise). Les motifs de cette évolution renvoient à des intérêts bien identifiés :

– l'intérêt idéal ou matériel de la direction administrative de poursuivre la relation sur un fondement durable ;
– l'intérêt idéal ou matériel des disciples du personnage charismatique à la permanence de la communauté.

Ces intérêts deviennent pressants quand la disparition du porteur de charisme ouvre le problème de sa succession. De sa résolution dépend la nature les relations sociales futures. Différentes formes de routinisation se présentent alors :

– mise en place des normes de recrutement et d'éducation, « des normes de mise à l'épreuve » ;
– intégration à la sphère de l'échange économique et adaptation aux formes fiscales d'accaparement monétaire ;
– tendance à la durée et à la sécurité.

L'institutionnalisation et l'intégration au marché constituent autant d'aspects de la routinisation. Elles répondent à la transformation d'états, de qualités, de dispositions, à l'emprise de contrôles administratifs, professionnels et sociaux. Elles se retrouvent approximativement dans tous les processus où « l'éthique de responsabilité » (la compétence) finit par supplanter « l'éthique de conviction » (la cause).

Institutionnalisation de l'éducation et reproduction des savoirs

La formation spécialisée qui est donnée dans les Écoles des Beaux-arts et dans les Conservatoires reste muette devant la question de la transmission du charisme. Peut-on « enseigner » à créer, au-delà de la simple technique, et peut-on transmettre quelque chose du « don », du « génie », du « style », alors que toute création est rupture d'avec les conventions du passé et se veut irréductible à une technique ? Tel étudiant a-t-il un don que l'école puisse révéler et faire aboutir ou accède-t-il seulement à des postures, des savoir-faire, des qualifications enseignés et transmis ? Il est difficile de répondre à ces questions, dans la mesure où le charisme s'éprouve émotionnellement sans jamais pouvoir s'apprendre ni se laisser inculquer rationnellement (Panofsky, 1967 ; Segré, 1993).

Pourtant, aucune éducation n'est possible sans se configurer comme un ensemble organisé et administré : programmes de formation, nomination de professeurs, concours d'entrée des étudiants. Elle suppose un espace d'expression, des lieux administratifs, des formations spécialisées. Tout cela participe de l'institutionnalisation qui se traduit le plus souvent par :

– la création d'un corps professoral. Les artistes créateurs deviennent très souvent eux-mêmes des professeurs. On passe alors de la production à la reproduction. L'école se constitue comme un corps de savoirs spécialisés, elle met en œuvre des modes stricts d'apprentissage, initie aux « coups d'œil », instaure des performances d'ateliers et impose des règles de composition ;
– un goût « dominant » et « officiel » se développe. Par exemple, les académiciens ont commencé par établir une doctrine esthétique (hiérarchie des genres picturaux, séparation stricte des arts). Le monopole du droit d'exposition (le Salon) constituait le moyen de contrôler l'application de la *doxa*. Il était doté d'un jury d'académiciens qui soutenait une ligne orthodoxe, interdisant l'irruption d'autres formes artistiques. En s'organisant, l'enseignement a transformé les conditions sociales de la vie artistique, sans résoudre les questions ultimes de l'art et de l'origine des formes culturelles et sans être en mesure de se prononcer sur les qualités esthétiques des œuvres.

L'institutionnalisation des écoles d'art

Les premiers changements furent ceux du passage d'un organe de reconnaissance sociale comme « peintre du roi » à celui d'un organe de formation (1648). On complète les cours de dessin par des cours d'anatomie, de perspective et d'histoire des antiquités. Le processus d'institutionnalisation et de routinisation conduit à un procédé de sélection traditionnel : concours d'entrée, concours des prix comme aboutissement de la formation.

La minorité exclue va obtenir de Napoléon III, en 1863, un lieu d'exposition qui sera appelé « Salon des refusés » où les impressionnistes, Manet en particulier, auront l'occasion d'exposer leurs tableaux avec bien d'autres, comme les réalistes. La figure du créateur se clive en deux :
- d'un côté, le créateur « officiel », adoubé par les académiciens, est dominant et se trouve renforcé par la critique et à la solde des académiciens ;
- de l'autre, le créateur « refusé » par les institutions et dénoncé par la critique mais soutenu par un petit groupe de fidèles initiés autour d'un marchand « éclairé ».

D'après Monique Segré, 1993.

La professionnalisation

Depuis Durkheim, les sociologues investissent le thème de l'institutionnalisation du lien social. De même, Simmel cherchait à savoir comment des formes (sociales) se maintiennent (1897). Selon lui, elles se cristallisent dans des monuments, des objets, des pratiques, des procédures, des institutions, bref elles s'objectivisent.

• *Les critères*

Depuis, cette question a été largement approfondie par la sociologie des professions anglo-saxonne (*cf.* Dubar et Tripier, 1998 ; Heinich, 1991, p. 34-35) qui a étudié les formes d'activités les plus souples (voleur, délinquant...) aussi bien que les plus structurées (médecins, enseignants, juristes, journalistes, etc.). Les critères de la professionnalisation sont les suivants :

– l'existence d'une *structure associative* qui permet d'imposer certaines régulations internes et d'affirmer une autonomie par rapport à d'éventuelles pressions externes ;
– le développement d'une *expertise*, de compétences spécifiques, qui nécessitent souvent l'aménagement d'apprentissages longs et systématiques et donc d'un corps enseignant ;
– l'instauration d'une *relation de service*, garantie par un code de déontologie, qui permet d'imposer une autorité sur les clients.

• *Le processus en marche*

Dans le domaine qui nous intéresse, les monographies se sont multipliées depuis deux décennies, décrivant le processus historique de professionnalisation, c'est-à-dire de transformation d'activités « libres » et non rémunérées en emplois codifiés et marchands. Quand on pense aux professions culturelles aujourd'hui les mieux établies, il faut toujours garder à l'esprit qu'elles sont le fruit d'un long travail collectif de construction. Deux exemples peuvent être cités :

– les *conservateurs* de musée (Octobre, 1999 et Heinich, 2002, p. 18-42) étaient de simples connaisseurs et amateurs d'art, qui se sont regroupés en sociétés d'amis, ont peu à peu inventé un métier et réussi à organiser avec les pouvoirs publics les droits d'entrée dans la profession ;
– les *journalistes* qui se sont aussi progressivement dotés de syndicats, puis de règles déontologiques et enfin d'une définition inscrite dans la loi (1935), séparant clairement les amateurs occasionnels des professionnels réguliers. La délivrance annuelle d'une carte est essentielle pour la pratique et l'appartenance à la corporation (Sandrine Lévêque, *La Construction journalistique d'une catégorie du débat public : le « social »*, Rennes, PUR, 2000 ; Thomas Ferenczi, *L'Invention du journalisme en France*, Paris, Payot, 1996).

Si toutes les activités culturelles ne sont pas parvenues au même stade de professionnalisation (on pense aux « intermédiaires et intervenants culturels »), c'est souvent en raison d'une syndicalisation affaiblie par un individualisme surdéterminant. Certains peuvent en outre avoir intérêt à des définitions « molles » (les « experts » ou les « agents ») dans la mesure où elles autorisent des passages au sein d'activités interdépendantes. C'est le cas typique des critiques d'art qui sont parfois écrivains, commissaires d'expositions, administrateurs de structures, agents, conseillers, etc. Il n'en reste pas moins que les impératifs économiques ont souvent eu raison de certaines velléités d'indépendance.

• *Les organisations professionnelles*

Aujourd'hui, artistes et interprètes sont regroupés dans de multiples institutions, plus ou moins efficaces :

– des *sociétés*, telles la Société des auteurs et la SACEM (Société d'auteurs, compositeurs et éditeurs de musique), disposent d'un corps d'inspecteurs répartis dans l'espace national en vue de recueillir les droits d'auteur (Pontier *et alii,* 1996, p. 181) ;
– des *ordres* professionnels qui règlent l'intégration des corps fermés d'architectes et des commissaires-priseurs ;
– des *commissions*, comme celles des journalistes, qui ont pour mission de contrôler les droits d'entrée dans la profession et d'imposer une déontologie ;
– des *écoles* d'application qui recrutent sur concours nationaux (École nationale du Patrimoine) ;
– des *associations* professionnelles, telle l'AICA (Association internationale des critiques d'art), qui regroupe depuis 1948 les critiques professionnels de tous les domaines culturels, dont la mission est de défendre leurs intérêts.

La rationalisation économique

Puissance anti-économique (par ignorance, indifférence ou hostilité), le charisme ne vit que de « profits occasionnels instables » (Weber, 1995). L'affranchissement d'avec les lois de l'échange, l'ignorance des conflits d'intérêts et l'indifférence aux conditions d'existence du marché structurent parfaitement la représentation que l'artiste se fait de soi et que les autres se font de lui, sur le modèle du chef charismatique. Pourtant, cette figure n'échappe pas à l'empire du calcul, ni aux institutions chargées de faire rayonner son œuvre.

• *Les carrières artistiques*

Moulin et Menger ont consacré de nombreuses recherches aux carrières d'artistes, montrant qu'il existe des progressions de carrières, des reconversions matérielles, des intérêts économiques. Selon eux, l'importation des valeurs de la réussite matérielle dans le monde artistique, le plus souvent déniée par les protagonistes, est un fait bien établi par l'enquête. La carrière des artistes a ses passages obligés : expositions, concerts, publications, représentations, signatures, récompenses, couvertures médiatiques. L'objectif est toujours le même : se faire connaître, se distinguer, se singulariser, se faire un « nom » autour d'un style, tout en faisant partie intégrante d'un groupe (compagnie, orchestre, troupe, atelier). Point de salut en dehors de ce jeu économique.

• *Gestion et rentabilisation de la culture*

Du côté des institutions, le problème à résoudre reste celui de la rentabilisation des services et des biens :

– les médias participent de cette routinisation. Le *rap*, le *hip-hop*, les musiques amplifiées, les *rave parties*, la *techno* y sont progressivement intégrés, ce qui prélude ou accompagne leur marchandisation ;
– le cinéma est une création industrielle dotée de budgets colossaux (en moyenne, 3,2 millions de dollars par film en 1994, selon Farchy, 1999, p. 46). La consommation se concentre sur quelques titres : sur 380 longs métrages projetés en France en 1994, 30 films ont rassemblé la moitié des entrées (Benhamou, 1996, p. 66 et 2002) ;
– l'édition développe une économie des *best-sellers,* elle multiplie les travaux sur commande et privilégie les images par rapport aux textes (Benhamou, 1996 ; Farchy 1999).

La bureaucratisation

La routinisation par le politique sera développée plus en détail dans le chapitre suivant. On peut d'ores et déjà évoquer ses formes quand elles s'appliquent aux artistes et aux professions culturelles :

– Menger a particulièrement insisté sur le phénomène de « socialisation du risque artistique » : les politiques multiplient les garanties artistiques et tentent d'accompagner les artistes dans leur marginalité sociale. Ils leur offrent des opportunités matérielles : maisons d'artistes, ateliers en partie subventionnés, ateliers en résidence, commandes (Menger, 1983 et 1986 ; Lamy et Liot, 2002) ;
– la création, sinon avantageuse, du moins dérogatoire, du statut des intermittents, instaure un régime de chômage pour les artistes et les techniciens des spectacles vivants. Elle est régulièrement contestée par les patrons et plus ou moins défendue par les hommes politiques, partagés entre une exigence de légitimation charismatique (en soutenant les artistes, ils se dorent le blason) et un *lobbying* pressant du patronat ;
– l'instauration d'une sécurité sociale pour les artistes depuis 1964 ;
– les dérogations fiscales multiples (sur les taxes d'habitation des ateliers, une TVA allégée) qui sont autant de signes incontestables de la routinisation, comme le soulignait Weber fort opportunément ;
– le développement d'un corps de fonctionnaires de la culture (inspecteurs à la création, conseillers aux arts plastiques, musiques, danse et théâtre, délégués généraux), qui a émergé dans les années 1980 (Moulin, 1992).

Les artistes sont des assurés sociaux comme les autres...

La Maison des artistes (rue Berryer, à Paris) prend en charge leur sécurité sociale. Elle impose à cette occasion une définition matérielle et comptable de l'artiste : pour bénéficier d'une couverture sociale, depuis 1964, celui-ci doit pouvoir justifier que 50 % de ses revenus professionnels proviennent des ventes d'œuvres originales. Il doit en outre pouvoir dégager un bénéfice annuel de 42 000 F (6 412 euros), soit 3 500 F (530 euros environ) par mois après le paiement des charges (matériel, loyer de l'atelier).
Le décret de 1977 modifie et assouplit le critère du revenu : il « suffit » d'atteindre 1200 fois la valeur horaire du SMIC sur 3 ans. On atteint alors difficilement le chiffre de 12 000 artistes, 3 000 d'entre eux ne parviennent plus à ce bénéfice avec la crise des ventes depuis 1991.

Les formes de résistance

Le sociologue ne peut pas nier que certaines fractions du monde de la culture résistent, parfois de toutes leurs forces, au processus de routinisation. De ce point de vue, les analyses se divisent : les uns insistent sur la banalisation de la création et des professions (Menger, 1989 ; Moulin, 1992), les autres sur les modalités de la résistance (Becker, 1988 ; Heinich, 2000), selon qu'elle s'exprime dans les représentations ou dans les modes de vie.

Des représentations persistantes

Les créateurs se définissent très souvent comme des êtres uniques, singuliers et par conséquent rétifs à toute objectivation (Heinich, 2000). En outre, les groupements artistiques (compagnies, ensembles musicaux…) se pensent dans l'opposition culture de création/culture de reproduction.

L'analyse de Becker dans *Outsiders* (1985) montre que les musiciens de jazz s'auto-définissent par opposition aux *caves*, appellation dévalorisante qui désigne l'ensemble des musiciens qui s'empressent de répondre aux demandes du public.

Cette résistance s'inscrit dans la tradition de Voltaire qui méprisait les journalistes, ces représentants d'une « écriture industrielle ». Elle se prolonge aujourd'hui dans la critique bourdieusienne des médias ou dans la volonté d'organiser une corporation internationale des intellectuels, au sein de laquelle les artistes seraient amenés à jouer un grand rôle (*cf.* Pierre Bourdieu, *Interventions. 1961-2001. Science sociale et action politique*, Marseille, Agone, 2002, notamment p. 257-267 et 289-296).

Dans le même esprit, les intellectuels ont souvent opposé l'art authentique à la culture, simple et mauvaise reproduction :

> « L'artiste est celui qui fixe et rend accessible aux plus « humains » des hommes le spectacle dont ils font partie sans le voir. Il n'y a pas d'art d'agrément. On peut fabriquer des objets qui font plaisir en liant autrement des idées déjà prêtes et en présentant des formes déjà vues. Cette peinture ou *cette parole seconde* est ce qu'on entend généralement par culture. L'artiste selon Balzac ou Cézanne ne se contente pas d'être un animal cultivé, il assume la culture depuis son début et la fonde à nouveau, il parle comme le premier homme a parlé et peint comme si l'on n'avait jamais peint. »
>
> Maurice Merleau-Ponty, « Le doute de Cézanne »,
> *in Sens et Non Sens,* Paris, Nagel, 1963, p. 33.

Des modes de vie singuliers

Les modalités de résistance ne se limitent pas aux discours et aux représentations. Elles influencent l'ensemble du style et du mode de vie de chaque artiste. Non seulement ce dernier considère que, de par son travail et en raison de ses choix esthétiques, il « vit à la marge », mais encore il regarde toute son existence sur le mode « artiste » : sa manière de se loger et de s'alimenter, ses réseaux de connaissance et de fréquentation, jusqu'à ses mœurs sexuelles, souvent liées à des pratiques artistiques spécifiques.

Cette attitude globale est souvent renforcée par la demande de marginalité que formulent les publics et que relaient certains médias. C'est la loi du renouvellement permanent, du changement sans raison apparente qui s'impose aux milieux artistiques et sans doute leur donne le sentiment que, marginaux, ils mènent également une existence risquée.

Quatrième Partie

Les politiques

Chapitre IX

La politisation du « culturel »

La politisation de la culture concerne autant l'État central (commande d'œuvres, monuments historiques, collections nationales, grandes institutions, formations artistiques, diplômes) que les collectivités locales (politique de loisirs, spectacle « vivant », cinéma de proximité, animation socioculturelle, pratiques d'amateur, patrimoine ethnologique et de « pays », résidences d'artistes). Ces deux aspects sont étudiés successivement.

Les indicateurs de politisation

Au niveau national

En reprenant la chronologie du travail politique, trois indicateurs de politisation sont proposés :

– le temps de la controverse, dans les partis, dans la presse, au cours des campagnes électorales : c'est la culture comme enjeu de débats ;

– le temps de la mise en forme juridique et de l'affectation budgétaire dans le cadre parlementaire : c'est la culture comme enjeu financier ;

– le temps des contrôles, qu'ils soient administratif, juridique, de gestion, d'évaluation, de sanction : c'est la culture comme enjeu de régulation.

• *Les débats*

L'intérêt des politiques – gouvernements, administrations centrales, partis – pour la culture se manifeste à travers les programmes, les discours de leurs candidats, les joutes parlementaires, les campagnes électorales, les orientations ministérielles. Il porte sur sa signification symbolique ou sur sa portée pratique. Dans ce cadre, le ministère de la Culture noue des liens avec celui de l'Éducation nationale, celui de la Jeunesse et des Sports, celui de la Ville, autour des questions de formation artistique, d'accès à la culture et aux loisirs, mais aussi autour des questions d'intégration sociale.

La création en 1959 du ministère des Affaires culturelles manifeste cette emprise du politique au plus haut niveau. À partir de cette date, la culture est devenue l'objet d'un affichage systématique et d'une attention soutenue. La création du SER a permis de « mettre en forme » (dans les catégories de la pensée politique) ce domaine auparavant mal saisissable. Il a été découpé en « domaines » (patrimoine, archives, musées, bibliothèques, théâtre, musique, danse, cinéma, arts plastiques, architecture) et en « fonctions » qui les animent (conservation, création, édition, représentation, communication, animation et formation), qui correspondent à des enjeux identifiables. Les gouvernements de droite insistent souvent davantage sur les aspects de la conservation, de la communication, tandis que ceux de gauche évoquent la création, l'animation et la formation. Cependant, force est de constater qu'il s'agit de nuances plutôt que d'oppositions radicales et que la culture reste un thème mineur des campagnes électorales, à l'image du budget fort modeste qui lui est alloué.

Le travail de mise en forme politique et statistique de la culture

Si l'on reprend la notion d'« investissement de forme » (Thévenot, 1986), on peut constater que la culture a été mise dans les formes de la pensée politique au cours des années 1970 (Desrosières, 1993), ce qui a été la condition de possibilité de son insertion dans les grands débats.

Ce long travail de production des cadres qui permettent aujourd'hui de penser politiquement la culture a été initié par des administrateurs de l'INSEE, délégué au SER (Alain Vesse, *Notes méthodologiques sur les comptes de la culture*, Paris, SER, 1976 et Jacques Antoine, « Propositions pour un système d'informations statistiques et économiques sur la vie culturelle en France », *Le Progrès scientifique*, n° 187, mars-avril 1977, p. 33-89).

La construction des données statistiques nationales en matière de pratiques, de consommation, de dépenses, a produit des effets d'uniformisation dans trois grands répertoires : catégories de pratiques, domaines et fonctions. Ce qui se joue à travers ces représentations, c'est ce que l'on pourrait appeler la « nomination culturelle ». Olivier Donnat (1994) a évoqué l'« effet de démocratisation » pouvant résulter du simple fait de produire régulièrement et uniformément des statistiques culturelles.

• *Le budget*

Le volume d'argent public affecté par l'État aux dépenses, à la formation, aux achats de biens, aux commandes d'œuvres, reste un bon indicateur d'évaluation du degré de politisation. Les fluctuations des moyens budgétaires, jointes au déploiement d'organes institutionnels, concrétisent l'état des luttes de pouvoir et reflètent les changements politiques.

Ces investissements donnent lieu à la création d'institutions spécialisées, mais aussi à celle de nouveaux emplois publics ; et, parallèlement à l'offre de l'Éducation nationale, l'émergence d'appareils de formation nationaux caractérise cette phase de l'action culturelle publique (École nationale du Patrimoine, École nationale du Cinéma, Écoles d'arts appliqués, multiplication de conservatoires « régionaux nationaux » de musique, de danse, de théâtre...).

Si l'on compare les 16 milliards de francs annuels alloués à la culture à la DIE (dépense intérieure d'éducation), qui atteignait 644 milliards en 2000 (7 % du PIB), le jugement est sans appel. Mais si l'on estime que l'effort d'éducation fait partie de l'effort culturel, alors il n'y a plus lieu de s'inquiéter...

Le « 1 % culturel »

Budget après budget, la culture persiste à être le parent pauvre, en dépit du cap symbolique du 1 % qui a été atteint depuis 1994.

Tableau 1. Évolution du budget du ministère de la Culture

Année	**1960**	**1981**	**1982**	**1990**	**1994**	**1996**	**1997**	**1998**	**2000**	**2001**
% du budget	0,3	0,46	0,76	0,86	1	1	0,97	0,95	0,98	0,99

Source : DEP, ministère de la Culture.

Cela se traduit par un nombre relativement modeste de fonctionnaires affectés à cette administration. Selon l'enquête emploi de l'INSEE de mars 2001, sur 450 000 emplois culturels au sens large, la moitié travaille dans les industries culturelles, 120 000 dans le spectacle vivant et seulement 16 000 au ministère et dans les établissements publics. En outre, 50 % des dépenses culturelles de l'État proviennent d'autres ministères (Affaires étrangères, Justice et l'Éducation nationale). Le ministère des Affaires étrangères se donne pour mission de transmettre et d'afficher une image culturelle de la France à l'extérieur.

Jacques Perret et Guy Saez, dir.,
Institutions et vie culturelle, Paris, La Documentation française, 1996.

• *L'évaluation*

Orientée vers des objectifs précis et pourvue en moyens étalés dans le temps (le temps d'une législature ou d'un mandat électif), la gestion de la culture est soumise à diverses évaluations à court ou à moyen terme par le Conseil d'État ou par la Cour des Comptes. Par leurs interventions, ces deux organismes délimitent strictement le champ de la politisation de la culture, tant dans son activité administrative de contrôle et d'inspection, que dans ses orientations budgétaires et dans l'encadrement légal de ses dépenses. Par là même, se trouvent définis – au moins formellement – l'éventail d'expression du droit de la culture et celui d'exercice du droit à la culture pour les citoyens.

Enfin, l'État comme les collectivités puisent dans cette double intervention la garantie de légitimité d'une politique publique, c'est-à-dire – pour parler en langage wébérien – la légitimité du monopole symbolique s'exerçant à travers elle.

Au niveau local

• *L'effort culturel des collectivités locales*

Les efforts consentis par les collectivités locales sont, en proportion, bien plus grands que ceux de l'État central.

Tableau 2. Financement public de la Culture (milliards de francs, 1993)

État central : 37 milliards de francs (50,1 %)			**Collectivités locales : 49,9 %**		
Ministère de la Culture 19,6 %	Autres ministères 28 %	Comptes spéciaux (cinéma, audiovisuel, livre) 2,5 %	Communes 40,6 %	Départements 5,4 %	Régions 2 %

Source : DEP.

Les départements y ont consacré 5 milliards, soit 2,4 % de leurs dépenses générales ; les régions seulement 1,6 milliard (2,6 % de leurs dépenses générales) ; en revanche, les 841 villes de métropole de plus de 10 000 habitants ont dépensé 23,5 milliards de francs pour la culture, soit 8.6 % de leur budget total (à comparer avec le fameux 1 % !). Paris, qui est un cas particulier, y consacre 6 %.

On remarque qu'il existe une stricte corrélation entre la taille des communes et l'effort culturel consenti (Paris excepté, car très aidé par le budget national : le ministère a consacré 9 de ses 14 milliards à des dépenses sur le territoire parisien en 1995 !).

Tableau 3. Effort culturel selon la taille des communes

Taille (milliers d'habitants)	**10-20**	**20-30**	**30-50**	**50-80**	**80-100**	**100-150**	**> 150**	**Paris**
Part du budget général (%)	8	8	9	9,5	11	13,5	16	6

Source : Développement culturel, Hors série, octobre 2000, « Les dépenses culturelles des collectivités territoriales en 1996 », p. 17, 26 et 28.

• *La décentralisation culturelle*

Les lois de décentralisation (1982-1983) ont fait naître plusieurs niveaux administratifs correspondant à plusieurs degrés de définition de l'intérêt général (régional, départemental, communal), selon leur plus ou moins grande proximité avec la légitimité issue du suffrage universel. C'est dans ce nouveau contexte que les indicateurs de l'échelon local se distinguent de ceux du niveau national, sous plusieurs modalités de prise en charge :

– les collectivités locales ont, en vertu de ces lois, développé des services culturels spécifiques : bibliothèques départementales de prêt et services d'archives départementales ;
– mais beaucoup d'entre elles ont, de leur propre initiative, investi d'autres domaines de l'action culturelle (jusqu'alors confiés au milieu associatif), tant « de proximité » (langues régionales, archéologie et patrimoine rural, aides à l'expression théâtrale des jeunes scolaires et au spectacle pour « jeunes publics », « collège au cinéma », pratiques amateurs) que « d'ouverture à l'art contemporain » et à la médiation artistique (constitution de collections, expositions, conférences-débats, bourses d'art contemporain pour des créateurs régionaux, création de galeries associatives, résidences d'artistes, prêts d'œuvres…).

• *La contractualisation*

De son côté, la contractualisation croissante de l'action publique à partir de la décennie 1970 (sous la forme d'accords interministériels, de contrats de développement culturel, de plan État – Régions, de ville ou de pays d'art et d'histoire, de conventions d'objectifs) amène l'État à contracter et à négocier avec des partenaires publics et privés. Il n'impose plus d'en haut ses orientations (Moulinier, 1999 ; Conseil d'État, 1999). C'est pourquoi la plupart des collectivités sont entrées dans des logiques de conventionnement avec leur ministère de tutelle en région.

L'avantage de la diversification de ces opérations a consisté à proportionner l'obligation des financements croisés avec la promotion d'une culture et d'un art « de qualité » (contrôlés indirectement par l'État et ses conseillers en DRAC). C'est ainsi que les collectivités ont cosigné des conventions de développement avec leur DRAC, en prévoyant dans leurs attendus des programmes de formation destinés aux artistes et acteurs locaux. De même, mais de manière inégale, elles ont participé à la création et au développement de nouveaux centres culturels, de nouvelles médiathèques et de nouvelles salles de spectacle (spécialisées et polyvalentes), d'écoles de musique. La démarche est ici semblable à celle de la construction des collèges et des lycées, du ressort des départements et des régions.

Ainsi, le développement des politiques décentralisées depuis 1981 repose sur une nouvelle répartition des « compétences culturelles » et sur une extension du champ d'intervention par les collectivités. Une nouvelle étape a été franchie avec l'adoption des lois Voynet et Chevènement relatives à l'aménagement du territoire et au renforcement de la coopération intercommunale. La collectivité, jadis centrée sur elle-même, évolue progressivement vers l'élargissement de son assise démographique et des nouveaux services qu'elle appelle, c'est-à-dire vers la forme intercommunale. Structurée par une palette de projets politiques précis, cette dernière fait pratiquement toujours place à un volet culturel (formation, diffusion, création...) orienté vers un secteur déterminé, un groupe précis ou répondant à l'urgence d'un « problème social » en souffrance. De plus, la recherche d'une tarification commune à plusieurs collectivités reliées les unes aux autres se veut la marque visible d'une mission de service public. Derrière une dénomination commune de développement, les contenus et les formes en sont variables mais, en incluant régulièrement une dimension culturelle et/ou artistique précise, elles ont érigé les politiques culturelles décentralisées en vecteurs d'expérimentation de l'échelle intercommunale.

De la sorte, les collectivités locales montrent qu'elles ont su s'emparer à leurs fins propres de la catégorie d'action publique de culture, et sans doute l'interpréter en y investissant des problématiques spécifiques (développement local, animation socioculturelle, invention d'un patrimoine local...).

Le travail de légitimation et ses controverses

Guy Saez se demande comment se sont formées les politiques de la culture et comment elles furent transformées en enjeux politiques. Nous ajoutons : selon quelles valeurs, quels intérêts et par quels moyens procéduraux le politique a-t-il transformé le culturel en mission d'intérêt général (et, par là, en service public) ?

Les procédures

« Quelles sont les procédures de légitimation qui font qu'un problème économico-social devient l'objet de politique publique ? » (Saez, 1985, p. 388.) Cette interrogation renvoie au problème essentiel de la légitimité. Elle présuppose que celle-ci peut être exclusivement d'essence procédurale. L'intérêt général est interprété comme un simple « effet procédural ». La légitimation fondée sur le recours à des valeurs et se donnant des objectifs pratiques n'a plus cours.

Il existe une solide tradition de pensée qui adopte ce point de vue : selon Nozick, si l'on peut s'entendre sur des procédures de justice distributive, il est impossible de le faire sur les résultats ou sur leurs effets singuliers. Hayek (repris et commenté dans Dupuy, 1992) enfonce le clou en expliquant que la justice s'applique aux procédures et aux règles, sans rien dire de leurs effets. Dans le domaine de la culture, les commissions comme les concours permettent de s'entendre sur leur composition, sur leur recrutement, sur l'équilibre de leurs représentants. En revanche, sur les contenus, les choix, les politiques, il s'avère impossible de s'entendre *a priori*.

Communes, départements, régions, intercommunalité

Les communes

Les budgets, les services, les emplois y prennent de multiples formes juridiques en matière d'action culturelle (régies municipales, associations parapubliques, délégations en tout genre), qui constituent les cadres de multiples événements (festival, expositions, rencontres thématiques, « journées », « fêtes » du livre, du cinéma, biennales, foires, colloques...).

Les départements

Ils sont de plus en plus nombreux à développer des lignes budgétaires autonomes et à s'appuyer sur des compétences spécifiques autres que simplement associatives. Développement culturel, spectacle vivant, musique et danse, art contemporain et muséographie sont leurs champs principaux d'action. Au départ, les lois de décentralisation avaient prévu leur confinement à la politique de lecture, du livre, à la gestion des bibliothèques départementales de prêt (bibliobus et annexes), aux services d'archives.

Les régions

Leur proximité avec l'émanation régionale du ministère, les DRAC, les oblige à multiplier les opérations contractuelles et à se doter de « cibles » culturelles spécifiques, non couvertes par l'État. C'est ainsi que l'identité régionale se construit à travers la protection d'un patrimoine historique, ethnographique, architectural, voire artisanal et agricole, parfaitement ignoré des administrations déconcentrées.

L'intercommunalité

Ce dernier niveau est désormais à prendre en considération dans l'aménagement culturel du territoire. Il tend à décloisonner les contraintes habituelles liées à chacun des territoires administratifs tout en fédérant certaines initiatives et en répartissant les investissements des villes centre.

• *Les institutions culturelles, émanations procédurales ?*

L'État a le pouvoir de créer *ad hoc* des institutions : les Maisons de la culture sous le ministère Malraux, les Centres dramatiques nationaux (CDN) ou les Centres d'art contemporain (CAC) sous le premier ministère Lang. Certaines institutions culturelles sont célèbres comme la Réunion des Musées Nationaux, la Bibliothèque nationale, le Centre national des Lettres. On peut les saisir d'entrée de jeu comme des émanations procédurales, comme le fruit de simples décisions. Mais il s'agit souvent de « coquilles vides », de structures administratives que la collectivité réceptrice ou que les services extérieurs déconcentrés en région auront pour mission de faire vivre, non seulement en intervenant sur le marché des emplois administratifs, mais aussi en suscitant des compétences spécialisées.

• *La « force » des procédures de financement public*

C'est par l'opération de budgétisation qu'un problème économico-social (ou socio-économique) devient un objet de politique publique. L'État subventionne des institutions et associations qui existent déjà dans le cadre des collectivités en

Le « service public culturel »

« Il s'agit là d'un problème politique ; la notion de service public est contingente et varie avec le temps [...]. L'intérêt principal de la reconnaissance à un organisme privé d'une mission de service public semble être de l'assimiler à une autorité administrative et de permettre le recours pour excès de pouvoir contre une décision prise par lui dans l'exercice de sa mission [...]. Dans tous les cas de reconnaissance d'une mission de service public, il y a association de l'organisme concerné à l'action de l'État, qui se manifeste très généralement par une aide conséquente et un contrôle public. [Cependant, même s'il est désormais] admis que la culture est bien le siège de services publics de plus en plus nombreux, de façon continue et par conquêtes successives et convergentes [...], toute activité culturelle n'est pas automatiquement objet de service public. »

Henri-Hubert Mesnard, 1990, p. 181-184.

« L'arrêt Dauphin, de 1959 est généralement cité comme consacrant de façon explicite et définitive la notion de service public culturel [...]. Cette dernière est utilisée depuis cette date régulièrement par le juge administratif [...]. La qualification de service public ne peut être étendue [...] à toutes les actions des collectivités publiques : c'est cas par cas que le juge estime s'il s'agit d'un service public ou pas [...]. Une même activité peut, selon les cas, être considérée ou non comme un service public. Ceci étant, outre les représentations théâtrales au sens le plus large du terme, sont considérées comme services publics les activités liées à l'enseignement et aux formations artistiques, ainsi que les activités liées à l'animation et à la diffusion culturelles : les maisons de la culture et les maisons des jeunes gèrent un service public [...]. Mais le service public culturel déborde largement les institutions spécialisées ainsi que l'a montré l'arrêt Dauphin [...]. Quelle que soit sa nature – administrative ou industrielle ou commerciale – [...], s'appliquent au service public culturel certains principes : de continuité du service (à l'encontre de sa suspension), de mutabilité du service (dans le sens d'une meilleure qualité), d'égalité devant le service (du point de vue de la tarification et du point de vue de l'accès). »

Jean-Marie Pontier *et alii*, 1996, p. 61 *et sq.*

les estampillant du sceau de l'« intérêt général ». Cette démarche est rendue possible par une succession de débats, générateurs de négociations et de décisions au sein de commissions qui tranchent sur le niveau de participation de l'État et ses modalités concrètes.

Le croisement des financements et des services, la gestion directe ou en régie des activités culturelles et des institutions où elles se déroulent, produisent un certain nombre d'effets sociaux qui légitiment *a posteriori* les politiques publiques menées. Nous retrouvons alors la démarche pragmatique selon laquelle est légitime « ce qui marche ». Le bilan – en forme d'audit – de l'action de l'État sur lui-même vise à répondre aux interrogations en suspens en faisant remonter informations, données chiffrées, observations diverses et enquêtes ponctuelles : quelle démocratisation ? Quels flux de visiteurs ou de spectateurs ? Quels publics ? Quelles recettes ? Quelles dépenses ? Quel impact de telle ou telle création sur l'opinion ?

La volonté de contrôle *a posteriori* est partie prenante de la modernisation de l'État, de ses services publics, comme ont pu le montrer les travaux d'Ewald et de Rosanvallon. C'est pourquoi les procédures d'un certain type qui encadrent la mise en politique de la culture en constituent sans aucun doute une des conditions principales de réalisation.

• *Critique des opérations procédurales*

Cependant, si la politisation est nécessairement délimitée par l'imposition de procédures, cette condition est-elle suffisante ? Ne sommes-nous pas en droit de nous demander comment passer d'une politique publique, fondée sur des opérations de procédure, à la dimension de l'intérêt général et aux valeurs que, théoriquement au moins, il a l'ambition de porter ?

> « Dans le cas où la croyance à la légitimité est dépendante de la vérité, il ne suffit manifestement pas d'invoquer le fait que l'État a le droit d'exercer son monopole dans la création et l'application du droit selon un système de règles réglementaires rationnelles. Une procédure ne peut à elle seule fournir une légitimation. Au contraire la procédure législative est elle-même soumise à la contrainte de la légitimation. »
>
> Jürgen Habermas, 1978, p. 137.

Ceux qui critiquent les procédures, les moyens et ressources mis en œuvre opèrent sur trois terrains sensibles :

– la démocratie des *commissions* (Mesnard, 1990) : on convoque les gens du milieu en vue de les associer aux décisions (expertise et compétences scientifiques) mais, du même coup, l'État se déresponsabilise. Urfalino et Vilkas décrivent cette attitude de délégation du jugement, assimilée parfois à un désengagement de l'État. De même à travers l'impulsion donnée à certaines opérations de mécénat (vote d'une loi et défiscalisation partielle des entreprises « citoyennes »), l'État entend se désengager ;
– les techniques de *budgétisation* : on aligne, on ajoute, on accumule des lignes budgétaires par « conquêtes successives et convergentes » selon le mot de Mesnard, sans regarder de près à la qualité des biens et des services qui en résultent ; de la sorte, on commande et on organise à la manière d'un « jeu du catalogue », dans un état d'esprit comparable à la rationalité instrumentale, mais sans se préoccuper du sens engagé dans ces opérations (Friedberg et Urfalino, 1984) ;
– les modes d'*évaluation* des politiques culturelles : on se demande s'il existe des indicateurs de la démocratisation culturelle (et, si oui, lesquels ?) La culture est-elle réductible au processus de démocratisation, de quantification, de massification, bref de diffusion ? Ou est-elle un domaine symbolique que le politique a « surdéterminé » et « investi » au cours de la formation de l'État ? La démocratisation est-elle le critère à l'aune duquel doit s'évaluer la politique culturelle ?

Trois indicateurs appellent sur ces questions une vérification empirique : massification et généralisation de pratiques ; accès croissant de couches sociales « non privilégiées » ; diversification des pratiques et éclectisme culturel.

Les recherches d'Olivier Donnat sont de nature à apporter quelques éclaircissements sur ces questions. Toutefois, elles sont dominées par une position ambivalente : d'un côté, le DEP est là pour évaluer les politiques culturelles ; de l'autre, il se défend d'évaluer les politiques publiques, mais cherche modestement à enregistrer les pratiques, les sérialiser et les regrouper en « types » de pratiques (sur la base d'un échantillon national, sans aucun découpage régional). Cette attitude donne prise au ministère (Lang en particulier) pour intervenir « sur » les résultats, les contester, voire les minorer. Dans une synthèse des résultats des trois enquêtes menées au préalable dans son service, Donnat montrait que les plus gros consommateurs de culture sont en même temps les consommateurs les plus « éclectiques ». De la sorte, il rejoignait, par-delà la période Lang, la position de Michel Guy qui, à la fin des années 1970, au sujet du « Festival d'automne », avouait rester favorable à un public cultivé « ouvert à tout », face au « risque » élitiste persistant incarné par une certaine avant-garde.

Les valeurs

Ici, l'intérêt général est défini par les contenus et les orientations de l'action politique. Quelles valeurs, réunissant un ensemble de préférences, sont en jeu ? Autrement dit, quelles fins le politique poursuit-il, qui puissent justifier la rationalité de son action ? Quels principes, aux yeux de l'État, la culture permet-elle de véhiculer et de mettre en œuvre ? Car les valeurs, les fins ou les préférences du politique conditionnent l'intégration en un ensemble combinant trois applications et trois orientations : la formation du lien social, l'égalité redistributrice, l'unanimité réconciliatrice.

• *L'universalisme culturel : le principe général*

Le fondement général des valeurs consiste d'abord à affirmer l'« universalisme culturel » dont la propriété est de masquer la série des oppositions produites par le langage et transposées dans les pratiques : inégalités/différences ; culture d'élite/culture de masse ; culture dominante/culture populaire ; culture bourgeoise/culture ouvrière. L'universalisme culturel consiste à masquer, par décision volontaire, les écarts sociaux, les différences d'appropriation et d'usages des biens et des services culturels. Il revient à homogénéiser dans les représentations les différences sociales. L'école est au cœur de cette ambivalence : elle se réclame officiellement, à travers la laïcité, de cet universalisme, tout en reconduisant de fait certaines inégalités.

Politiser la culture, ensuite, c'est postuler une idéologie du « désintérêt culturel » comme un ferment de consensus social. L'idéologie du désintéressement renforce la posture universaliste. Elle est une « croyance » consistant, en retour, à dénier l'existence des ambivalences ou des oppositions précédentes. Si, en effet, la culture engendre un consensus, comment pourrait-elle être traversée par des clivages différenciateurs et source d'inégalités ?

> « Cultiver ou se cultiver peut être considéré comme principe unificateur pour tous les acteurs qui s'y réfèrent. Par conséquent, le désintéressement d'une activité culturelle est d'autant plus légitime dans le champ politique que le désintéressement est un des principes de légitimation du champ politique. »
>
> Pierre Bourdieu,
> « La représentation politique : éléments pour une théorie du champ politique »,
> *Actes de la recherche en sciences sociales*, n° 36-37, février-mars 1981, p. 3-24.

Le droit universel à la culture

Dans le cadre d'une alternance du travail salarié et du repos (qui est la forme du loisir moderne), le politique apporte des réponses techniques appropriées aux besoins d'éducation et de formation, aux besoins de loisir et de culture des populations qu'il administre.

Le droit universel au travail est équilibré par le droit universel à la culture, et tous deux sont, à part égale, inscrits dans le préambule de la Constitution de 1946 (repris en 1958) : « La nation garantit l'égal accès de l'enfant et de l'adulte à l'instruction, à la formation professionnelle et à la culture. »

En outre, si le droit à la culture se déploie dans le cadre de la nation française, c'est qu'il fonde non seulement une législation à venir, mais aussi l'action décentralisatrice des collectivités territoriales. Dans la sphère privée, le droit culturel règle les initiatives associatives et les voies d'expression individuelle dans les différents domaines culturels (Pontier *et alii*, 1996, p. 43-44).

On mesure toutefois l'évolution des champs d'action du ministère en comparant les décrets fondateurs des ministères Malraux et Lang à vingt-deux ans de distance : leurs conceptions de l'intérêt général divergent :

– Le décret du 24-7-1959 fixe les missions générales de la politique culturelle selon André Malraux : « Rendre accessibles à tous les œuvres capitales de l'humanité et d'abord de la France au plus grand nombre possible de Français, assurer une plus vaste audience à notre patrimoine culturel et favoriser la création des œuvres d'art et de l'esprit. »

– À ce décret répond en écho celui qui marque le champ d'action et d'influence du ministère Lang en 1981. La dimension expressive individuelle est mise en exergue. Ce n'est plus la France seulement qui est en jeu comme nation culturelle, mais l'« acculturation » des Français dans la diversité de leurs groupes sociaux : « Le ministère chargé de la culture a pour mission : de permettre à tous les Français de cultiver leur capacité d'inventer et de créer, d'exprimer librement leurs talents et de recevoir la formation artistique de leur choix, de préserver le patrimoine culturel national, régional ou de divers groupes sociaux pour le profit commun de la collectivité tout entière, de favoriser la création des œuvres de l'art français dans le libre dialogue des cultures. »

De là découlent deux visions de l'intérêt général :

– pour André Malraux, la culture française participe de l'universel. Elle est, comme l'art une catégorie de l'existence et pas seulement un assemblage d'œuvres. L'intérêt général est adéquation de la culture, du peuple et de l'universel : les œuvres françaises se situent au même niveau que les russes, scandinaves, américaines ou allemandes... L'État est un serviteur de cette vision qu'il développe dans le concert des nations ;

– pour Jack Lang, la culture française est plurielle, multiple, diversifiée, elle ne parle pas d'une seule voix, elle est l'expression d'une vie sociale diverse, où tous (spécialement ceux qui ne l'ont jamais) ont le droit à la parole. Les jeunes, les ouvriers, les femmes ou les ruraux ne pratiquent pas la même culture. Pourquoi donc parler d'une culture unique et dominante que l'École enseignerait ? Ici donc, l'intérêt général correspond à une volonté politique d'impulsion appuyée sur les « forces créatrices » de la société : le théâtre par exemple ne joue pas (seulement) le rôle de diffusion des grandes œuvres, mais doit être un lieu d'incitation, d'expérimentation, de résidence, d'aide des artistes en difficulté, de lancement de troupes amateurs, de projets... Le volontarisme culturel ouvre sur le relativisme culturel.

• *Les traductions du principe : lien social, égalité, unanimité*

L'affichage d'un aspect universaliste et d'un aspect relativiste par le droit culturel ne saurait suffire : ériger la culture en intérêt général suppose aussi que le politique soit en mesure d'unifier ce que le monde du travail divise en classes et en conflits. Le travail différencie et divise (tâches, rôles, luttes, désaffiliation), tandis que la culture se propose de rassembler et de relier (enchantement, plaisir, affiliation). Elle compense la division sociale et aide à la surmonter : elle a une fonction de « réparation » et procède à l'unification des esprits dans un même creuset culturel (Mesnard, 1996, p. 30 *et sq*. et Ory, 1994).

Cette conception appelle une politique des loisirs. L'État s'intéresse au partage travail/non-travail, travail/loisir, travail/temps libre. Cela commence avec les universités populaires puis, après 1968, l'éducation permanente (loi Delors de 1971) pour s'infiltrer dans toutes les institutions. Joffre Dumazedier et Georges Friedmann considèrent que, dans une société structurée par le travail et centrée sur le temps professionnel, la culture joue un triple rôle : elle fournit les diplômes par l'école, elle compense le manque de diplômes (dans le monde ouvrier), elle organise les loisirs « compensateurs ». En somme, elle opère le lien entre travail et non-travail et le passage du temps occupé vers le temps libre.

Une réconciliation entre le travail et la culture s'effectue également depuis les années 1980 par l'encouragement à la diversification des emplois : la culture devient une « mine d'emplois » dans une société de loisirs dominée par les classes moyennes.

L'égalité s'opère par la redistribution de biens entre groupes sociaux mais aussi par l'accès généralisé de tous à la culture, et spécialement par l'accès du monde ouvrier à la diversité des savoirs et aux pratiques amateurs (René Kaes, Janine Larrue, Paul-Henri Chombart de Lauwe, Joffre Dumazedier, Richard Hoggart, Michel Verret, Olivier Schwartz, Florence Weber ont étudié la richesse des loisirs populaires, l'inventivité de leurs formes). On légitime les pratiques de masse (télévision, prix unique du livre, CD détaxés), on soutient les arts de la rue, on valorise les arts populaires (écomusées). Cette politique dépasse même le cadre national et constitue un enjeu à l'échelle internationale, en particulier dans la concurrence que se livrent États-Unis et Europe : production audiovisuelle, exception culturelle (*Uruguay Round* en 1993, AMI en 1998) où se joue en partie l'indépendance culturelle et artistique des nations européennes (Regourd, 2002).

Les intérêts

La plasticité des fins politiques et leur relativité contingente montrent qu'il est impossible de donner du groupement politique une définition univoque :

> « Il n'existe pas de fin, depuis le souci du ravitaillement *jusqu'à la protection des arts*, que le groupement politique n'ait à l'occasion poursuivie […]. C'est pourquoi on ne peut (que) définir le caractère « politique » d'un groupement uniquement par le moyen – élevé, le cas échéant, à la hauteur d'une fin en soi – qui lui est propre, mais qui lui est certainement spécifique et indispensable du point de vue de son essence, à savoir la violence. »
>
> Max Weber, 1995, p. 98.

En définitive, le politique doit être compris comme un appareil de pouvoir qui « instrumentalise » la culture, qui « phagocyte » l'art à ses fins, dans « l'intérêt de ses intérêts », si l'on peut dire. L'universalisation est ici une ruse. La culture est un moyen du politique. Elle en est la continuation par des moyens symboliques. Elle est en quelque sorte l'exercice symbolique de la force. Dans cette perspective, l'ordre est aussi « moral », qui dicte sa loi à la scène culturelle. Autrement dit, si l'on suit Habermas (1978), l'émergence d'une telle politique répond à un problème de légitimation des pouvoirs publics. Et sa motivation « probable » provient d'un besoin d'asseoir la légitimité de l'action politique sur la dimension du sens, du symbole et de la création. L'État apparaît comme désintéressé et neutre précisément grâce à la culture dont il s'assure le monopole au cours du temps (Bourdieu, 1997).

• *La mise en valeur du pouvoir*

Historiquement, une certaine qualification culturelle du pouvoir et de la cour s'opère par l'art et les artistes. Ce fait remonte à la Monarchie.

Bernard Tesseydre (1970) parle d'« ordre moral », d'« art d'État », de « grand goût », de « volonté de puissance » au sujet de l'art du siècle de Louis XIV. L'État veut tout contrôler pour sa gloire, son prestige, le maintien de sa domination. Il décrète détenir le monopole de la création.

Dominique Colas (1990), pour sa part, propose une lecture de la politique culturelle en termes de domination : toute image du pouvoir se fonde sur un pouvoir de l'image. L'État ne s'empare-t-il pas de l'image « créatrice » de la culture justement parce que l'art (contemporain), en dépit de l'évanescence de ses significations, de son absence de langage articulé, représente un des derniers foyers de profusion et de « plus-value de sens » (selon l'expression de Claude Lévi-Strauss) ? N'est-il pas un des derniers lieux où l'image du désintéressement prend forme et sert les visées politiques ? Pourquoi, sinon, y aurait-il parallélisme entre la montée en puissance de l'image double de l'artiste (tour à tour « contraint » et « libre ») et l'intervention de plus en plus insistante de l'État ? Comment expliquer autrement l'instauration d'une affinité élective entre État et Culture ?

Le mot « communication » fait désormais partie du libellé du ministère de la Culture. Il apporte une autre dimension à la simple information. La culture est fondamentalement un mode de communication de la politique du pouvoir. C'est ainsi que l'on peut s'interroger sur l'« État festif », l'État pourvoyeur de fêtes. La fête collective organisée et planifiée dans une politique de communication n'est-elle pas un moyen d'occuper un « espace public » *a priori* destiné à la discussion rationnelle et démocratique ? Depuis 1981, la France est entrée de plain-pied dans l'ère des fêtes : de la musique, du cinéma, les journées « portes ouvertes » et les « nuits blanches », les opérations « Paris Plage »…

• *Le contrôle des savoirs et des goûts*

Une hypothèse serait que l'État tout-puissant soit conduit de proche en proche à « mettre aussi la main » sur la politique de la culture. L'enseignement est alors la matrice de la culture ou, si l'on préfère, celle-ci est la généralisation des acquis de l'enseignement. Depuis Weber, un ensemble de chercheurs juristes, sociologues et historiens ont développé ce point.

L'historien d'art Francis Haskell montre que les expositions de peinture représentent un moyen de contrôler le goût. Le contrôle des réactions du public va de pair avec la formation d'un goût dominant.

Mais la difficulté persiste de savoir pourquoi l'État s'empare de la création artistique et culturelle depuis le Front populaire, comme le montre Évelyne Ritaine (1983). À quoi répond d'une certaine façon l'analyse des « AIE » (Appareils Idéologiques d'État) chers aux marxistes comme Jacques Ion ou Pierre Gaudibert. Quelle complicité se crée ainsi entre le politique et le culturel ?

Résistances et critiques à cette logique de l'intérêt proviennent des artistes qui refusent, pour certains, l'intervention de l'État dans le domaine de la création, sous le prétexte du rejet d'imposition d'un art officiel, d'un art d'État, d'un magistère esthétique. Ce point de vue est renforcé aujourd'hui par la critique (pour le moins cocasse !) de l'« État culturel » qu'opèrent des anciens administrateurs comme Schneider ou des académiciens comme Fumaroli (1992).

Chapitre X

Les trois temps de l'action politique

L'économie générale de transformation des biens matériels en biens culturels est fondamentalement une « affaire d'État ». Le fait, par exemple, d'ériger un bâtiment en « monument historique » implique de l'évaluer au nom de normes tour à tour administratives, architecturales et scientifiques, dans le cadre d'instances spécialisées dans la consécration des biens (les commissions régionales et/ou nationales d'inscription et de classement). À propos du pouvoir inhérent au langage d'autorité, Bourdieu (1989) évoque l'efficace propre à la « magie d'État » en appliquant à ce dernier la théorie de la magie de Hubert et Mauss (1985).

Dans tous les domaines culturels (artistiques, patrimoniaux, administratifs, associatifs), l'État procède ainsi à la distribution des diplômes (l'architecte est « DPLG », diplômé du gouvernement), à la qualification des statuts, à l'attribution de grades. Du point de vue du titulaire, le rôle de l'État est d'en garantir la validité et la généralité, la durée aussi. Il n'a pas seulement le « monopole de la violence légitime » (Weber), il détient en même temps celui de la consécration légitime. Ici, la décision et le choix politiques nous placent du côté des processus et des opérations, c'est-à-dire du côté d'un patrimoine en train de se faire par l'action de l'État.

Trois temps et trois dispositifs sont spécifiquement culturels : capitalisation, protection, valorisation. Ils fonctionnent comme des idéaux types wébériens. Et, comme ces derniers, ils ne se rencontrent jamais à l'état pur, ils sont enchevêtrés les uns dans les autres. Pas de capitalisation sans protection et valorisation ; pas de conservation sans protection ; pas de protection sans valorisation. Ces trois temps constituent une métarègle de conduite de l'État, qui, par suite de la décentralisation, se trouve être reprise et partagée par les collectivités locales en quête de définition des biens et des objets de leur identité propre.

« Capitaliser »

Le modèle patrimonial de la capitalisation

Pendant longtemps, dans les sociétés traditionnelles, on n'a su parler que d'héritage (au moment où s'affichaient les grandes lignées agraires face à une paysannerie sans terre) puis, par individualisation du rapport à la propriété, le mot de capital (sous toutes ses formes, matérielles, sociales, symboliques) a progressivement prévalu, caractérisant l'avancée d'un nouveau mode de production et de nouveaux rapports sociaux. Dans sa *Comédie humaine*, Balzac en est l'observateur scrupuleux. Aujourd'hui, le patrimoine privé emprunte sa signification à ces deux sources sémantiques (héritage de droit et travail accumulé), sans se confondre ni avec la réception (le statut), ni avec l'acquisition (le mérite).

• *Du capital privé au patrimoine public : transmettre sans l'obligation de posséder*

L'on conçoit facilement les modalités de capitalisation d'un particulier en régime capitaliste :

> « Le capital se forme d'abord par l'épargne forcée ascétique, [tandis que] dépouillée de son sens éthico-religieux, la poursuite de richesse s'associe aux passions agonistiques, ce qui lui confère le plus souvent le caractère d'un sport [...]. Le capital est un *ethos* dont le *summum bonum* peut s'exprimer ainsi : gagner de l'argent, toujours plus d'argent, tout en se gardant strictement des jouissances spontanées de la vie [...]. Le gain est devenu la fin que l'homme se propose ; il ne lui est plus subordonné comme moyen de satisfaire ses besoins matériels [...]. Il exprime également une série de sentiments intimement liés à certaines représentations religieuses [...] comme cette idée particulière que le *devoir* s'accomplit dans l'exercice d'un métier. »
>
> Max Weber, 1967, p. 49-51, 212 et 225.

Capitaliser, en effet, c'est reconnaître des biens et les accumuler. C'est les acquérir (les amasser) à certaines conditions juridiques et sociales données et selon des mécanismes économiques précis. À la simple propriété, le capital ajoute l'intention de transmettre. Il établit, réellement ou fictivement, un lien entre les générations par la médiation des biens transmis. Sous le processus de transmission, Marcel Mauss voit la mise en œuvre d'une norme de réciprocité entre légataire et destinataire, puisque « la chose reçue [...] garde encore quelque chose de son donataire » (1985). Le cycle de l'appropriation et de l'héritage (dont la donation fait partie) semble alors constitutif de toute vie sociale : les biens transmis restent continûment la propriété de quelqu'un.

En revanche, il est bien plus délicat d'imaginer les formes et les modalités spécifiques de patrimonialisation et de transmission de biens collectifs capitalisés dont une collectivité comme l'État pourrait être le sujet juridique, et, par suite, l'acteur principal (protecteur, conservateur, restaurateur). Aux yeux de celui-ci, capitaliser et patrimonialiser des biens n'implique pas nécessairement de posséder (en France de nombreux biens classés et protégés restent la propriété privée de leurs détenteurs). En outre,

> « C'est sur la transmission que se fondent toutes les analogies patrimoniales : on dit d'un monument public qu'il est un patrimoine parce qu'il se transmet à travers l'histoire d'une collectivité ou d'une nation, en faisant corps avec elle, à l'instar d'un bien privé, d'une fortune familiale qui se transmettent dans une famille de génération en génération et font corps avec elle. »
>
> Yvon Lamy (dir.), 1996, p. 13.

L'objectif d'étatisation est ici de rassembler un capital qui va fonctionner sur le mode d'un patrimoine collectif, c'est-à-dire comme un Bien public, et qui, échappant tant au marché de l'offre et de la demande qu'à l'aliénation *intuitu personae*, vient s'inscrire dans le domaine national, contribue à l'étendre, à le reproduire et à le valoriser. Tout se passe comme si une force collective (« mana ») agissait derrière de telles opérations de capitalisation patrimoniale et se montrait seule capable d'effectuer un tel élargissement. Par là même, le processus en question a pour conséquence d'insérer les biens dans une nouvelle dimension temporelle et dans une nouvelle légitimité.

> « Le patrimoine est un enjeu pour les pouvoirs publics [...] parce qu'il suppose la reconnaissance officielle (et pour tout dire l'étatisation) d'un ensemble élargi et hétérogène, par définition jamais achevé, de biens culturels meubles et immeubles, matériels et symboliques, monumentaux et environnementaux, dont l'existence est établie pour rappeler le poids du passé dans la formation historique de la nation et dans la construction d'une responsabilité collective à l'égard de l'avenir. Aussi le patrimoine apparaît-il structurellement dépendant de la conscience qu'en prend la nation protectrice, en vue d'y découvrir et d'y considérer la marque de sa propre grandeur historique et des choix responsables qui la lient [...]. L'État s'érige en héritier légitime de la chaîne des générations qui ont constitué la nation, en prenant possession *des biens culturels jugés représentatifs* et en les transformant en vecteurs de l'unité nationale. Cette démarche implique un véritable détournement de sens et comme une captation officielle de biens d'origine privée et d'origine publique que les différentes législations depuis celles de 1887 et de 1913 sur les monuments historiques traduisent clairement. »
>
> *Ibid.*, 1996, p. 11.

Le processus de capitalisation des œuvres et, par extension, de tous les biens culturels, prend forme par la médiation de diverses opérations administratives précises comme le classement et l'inscription, l'inventaire et l'archivage, la commande, la collection et le legs. Cela suppose que, dans l'action culturelle, l'État désigne et qualifie comme culturels certains biens, mais aussi les reçoive par donation ou dation, les étiquette, les classe, les sélectionne, les distribue, en somme les « capitalise », les charge de signification et les inscrive dans le domaine public en vue de leur protection et de leur valorisation.

Ce domaine, jadis fondé sur la rareté des œuvres reconnues et sur le patrimoine royal, ne cesse désormais de s'élargir. Non seulement le nombre de biens patrimonialisés s'accroît, mais encore il concerne les secteurs les plus divers (et les plus inattendus) de la vie sociale : monuments, archives, objets, lieux, quartiers, sites, territoires, modes de vie, savoir-faire, corporéité, langues, médias, planète, fonds marins, humanité… Prolifération qui va de pair avec leur territorialisation : les objets ordinaires et anonymes, les architectures sans architecte des régions particulières y côtoient désormais les œuvres renommées qui transcendent les nations et les cultures.

• *Inscription et classement au patrimoine historique national*

L'État acquiert des choses ou des biens qui lui préexistent et sont hérités du passé. Il les sélectionne selon des critères variables au cours du temps : intérêt national, esthétique, artistique, historique ou populaire.

Historiquement, il met en œuvre des dispositifs conçus au moment du lancement d'une première politique des monuments historiques sous la Monarchie de Juillet (Guizot). Avec la Troisième République, priorité est donnée au patrimoine (comme en témoignent les débats préalables au vote des lois de 1887, 1905 et 1913 sur le type de propriété juridico-administrative que sont le monument historique et l'œuvre d'art). Ces dispositions législatives s'ajoutent à la mission de l'enseignement marquée par les lois Ferry sur l'école laïque, une et obligatoire (Monnier, 1991, p. 168). L'objectif est de mieux gérer tant le classement, la protection, que l'accès au patrimoine. Rendre les musées plus didactiques passe avant l'aide directe à la création artistique.

L'intérêt au regard de l'histoire et de l'art avait été affirmé dès 1840 pour opérer le classement des premières listes de monuments historiques par ordre de « mérite ». La loi de 1887 (la première du genre) précise les conditions d'intervention des pouvoirs publics. Elle pose la nécessité d'un inventaire préalable comme une des conditions du classement, d'où découlent des obligations de faire et ne pas faire eu égard aux monuments et à leur devenir. Les monuments sont considérés ponctuellement comme des « statues » hors de leur environnement.

Le critère premier de sélection est l'appartenance à l'histoire ou à l'art de la nation. Les juristes publicistes précisent que si l'intervention publique s'interpose entre la propriété protégée et son propriétaire et se traduit juridiquement par la restriction de l'aliénabilité du bien individuel, cette opération ne peut se légitimer qu'au nom des intérêts supérieurs de la nation. À partir de là, ce bien échappe (pour partie) à l'acte contractuel et à l'échange marchand. Il est soumis au contrôle administratif et aux experts délégués par l'État. Une norme est ainsi créée qui règle la conduite des individus et des collectifs (propriétaire, maître d'œuvre et maître d'ouvrage, association gestionnaire, musée, collectivité où se trouve le bien, etc.) quant à la menace de destruction du bien en question. Le classement s'avère comme le préalable à toute protection et à toute valorisation.

Ce processus affiche l'une des spécificités de l'action politique culturelle par rapport aux autres formes d'action politique. Notre hypothèse est que si le patrimoine s'élargit à tous les horizons de la vie sociale sur lesquels l'État pose son regard, c'est parce qu'il est une idée régulatrice permettant tout à la fois de classer dans un statut administratif et juridique, mais aussi d'anticiper et de créer de l'utopie en mobilisant, au-delà de lui-même, autour d'enjeux dont il est à la fois l'origine, l'occasion, le mobile et l'objet. Autrement dit, c'est à l'État d'abord d'agir en capitalisant, puis aux acteurs qu'il appartient de s'approprier symboliquement un patrimoine, « leur » patrimoine, parce qu'ils ne le trouvent jamais tout formé et comme enfermé dans l'autonomie d'une essence. À l'inverse, sa dynamique propre est de se manifester par son renouvellement incessant et par la croissance indéfinie de ses contenus, c'est-à-dire par son imaginaire social. Les procédures d'inscription et de classement nous conduisent aujourd'hui au chiffre de 35 000 biens culturels de toute nature et de tout style protégés par la puissance publique, comportant deux pics de protection dans la décennie 1920-1930 et dans la décennie 1970-1980 (Bady, 1985).

• *L'inventaire national*

L'« inventaire national des monuments et des richesses artistiques de la France » est la deuxième procédure par laquelle l'État capitalise les biens culturels sans se les approprier.

Des secteurs sauvegardés à l'inventaire

Comment comprendre le lancement de l'inventaire national en partant de la politique culturelle de Malraux depuis 1962 ? À cette date, ce dernier fait voter la loi sur les secteurs sauvegardés qui inaugure une politique planifiée du patrimoine architectural s'appliquant dans les centres des villes historiques. L'État prend en charge le financement des opérations de réhabilitation. Dans cette politique typiquement centralisée, il protège les exemplaires du patrimoine national et cela contre la marée de l'urbanisation qui déséquilibre la morphologie des villes.

L'année 1964 représente un changement d'échelle et un renversement de point de vue. Tout se passe comme si la menace sur la ville exigeait d'en dépasser le cadre. D'instrument d'évaluation, le patrimoine devient objet à évaluer. De la ville, le regard se déplace vers la France et les richesses cachées ou inconnues de la Nation. L'inventaire répond à ce souci : lancer un plan exhaustif de répertoire et de classement canton par canton, du bâti architectural, monumental et des objets mobiliers français dans la diversité de leurs styles régionaux. D'une tout autre nature que la politique des secteurs sauvegardés et aux antipodes de la politique de logement et de lotissement, l'opération visait à constituer une méthode et un corpus de connaissances, codés dans un langage catégoriel univoque, prescrit à l'avance.

Voulue par André Malraux, mise en œuvre par l'historien d'art André Chastel, se dotant en 1967 des premières Commissions régionales de l'inventaire (aujourd'hui Conservations régionales au sein des DRAC), l'entreprise est apparue comme proprement interminable dans la mesure où l'acte de connaître est nécessairement dépassé par son propre objet : la vie du bâti, la production de nouveaux objets mobiliers, le marché des œuvres d'art relancent indéfiniment la taxinomie. Mais elle éclairait, sous un tout autre angle que sous celui de l'urbanisme, la montée en généralité du patrimoine culturel français. L'approche par le territoire, en effet, enregistrait l'existence d'un patrimoine méconnu, d'extraction anonyme, inscrit dans une culture matérielle locale, à savoir l'architecture vernaculaire rurale des « pays », par opposition aux grandes perspectives des villes, à leurs noyaux historiques et à leurs jardins. Le patrimoine qui avait émergé dans le tissu urbain se rendait visible dans le tissu rural.

Ces deux modèles de patrimonialisation, le classement (avec l'inscription) et l'inventaire, nous permettent de comprendre tant les raisons politiques (contrôle du territoire et de ses richesses artistiques) que les raisons symboliques (production d'une mémoire nationale commune à un corps de citoyens) pour lesquelles l'État s'intéresse aussi au règlement juridique très strict de l'archivage des fonds publics et des fonds privés (les services d'archives ont été créés sous la Révolution).

De même, c'est dans cette logique que l'on ressaisit le sens des achats, des dons, legs ou dations qui contribuent à l'enrichissement des collections d'art au sein d'organismes culturels comme la FNAC, la RMN, la FNAM, les FRAC et les musées « classés et contrôlés » par l'État. Constituer des collections revient, en effet, à définir juridiquement le musée comme une mission de service public.

Tableau 1. Inventaire, classement, inscription, archivage

Les modes de capitalisation	1985	1995	Taux de croissance
Inscriptions (nombre cumulé)	22 358	29 449	31,7 %
Classement d'objets mobiliers (nombre cumulé)	111 202	131 516	18,2 %
Inventaire (communes concernées)		6 637	
Sites archéologiques répertoriés		219 985	
Archives nationales (en « kilomètres linéaires »)		2 687	

Source : d'après Janine Cardona et Chantal Lacroix, *Chiffres clés 1996. Statistiques de la culture*, Paris, La Documentation française, 1997.

Au total, l'État suscite des biens patrimoniaux par le classement, l'inventaire et la collection. Dans la même veine, et sur le modèle des princes mécènes des cours italiennes de la Renaissance, il « commande » à des artistes des œuvres qui n'existent pas encore et qui sont destinées à illustrer des événements festifs nationaux, qui s'adressent à des publics spécifiques (spectacle vivant, œuvre d'art durable, production de films, monuments, installations...).

Poussant plus loin encore son mécénat d'art, l'État va jusqu'à commander des interprétations originales, nouvelles, d'œuvres musicales, théâtrales, chorégraphiques, textuelles, architecturales qui existent déjà. Dans cet ordre de choses, il faut relever les commandes passées par exemple à l'Orchestre national de France, aux artistes du « 1 % » (Aguilar, 1999), aux musiciens de l'IRCAM et à Pierre Boulez, à Buren et à Peï pour ajouter leurs créations à des monuments historiques existants (Palais Royal et Louvre).

La mise en œuvre : commissions et concours

Toute capitalisation emprunte des voies spécifiques. Elle s'incarne dans des « formes » durables et s'y investit (Thévenot, 1986).

• *La forme « commission »*

Elle permet d'acquérir des biens par le classement, l'inventaire ou l'achat dans le cas des FRAC étudiés par Pierre-Alain Four (1993), Philippe Urfalino et Catherine Vilkas (1995) ou Nathalie Heinich (1997). De même, les commissions régionales du type commission régionale du patrimoine historique archéologique et ethnologique (COREPHAE) marquent le chemin à parcourir (de la région à l'État) pour faire reconnaître un bien dans le patrimoine national.

Selon Mesnard (1990), le fait de créer des commissions à parité égale (professionnels et experts d'un côté, agents administratifs et fonctionnaires de l'État de l'autre), permet aux représentants de ce dernier d'établir une coresponsabilité, tout en présidant la commission et en jouant un rôle d'arbitre par l'attribution d'une « délégation du jugement esthétique » (Urfalino et Vilkas, 1995) aux experts techniciens et scientifiques. Ici, la réflexion sociologique porte sur les modalités de la prise de décision (types d'argumentation, valeurs, attitudes, idéologie). La question qui revient sur le devant de la scène est de savoir quels principes sont mis en œuvre par ces commissions. Qui sont les experts, sont-ils les seuls à décider ?

Pour sa part, Yves Aguilar (1999, p. 142-143) critique le jeu ambivalent des commissions : d'après lui, il n'y aurait pas délégation des pouvoirs publics, mais bien plutôt un renoncement : le contrôle des « bureaux », et donc des fonctionnaires, est tel que le ministre en exercice n'a plus à prendre de responsabilités et, les déléguant, il les abdique *de facto*. Il s'opère ainsi un véritable détournement de pouvoir.

Ces « dérives » administratives sont dénoncées par Pierre Legendre (1968) qui, comme juriste publiciste et institutionnaliste, s'élève contre la puissance que s'arroge indûment l'administration. Véritable citadelle de compétences et de savoir-faire, inscrits dans la durée, image de la continuité de l'État, les

« bureaux » construiraient patiemment et inéluctablement leur autonomie eu égard au calendrier d'un pouvoir politique changeant et éphémère.

• *La forme « concours »*

La commande publique s'effectue souvent dans le cadre d'un concours, par exemple en architecture, fondé sur les appels d'offres aux diverses agences. Florent Champy (1998, p. 125) tire une typologie, distinguant les concours « conception/construction ». Il s'interroge sur le point de savoir qui a le droit de concourir ; il pose aussi le problème de l'ouverture du concours à des non-spécialistes. Ici encore, comme dans le cas de la commission, le concours est chapeauté par l'État qui passe commande, règle et contrôle.

Mais, comment ces concours se passent-ils ? La réponse à cette question est indissociable de celle sur les justifications mises en œuvre. La référence à des « cités », qui permettent de justifier les choix des participants par rapport à des mondes comme celui de l'efficacité ou le monde civique (Boltanski et Thévenot, 1991), rejoint la position de Friedberg qui, dans *Le Pouvoir et la Règle*, montre que certains « accords » ne peuvent être que passionnés dans la mesure où l'identité des acteurs est en jeu. Enfin, il existe indéniablement des sources de dysfonctionnements : « Douze concurrents pour quatre places… Il est impossible de savoir ce qui a départagé les concurrents » (Champy, 1998, p. 74.)

En définitive, le temps de capitaliser a comme effet d'ouvrir le temps de protéger. Si l'État capitalise, c'est qu'il se lie à la protection et à la valorisation qui suivent.

Protéger

Les motivations

Le fait de protéger est un détournement de finalité au profit d'un autre objectif et d'une autre utilité : de l'économique, la protection nous fait passer au culturel et au symbolique, par le truchement de l'historique. On veut protéger de l'aliénation économique, certes, mais aussi de « l'injure » du temps et des « menaces » que font peser sur les biens culturels publics les usages massifs, les consommations incontrôlées, les iconoclasmes irrationnels (Dagens, Liot et Le Moigne, 1993).

• *Que protège-t-on ?*

Est protégé tout ce qui a été classé, inventorié, archivé et commandé, en somme tout ce qui a été capitalisé. Toutefois, la protection de ces biens a pour finalité leur conservation et leur restauration. Au-delà, se pose le problème de leur réutilisation, sachant qu'ils sont, soit inaliénables, soit aliénables, à certaines conditions administratives précises.

De plus, au pouvoir de protéger se rattache la question de la propriété intellectuelle et du droit des auteurs. Par exemple, en faisant étudier par des anthropologues des productions artisanales traditionnelles « de pays », la Mission du patrimoine ethnologique (qui fait partie du ministère de la culture) oblige les chercheurs à réfléchir en même temps sur les éventuelles modalités de protection des savoir-faire locaux traditionnels (alimentaires, artisanaux...). La loi sur le droit d'auteur modifie certaines dispositions du régime de propriété artistique de 1957 (Moulin, 1992, p. 116).

Enfin, par un renversement de perspective, la protection des artistes accompagne celle des biens. Elle prend des formes nombreuses et variées déjà évoquées.

• *De qui et de quoi protège-t-on ?*

Essentiellement de l'individu, conformément à une vision pessimiste de la « nature humaine », qui repose sur l'avidité, le lucre, l'intérêt particulier et l'égoïsme. Mais cela reste une vue à court terme. L'État se donne ici le beau rôle : sachant, pour l'avoir défini, ce que sont les obligations et les missions attachées à l'intérêt collectif, il souligne sa supériorité sur les intérêts individuels dans ses visées, dans ses orientations et dans ses buts.

On peut ici se reporter à Keynes qui, sur le plan économique, pensait cette supériorité du collectif sur l'individuel. En définitive, le marché présente les mêmes caractéristiques que l'individu : il est avide, dangereux, destructeur, et, à court terme, il est à l'origine de toutes formes d'inégalités et d'injustices. Son irresponsabilité est avérée, dans la mesure où il dilue les responsabilités dans le temps et l'espace. Pour combattre et contrer cette tendance, l'État n'hésite pas à inscrire le bien culturel dans la durée, au sein des rapports intergénérationnels, en prenant à témoin la collectivité elle-même (Jonas, 1990).

Les moyens : inscription et conservation

Les pouvoirs publics protègent en juridicisant (application d'un droit spécifique), en conservant (par des moyens techniques mis en œuvre pour conserver, soit en l'état, soit par simple restauration du *statut quo ante* – comme ce fut le cas du CAPCmusée de Bordeaux, conservé comme entrepôt parce que, justement, transformé en musée). Ce faisant, l'État n'hésite pas à soustraire les biens au droit commun, au droit commercial. Il défiscalise en partie les biens et les lieux.

Dans sa recherche sur l'exceptionnalité des biens culturels, le juriste Jean-Marie Poli (1996) montre en premier lieu que protéger, c'est intégrer dans le patrimoine national. Ce faisant, le contrôle des mouvements (douane), les accords de licence, le droit de préemption et celui de rétention, le régime d'interdiction à l'exportation des archives, les restrictions de circulation soumettent les biens culturels appartenant à l'État à un régime dérogatoire fondé sur l'exceptionnalité et l'inaliénabilité des biens. Mais en second lieu, l'auteur met en évidence les devoirs de protection qui en découlent pour l'État, en les articulant autour des enjeux de culture et de socialisation. Les « classes patrimoine », les services pédagogiques d'archives illustrent les effets sociaux de cette intégration au patrimoine national.

Pierre Cabrol (1999) réaffirme que « le droit de la culture porte sur des biens, non sur des hommes ». Le bien culturel n'existe que si le groupe y projette son intention, un fragment de son identité, une idée ou un sentiment à caractère culturel. L'appréhension du bien par un groupe social fait partie du processus d'objectivation de son identité. De sorte qu'un bien culturel renvoie d'un côté à un acte créateur (instituant) et, de l'autre, à une nation (identité). Il se divise en deux types, par nature (intentionnalité d'affectation) et par destination.

Inscrire le bien dans le patrimoine national appelle de la part des pouvoirs publics une attitude de conservation. Sylvie Octobre (1999) se demande si le métier de conservateur est ou non un métier d'expert, s'il s'accomplit dans une rhétorique du « faire », plus que du « dire ».

Quoi qu'il en soit, il semble que conserver et restaurer consiste à re-qualifier les biens protégés. C'est aussi à ces occasions qu'il est possible de réattribuer une autre finalité à ces biens. En définitive, par les deux formes de l'inscription dans l'exceptionnalité et de la conservation en l'état des biens protégés, l'État qui en a le monopole joue sur le temps, l'espace et le nombre.

Valoriser

Les objectifs

Après l'acquisition, la conservation, la protection par la chose publique, arrive le temps de la valorisation. Il ne saurait exister de culture sans les publics qui permettent de la valoriser, c'est-à-dire la consommer, l'apprécier et en parler. On comprend que les taux de fréquentation, les différentes aides aux mécènes, dès lors qu'ils acceptent d'exposer publiquement, constituent les formes de valorisation qu'attend la puissance publique. L'exemple du Musée des arts forains (comme de tous les musées privés subventionnés) est patent de ce point de vue : trois jours d'ouverture sont nécessaires pour obtenir certaines aides. Quant à la journée du patrimoine, obligation est faite aux propriétaires privés d'ouvrir gratuitement aux visiteurs qui se présentent leurs biens protégés.

On le voit, l'État ne peut pas ne pas valoriser, dès lors qu'il classe, protège et conserve. L'objectif poursuivi est de faire entériner les qualifications culturelles qui leur sont attribuées par un collectif extérieur. Précisément, cette épreuve – la mise en rapport d'un bien protégé et conservé avec un public qui le reconnaît – donne toute sa dimension au processus de valorisation, en le parachevant. De là provient le fait que cette opération puisse prendre diverses formes :

communication, exposition, monstration, création d'événements, installation, parcours scolaires.

Les types de valorisation

Il est possible de distinguer deux formes de valorisation, selon que les biens sont accaparés strictement par la puissance publique ou partagés avec la société civile.

• *La forme monopolistique*

La culture « programmée » de l'École illustre le monopole de la valorisation qui est au cœur de l'enseignement : programme, inspection, contenus pédagogiques révèlent le monopole d'édiction d'une norme dont l'État se veut le garant dans un esprit de laïcité et d'universalité. Le souci d'égalité n'est pas non plus absent comme les travaux de Durkheim relatifs à l'évolution pédagogique en France peuvent en porter témoignage. Tout se passe en effet comme si les manuels d'histoire ou de géographie, les programmes officiels des concours de recrutement, les modalités de formation continue, décidaient légitimement de ce qui doit être étudié, de ce qui doit être su et de ce qui doit être restitué.

• *La forme concurrentielle*

Loisirs et activités extrascolaires ne sont pas le monopole de droit de l'État. Dans ces domaines, les associations privées développent leurs propres activités. Reste que l'État peut, sur ce plan, continuer à déployer de nombreuses ressources. Il peut jouer sur les emplois culturels qui sont nécessaires à l'« animation » des biens capitalisés. Aucune activité culturelle n'est concevable sans spécialistes, sans emplois affectés, sans services administratifs *ad hoc*. Suite à l'augmentation du budget de 1981, l'État s'est lancé dans la création d'emplois culturels diversifiés, ciblés et territorialisés. Il organise également la défense de certains biens privés, en particulier ceux qui passent pour avoir un message symbolique ou idéologique à transmettre : cinéma, TV, livre… L'exemple de la loi sur le prix unique (1981) montre que la valorisation du petit libraire de quartier permet tout à la fois la diffusion des *best sellers* et celle des livres spécialisés, sans effet de monopolisation des uns sur et par les autres.

Cinquième Partie

Les paradigmes

Chapitre XI

La culture comme « marché »

Certains sociologues ont choisi de s'appuyer sur des économistes aujourd'hui « canoniques », dont les œuvres ont paru avant la Seconde Guerre mondiale (Alfred Marshall, Edward Chamberlin, Joseph Schumpeter, John Maynard Keynes), pour concevoir de manière unifiée le domaine de la culture. Ils leur empruntent des notions de base, telles que : marché, offre et demande, entrepreneur et innovation, spéculation, rationalité, valeur-rareté, concurrence, monopole, oligopole, incertitude, contrat... L'œuvre de Raymonde Moulin (née en 1924) constitue une bonne référence pour caractériser cette approche. Bien que souvent circonscrites à la peinture, ses recherches servent à présent de modèle à d'autres auteurs pour décrire les domaines culturels de la musique, de l'édition, de la danse...

Les acteurs et leurs logiques

L'adoption d'une représentation de la culture dans toutes ses manifestations (matérielle, humaine, institutionnelle et politique) en termes de marché procure l'avantage de distinguer l'offre et la demande de biens, d'emplois et de crédits culturels.

L'offre

Elle correspond aux biens et services culturels qui sont introduits dans l'échange et aux producteurs et prestataires eux-mêmes : les artistes, mais aussi tous ceux qui se mobilisent pour « offrir » des biens, à savoir les marchands, les institutions, la presse... L'offre doit donc être entendue au sens large, car elle inclut tous les intermédiaires qui sont les représentants concrets de cette entité abstraite nommée « marché » (*cf.* Becq, 1994, sur le développement concomitant de l'intermédiation marchande et des théories esthétiques, qui participent ensemble à la transformation de la valeur d'usage en valeur d'échange).

• *Les biens*

Dans les analyses socio-économiques, les biens échangés ne sont pas étudiés pour eux-mêmes mais à partir des acteurs qui les font circuler et à partir des « régimes d'échange » (c'est-à-dire des modes de construction de leur valeur) dans lesquels ils s'insèrent. Ils dépendent des différents types d'offreurs, d'intermédiaires et de consommateurs qu'ils mobilisent, de « réseaux » dans lesquels ils s'inscrivent. Leurs caractéristiques formelles sont simplifiées à l'extrême : la peinture est tantôt qualifiée d'« abstraite » ou de « figurative », d'« historique » ou de « contemporaine », d'« avant-gardiste » ou de « classique ». La raison en est que cette sociologie s'en tient aux catégories utilisées par les « indigènes » (ceux qui sont amenés à les qualifier au sein du marché) dont les rôles sont (jugés) dominants. La définition de « l'art contemporain » est ainsi la reprise de celle des historiens de l'art et des experts des ventes publiques.

• *Les producteurs*

L'étude des producteurs de biens est en revanche privilégiée. Les « artistes » font l'objet d'une attention sociologique soutenue depuis relativement longtemps dans le cadre d'une sociologie des professions culturelles (Moulin, 1967 et 1992 ; Moulin, Pasquier et Passeron, 1986 ; Menger, 1989 et 1997 ; Paradeise, 1997).

L'un des problèmes soulevés consiste à les identifier en vue de les dénombrer (Moulin, 1992). À partir de quand est-on « artiste » ? Les critères potentiels sont multiples : autodéfinition (c'est la méthode employée par l'INSEE qui demande aux individus : « Quelle est votre profession ? »), l'inscription à la maison des artistes (qui suppose un montant minimal de revenus « artistiques »), la formation initiale (le passage par une école avec l'obtention du diplôme), ou encore le degré de « visibilité » sociale (a-t-on exposé ? Et où ?). Selon ce dernier critère, on est « plus ou moins artiste », car on est plus ou moins visible…

Les producteurs de biens et services développent des carrières que la socio-économie de la culture tente de caractériser, selon leur degré d'immersion dans les logiques marchandes. Certains suivent une voie académique, traditionnelle et protégée des exigences du marché, d'autres tentent leur chance auprès des publics en s'en remettant aux intermédiaires. Les modes de socialisation des artistes différencient les professionnels :

– quand la formation est institutionnalisée (dans les conservatoires de musique par exemple), les professions sont dites « fermées », en ce qu'elles nécessitent un passage et un tri préalable par des écoles et un corps de professeurs, des évaluations multiples et des diplômes ;

– d'autres, en revanche, demeurent relativement ouvertes. Le métier de « plasticien » (parler d'« artistes » est devenu assez déplacé...) ne nécessite pas toujours un passage par les écoles supérieures des Beaux-arts ou par l'obtention d'un diplôme (Moulin, 1992).

• *Les intermédiaires du marché*

Le modèle de l'entrepreneur décrit par Schumpeter constitue, pour Moulin (1967 et 1992), la figure idéaltypique du marchand moderne, au moins depuis les impressionnistes et le développement des carrières non académiques (White, 1991). Les marchands de tableaux sont des innovateurs et des investisseurs qui, afin d'obtenir des monopoles temporaires et se trouver en position de *price makers* (*i.e.* de fixer les prix), négocient l'exclusivité de quelques « élus ».

À côté du secteur marchand, les institutions ont pris une importance croissante, liée au développement des politiques culturelles également décrites par Moulin. Les conservateurs et les fonctionnaires de l'art participent aujourd'hui à la production de la notoriété. Ils ont à leur disposition des budgets d'achat, des fonds de collections, des espaces d'expositions, des moyens de publication, qui permettent de diffuser et de promouvoir leurs sélections à tous les niveaux du territoire (Musées nationaux, municipaux, FRAC, FNAC, CAC).

Enfin, les associations sont de plus en plus prises en compte dans l'offre culturelle car elles proposent des services pour les collectivités locales, elles conçoivent des animations, des spectacles vendus « clés en main ».

La demande

Dans ce cadre d'analyse, seule la demande solvable retient l'attention. Les visiteurs et les amateurs qui ne dépensent rien pour les biens culturels ne sont pas étudiés. S'ils le sont (on pense aux « amis des musées », Moulin, 1999), c'est parce qu'ils participent au processus de professionnalisation des emplois culturels. Ce dernier peut être lu comme le basculement progressif d'une position de demandeur à une position d'offreur. Hormis ces cas, les consommateurs qui intéressent la socio-économie sont :

– les *collectionneurs* et tous ceux qui acquièrent des biens culturels (Moulin, 1967 et 2001) quand ils s'orientent vers des consommations ostentatoires, des investissements spéculatifs ou rentables ;
– les *mécènes*, assez peu encouragés en France (Loi Léotard de 1987), tiraillés entre des avantages pécuniaires (en termes de déductions fiscales) et des obligations d'intérêt général (ou, pour le dire autrement, de désintéressement...) (*cf.* Pontier *et alii*, 1996, p. 164 et s.) ;
– les *élus locaux* qui sont clairement en position de demandeurs de biens et de services (commandes, achats, subventions, acquisitions). L'action publique consiste le plus souvent à « composer un catalogue » qui tient peu compte des contenus et se contente des « prestations » (spectacles,

animations) et de leurs modalités (nombre minimum de créations). En échange de ces « produits », ils fournissent des « ressources » (Urfalino et Friedberg, 1984).

La rationalité des acteurs dans un univers incertain

Les sociologues de la culture qui se réclament de ce paradigme empruntent aux conceptions économistes et se réfèrent à la sociologie compréhensive de Weber. Ils sont incités par conséquent à considérer que la plupart des agents agissent dans un esprit de rationalité : confrontés à un univers instable (valeurs mal établies, positions mouvantes, importance du renom et de la notoriété, éléments fugaces s'il en est), ceux-ci s'attachent à réduire les incertitudes, en produisant des normes ou en s'appuyant sur des conventions. Cependant, le versant constructiviste est délaissé dans leurs enquêtes, au profit d'un regard qui se situe plutôt en amont et qui décrit les stratégies rationnelles de réduction des incertitudes.

• *Des acteurs calculateurs et stratégiques*

L'acteur est considéré comme un agent stratégique, rationnel et calculateur, sinon en pratique, du moins en théorie (c'est la méthode idéaltypique) :

– le *marchand de tableaux* : il cherche à établir des monopoles temporaires. Il peut mettre en avant l'« amour de l'art », mais il n'en demeure pas moins que l'art est pour lui d'abord un moyen ;
– le *collectionneur*, ensuite : il spécule toujours, à des degrés divers, sur la valeur présente et future des œuvres acquises – ou sur la sienne, étroitement associée à ses biens ;
– l'*artiste* lui-même, enfin, parce qu'il construit une « carrière » :

> « Pourquoi un individu rationnel choisit-il la carrière d'artiste, si celle-ci revêt si peu d'avantages pour la plupart ? Milton Friedman propose dès 1952 un modèle théorique qui rend compte du comportement des individus qui s'engagent en toute connaissance de cause dans des activités à haut risque et à rendement incertain [...]. Bien que le rendement des formations soit souvent faible, la préférence pour le risque et le revenu psychologique prévalent sur les considérations financières et incitent à poursuivre une carrière dans les arts du spectacle [...]. L'artiste compense la désutilité liée à la faiblesse relative de ses gains par l'utilité non monétaire que suscite la reconnaissance dont il jouit et son appartenance à un milieu qu'il estime. Les profits symboliques peuvent se convertir en profits matériels. »
>
> Françoise Benhamou, 1996, p. 22-23.

Menger (1989) s'inscrit dans cette perspective économiste en présentant la vie d'artiste comme un « pari ». Elle a des coûts importants (temps long, reconnaissance problématique), qui sont des risques, mais le « gros lot » potentiel est fortement incitateur. L'artiste investit dans les formes qui peuvent être porteuses, il développe des réseaux de collectionneurs, il frappe aux portes des marchands efficaces... Comme le montre Moulin (1967), il a des stratégies conscientes de singularisation pour produire de la valeur : signature, originalité mise en avant afin de rendre son bien insubstituable et unique (ou, pour reprendre la terminologie de Pierre Verdrager, « intraductible », *cf. Le Sens critique. La réception de Nathalie Sarraute par la presse*, Paris, L'Harmattan, 2001, p. 152).

• *Réseaux et réduction de l'incertitude*

Qu'il s'agisse d'experts, de savants, de règles (déontologiques), d'« académies invisibles » (concept économique des années 1950), tout est réalisé sur les marchés pour démultiplier les biens et réduire les incertitudes quant à leur valeur. Les médias jouent un rôle clé puisqu'ils permettent de développer une réelle ubiquité, à grand renfort de placards publicitaires, d'annonces et d'émissions promotionnelles. L'espace public est devenu très largement un espace commercial (Habermas, 1962). Les acteurs multiplient les stratégies d'occupation des espaces et des temporalités : ils produisent des événements simultanés, des fausses coïncidences en agissant de conserve. Toutes ces stratégies concertées, qui se jouent sur un mode spontané pour décupler leur efficacité pratique, tendent à réduire l'incertitude.

La production de la valeur

Ce paradigme porte un grand soin à placer au cœur de ses analyses la question de la valeur, ce qui en fait la force. Peut-être touche-t-on là ce qui fait la spécificité du culturel par rapport aux autres domaines, en dépit de l'usage de notions économiques génériques qui auraient tendance au contraire à l'écraser en laissant croire à l'universalité des problèmes. La valeur est ce qui préoccupe chaque acteur : le producteur et le demandeur cherchent à valoriser leurs produits pour bénéficier personnellement de leur reconnaissance. Il reste à déterminer la nature de cette valeur, irréductible à son versant monétaire, ainsi que ses modes de production et de conservation.

L'élément culturel de la valeur

La valeur des biens culturels (irréductibles à des marchandises) a toujours posé de sérieux problèmes aux théoriciens classiques, qui l'ont mise de côté (sans parler du fait que la théorie de la valeur interpelle toujours les économistes). La sociologie de la culture insiste en revanche sur la polysémie de la notion et sur sa multidimensionnalité : la valeur renvoie à un prix (on parle de « valeur monétaire ») qui est formé par la rencontre plus ou moins régulée de la demande et de l'offre (Rouget *et alii*, 1991) ; elle renvoie aussi à une « axiologie », soit un système d'ordre éthique, dès lors qu'on décide d'attacher sa personne à tel ou tel bien ou service. Elle a affaire par conséquent à des jugements (moraux et de goût). C'est sa dimension proprement symbolique.

Ces deux dimensions peuvent être analytiquement séparées : « Dans le champ artistique s'opèrent et se révisent les évaluations esthétiques. Dans le marché se réalisent les transactions et s'élaborent les prix » (Moulin, 2000, p. 8.) Mais le plus satisfaisant pour l'esprit consiste à concevoir les manières dont s'articulent les deux éléments dans la réalité : « La constitution des valeurs artistiques s'effectue à l'articulation du champ artistique et du marché » (*idem.*) Il existe des interrelations entre les deux dimensions : ce qui se joue sur le marché économique a des échos (ou réciproquement) dans les controverses esthétiques ; et ces dernières correspondent sans doute à des « visions du monde » et à des valeurs. Les individus s'accordent sur des valeurs morales transmuées en valeurs économiques, qui ont des équivalents économiques (Moulin, 1967).

Une telle sociologie est amenée à s'intéresser à l'étude des acteurs qui se logent au creux de cette articulation, qui participent à ce travail de transmutation : il s'agit des critiques, des conservateurs, des marchands, des commissaires-priseurs, des collectionneurs et de toutes les instances de médiation (musée, presse, galerie, salons, ventes publiques, expositions) qui jouent un rôle de transformation des prix en valeurs esthétiques et/ou éthiques. Le fait que les élus locaux (et dans une moindre mesure nationaux) se soient saisis à ce degré de l'action culturelle met en relief cette dimension symbolique : la culture est un levier pour la légitimation des actions publiques.

Le travail symbolique du critique

Harrison et Cynthia White ont mis en évidence la position charnière des critiques. Avec la naissance du système marchand (l'apparition des galeries) due aux insuffisances du Salon de l'Académie, de nouveaux acteurs sont apparus, intermédiaires entre les artistes et les publics : les marchands et les critiques (ils parlent du *dealer critic system).*

« C'était aux critiques, en conjonction avec les marchands, qu'incombait la difficile tâche d'établir *la réputation* d'un artiste dans tel ou tel cercle spécifique d'amateurs d'art [...]. Un besoin élémentaire de ce nouveau système fondé sur les marchands et les critiques était de *créer une idéologie* [...]. Le critique s'employait à établir sa réputation d'intellectuel influent. »

Harrison et Cynthia White, 1991, p. 100-101.

L'existence de critiques peut constituer un indicateur objectif de la double dimension symbolique (prestige) et économique (spéculative) des biens et des services culturels, qui interdit leur réduction à leur valeur économique : « Tous les arts vivent de parole. Toute œuvre exige qu'on lui réponde, une littérature [...]. La cause première d'un ouvrage n'est-elle pas un désir qu'il en soit parlé ? [...] C'est la critique qui donne à l'art sa prise sur la société [...]. Le discours esthétique est logiquement et chronologiquement l'étape première de la légitimation culturelle et de la socialisation de la peinture. »

Raymonde Moulin, 1967, p. 181-182.

La valeur culturelle n'est donc pas seulement attachée aux biens, comme pourrait le laisser penser le substantialisme du sens commun : elle est liée à l'acte de définition, elle concerne tous les acteurs qui sont en recherche de notoriété. Les biens sont des supports de l'action, ils objectivent et transportent la valeur des individus aux institutions qui se les échangent. On pourrait parler de « transport de valeur ». Quelques exemples le montrent bien :

– C'est l'origine, le pedigree des tableaux qui fait leur valeur. Sur les marchés de l'art, les recherches des études de commissaires-priseurs consistent à retrouver l'histoire des biens :

> « Seul un petit nombre des œuvres en possède un, sous la forme d'une provenance notable, de la participation à des expositions ou de mentions dans des ouvrages spécialisés (catalogues raisonnés, etc.) [...]. Les œuvres dotées d'un pedigree obtiennent, de façon générale, des prix plus élevés en enchères publiques. »
>
> Bernard Rouget *et alii,* 1991, p. 144.

– Comme le montre Sally Price (*Arts primitifs : regards civilisés*, trad. fr., Paris, École nationale des Beaux-arts, 1995), une statue africaine aura d'autant plus de valeur qu'elle aura été possédée par un collectionneur (occidental) célèbre. Celui-ci transforme par son nom propre un bel objet sans auteur en œuvre authentifiée.

– On observe le même « transport » quand on considère que la valeur des œuvres dépend de celle des lieux qui les accueillent, au point que les œuvres reproductibles parviennent à obtenir une qualification dès lors qu'elles parviennent à se faire exposer dans des grands lieux singuliers. Elles y sont traitées comme les autres, c'est-à-dire commentées (Moulin, 1978 ; Heinich, 1993).

La sociologie en vient rapidement à décrire et à analyser le travail de production de la valeur en tant que production d'une singularité – la culture est toujours une spécification – et d'une généralité (elle doit aussi pouvoir réunir, produire du collectif). À partir de là, deux modes de production sont distingués, sachant que la valeur se construit en alliant les deux : par la rareté (la « valeur rareté ») et par la notoriété (la « valeur généralité »). Heinich parle de singularisation et d'objectivation (2000).

La production de la rareté

Il est bien connu que la valeur augmente avec la rareté : « Ce qui est rare est cher. » C'est à partir de ce principe économique élémentaire que la sociologie de la culture a organisé nombre de ses recherches empiriques en décrivant le travail des acteurs du marché pour offrir de la rareté et pour répondre à une telle demande (ce qu'on appelle le « snobisme », mis en évidence par Veblen et généralisé par Bourdieu). Cette loi s'adapte d'autant mieux aux biens culturels que ceux-ci, contrairement aux biens industriels, sont en principe rares, originaux et non reproductibles.

• Les œuvres de l'histoire de l'art représentent *de fait* une offre limitée : les artistes ont disparu et ne sauraient alimenter les marchés par de nouveaux arrivages… De même, les spectacles vivants proposent des représentations uniques. Cela n'empêche pourtant pas l'existence d'acteurs qui se chargent de réactiver en permanence l'idée de cette singularité :

> « C'est à un corps de spécialistes – historiens de l'art, conservateurs de musée, experts – qu'il appartient de dire l'authenticité de l'œuvre, c'est-à-dire de l'attribuer à son véritable auteur. Le marché de la peinture ancienne porte sur des œuvres qui, souvent, ne sont ni datées ni signées, dont l'identification exige un long travail d'érudition. »
>
> Raymonde Moulin, 1999, p. 165.

• Concernant les œuvres contemporaines, dont la production à venir est indéfinie, il faut substituer au travail du temps l'originalité, afin de garantir la singularité. « La priorité de l'invention est devenue un des éléments de l'appréciation esthétique, à tel point que les querelles chronologiques prennent une place de choix dans les débats artistiques » (Moulin, 1967, p. 78.)

• Quand les biens sont produits industriellement (livres, information, musique enregistrée, cinéma, etc.), l'offre s'organise de telle manière qu'ils puissent conserver un caractère de rareté :

– soit en multipliant les nouveautés : les *tubes*, les *scoops* correspondent à une position de « monopole temporaire » sur un marché encombré ;
– soit en attachant chaque œuvre à une personnalité, nécessairement unique. C'est l'économie du *star system* (Benhamou, 2002).

C'est dans cet esprit que le droit de la propriété intellectuelle inscrit au fondement de son principe la personnalité de l'auteur, contrairement à la propriété industrielle et au droit des brevets. C'est une distinction essentielle quant à ses effets sociaux (Moulin, 1999 à propos de la photographie, et surtout Edelman, 1989). Certains sociologues ont finement analysé le travail de construction de l'exceptionnalité des artistes, que ce soit par l'invention du mythe romantique, strict contemporain de la révolution industrielle (Heinich, 1991) ou par le développement des groupes d'avant-garde (Heinich, 1998).

La production de la généralité

Qu'il s'agisse de « réputation » (Becker, 1988 ; Moulin, 1992 ; Benhamou, 2002), de « visibilité » (Moulin 1992), de « notoriété » (Rouget-Saget et Duvaroux, 1996), de « reconnaissance » (Heinich 2001), de « grandeur » (Thévenot et Boltanski, 1991), la valeur culturelle se construit également par une série d'opérations de généralisation. Tous les producteurs ont pour objectif de faire croître leur réputation qui passe par leur visibilité : c'est le propre des professions qui appellent un public pour exister. Ce que les sociologues peuvent analyser concerne les « manœuvres pour se faire grandir » (Boltanski, 1990, p. 253-265). Les économistes suivent la même piste au point que l'économie de la production de la valeur culturelle devient une économie de la production de la notoriété : « La création artistique relève d'une logique de communication [...]. La demande artistique apparaît principalement comme une demande de notoriété » (Rouget *et alii*, 1996, p. 137.)

Depuis quelques années, les enquêtes portent sur la mise en évidence des réseaux de légitimation (Moulin, 2000). Tous les acteurs jouent ce jeu, aussi bien les galeristes, afin de monopoliser l'information et produire des « effets de grappes » (Moulin et Becker, 1986) que les artistes. La multiplication d'événements comme les foires internationales (FIAC) ou les grandes manifestations (Biennale de Venise) sont des moyens de construire des réseaux, de réduire les incertitudes, de produire du consensus et des conventions. La mondialisation des réseaux permet d'« oligopoliser » et de manipuler le goût, de mettre en place une ubiquité qui légitime les lancements de nouveaux artistes et rend surtout impossible la confrontation à d'autres goûts, moins généralisés *donc* moins puissants.

Éléments de discussion

Il est important de présenter les éléments à partir desquels un paradigme n'est pas uniformément adopté par tous les chercheurs. Certaines options sont inconciliables avec d'autres.

La posture du sociologue

• *L'absence d'historicisation*

Bourdieu s'en prend depuis les années 1960 à la vision atomistique et mécaniste du marché, qui réduit les agents « à des points matériels interchangeables et qui fait disparaître les différences entre les agents » (1997, p. 55). Ce sont pourtant ces dernières qui justifient le propre du travail d'analyse sociologique ! (« Seules, on le sait, différences, contradictions et inégalités nourrissent utilement la connaissance sociologique [...]. Il n'est de sociologie que des rapports inégaux et des figures de la différence », écrit dans cet esprit Jean-Claude Passeron, 1991, p. 247.)

Bourdieu critique les théories du marché parce qu'elles développent une conception de l'agent sans disposition, d'une offre et d'une demande immanentes construites en dehors de toute histoire. Force est de constater qu'il n'existe ni chez Moulin, ni chez Menger de réflexions sur l'origine historique de la demande et de la conception de la culture comme marché. Les artistes sont-ils vraiment des entrepreneurs ? L'affirmer n'implique-t-il pas qu'on leur dénie toute spécificité ? Si oui, au nom de quoi ?

• *La réduction individualiste*

Le parti pris rationaliste adopte la posture individualiste pour comprendre les actions de l'intérieur (de manière « compréhensive »). Moulin conçoit dans ce cadre théorique quelques figures « typiques », considérées comme exemplaires (Castelli pour les marchands entrepreneurs, *cf.* Moulin, 1992). Cette attitude compréhensive et individualiste n'est pas adoptée par tous les sociologues, loin s'en faut. Pour plusieurs raisons :

– d'abord, parce qu'elle n'est compréhensive qu'en apparence : en écrasant le travail de singularisation qui caractérise le jeu des acteurs culturels, le sociologue effectue le chemin inverse des acteurs, tout en déniant la validité du leur. Il exerce sur leur dos une violence injustifiable. C'est ce que reproche par exemple Heinich (1998*a*, p. 19) à Menger (entre autres) quand il aborde les artistes par la médiation d'une notion générale (la « carrière »), qui barre toute entreprise compréhensive : les artistes ne veulent surtout pas envisager leur vie sous la forme d'une carrière. La socio-économie pose de force sur le nez des acteurs culturels les lunettes du rationalisme, celles-là même qu'ils avaient jetées ;
– ensuite, l'individualisme méthodologique néglige les contraintes structurales ou structurelles qui sont constitutives du travail sociologique inscrit dans la tradition durkheimienne :

> « [Ces] contraintes qui s'exercent continûment en dehors de toute intervention ou manifestation directe, irréductibles aux interventions intentionnelles et ponctuelles [...] du pouvoir structural qui s'accomplit à travers les effets non nécessairement voulus [...] des *tendances immanentes* à la structure du champ. »
>
> Pierre Bourdieu, 1997, p. 53.

• *Objectivisme ou conventionnalisme ?*

La socio-économie hésite entre deux optiques :

– d'un côté, elle considère qu'il existe des valeurs stables et objectives qui ne dépendent pratiquement jamais du libre jeu des acteurs ;
– de l'autre, elle fait valoir que les valeurs sont conventionnelles, variables et contextuelles, socialement construites.

L'effort déployé pour décrire les stratégies et les réseaux dénoterait plutôt un certain attachement à une représentation du second ordre : les écoles artistiques se constituent autour d'« étiquettes » (« abstrait », « figuratif »), qui sont des signaux sur un marché qui en réclame, et qui ne relèvent aucunement d'une essence (Moulin, 1967, p. 74). Cette optique visiblement conventionnaliste se prolonge jusqu'à aujourd'hui :

> « Les stratégies de monopole ou d'oligopole mises en œuvre depuis l'impressionnisme sur le marché de l'art contemporain consistent à *créer artificiellement des conditions* se rapprochant de celles qui sont données d'emblée sur le marché de l'art ancien. »
>
> Raymonde Moulin, 1995, p. 209.

L'origine de cette idée provient en partie des réflexions très novatrices à son époque de l'économiste Keynes (cité par Moulin), lui-même inspiré par Hayek, sur la spéculation : « Ce qui compte, ce n'est pas ce que les choses seront mais ce que les acteurs économiques pensent qu'elles seront. » Dans cette optique, le système culturel est basé sur un travail idéologique de manipulation symbolique, un effort constant de communication (Moulin et Becker, 1986). On aurait d'une part des manipulateurs, plus ou moins cyniques, détenteurs des sources et des formes de l'information, et de l'autre, des individus manipulés (moins rationnels ?) disposés à suivre les chemins qu'on leur indiquerait.

Pourtant, à d'autres endroits, les valeurs sont dotées d'une objectivité qui interdit de songer au conventionnalisme (qui est un relativisme) : « La compréhension historique du passé n'est pas soumise à un relativisme absolu » (Moulin, 1967, p. 431.) Il existe alors une valeur historique et une autorité de l'histoire peu contestables. La place de l'artiste dans l'histoire, de telle ou telle œuvre dans l'économie de ses œuvres, devient peu discutable :

> « L'histoire est la science reine et elle fait autorité. C'est elle qui définit la hiérarchie des valeurs historiques, fournissant aux acheteurs éventuels des critères non arbitraires de référence [...]. Le grand collectionneur est celui à qui sera reconnu, *une fois effectué le travail du temps et de l'histoire*, la qualité de connaisseur, celui dont les choix esthétiques survivront durablement aux faux-semblants de la mode et du snobisme. »
>
> Raymonde Moulin, 1967, p. 432 et 2001, p. 288.

Est-ce le résultat d'un « effet retard » de la formation de Raymonde Moulin, agrégée d'histoire ? Quoi qu'il en soit, cette ambivalence pèse sur la cohérence du projet.

On retrouve cette hésitation entre conventionnalisme et objectivisme dans le parti pris d'adopter les catégories des acteurs, qui est typique des travaux de commandes des économistes de la culture. Ceci conduit à s'interdire la moindre interrogation sur les catégories, la moindre enquête sur le travail qui fut nécessaire à leur élaboration. Non qu'il s'agisse d'une erreur au sens scientifique, mais plutôt d'une option qui paraît inconciliable avec le constructivisme : « Faute de mieux, nous adoptons ici la dénomination utilisée par les galeries » (Moulin, 2000, p. 26.) Dans le même esprit, certains économistes de la culture écrivent :

> « Dans un sens plus restreint, proche en fait des délimitations administratives adoptées par la plupart des pays développés, la culture ne concerne que les modes d'expression considérés comme relevant du domaine artistique. Cette conception [...] a le mérite de fournir un cadre opératoire à la réflexion et à l'analyse économique. »
>
> Alain Busson et Yves Evrard, *Portraits économiques de la culture*, Paris, La Documentation française, 1987, p. 9.

Cette option trahit le fait que le travail sociologique est fondamentalement de commande, qu'il est au service du politique, de l'institutionnel, de l'économique, comme cela est d'ailleurs très bien reconnu et accepté (mais malignement « naturalisé ») :

> « L'essor des recherches en sciences sociales consacrées à l'art, l'augmentation et le rajeunissement de la population des chercheurs qui s'y adonnent sont associés à l'action publique dans le secteur de la production et de la diffusion artistique [...]. L'intervention croissante et toujours plus diversifiée de l'État a appelé une meilleure connaissance des publics et des modalités de la consommation artistique comme des créateurs et des conditions de la création [...]. Dès les années 1960, la sociologie a été fortement sollicitée par la demande institutionnelle en quête d'évaluation des politiques de démocratisation culturelle. »
>
> Raymonde Moulin, 1986, p. XIV.

Cette attitude est totalement opposée à celle de la sociologie interactionniste qui place au cœur de sa problématique la question de la définition des actes, des acteurs et des biens. Becker a toujours refusé d'utiliser les définitions institutionnelles (produites pour avoir des statistiques), perçues comme des conventions dominantes. Le problème n'est pas tant de savoir pourquoi (théorie du « champ »), mais par qui et comment les définitions émergent (théorie des « mondes »). L'interactionnisme, qui est un constructivisme, s'inscrit ici dans le sillage de la théorie critique de l'École de Francfort, contrairement à ce qui peut être affirmé ici ou là, en ce qu'il refuse de participer à la reproduction d'un ordre social (*cf.* Max Horkheimer, *Théorie traditionnelle et théorie critique*, trad. fr., Paris, Gallimard, 1973, 1re éd. allemande : 1937.)

> « Les analyses interactionnistes violent la hiérarchie de la crédibilité établie dans la société. Elles mettent en question le monopole de la vérité et de l'énonciation des faits que prétendent détenir ceux qui sont en position de pouvoir et d'autorité. Elles suggèrent qu'au lieu de nous reposer sur des comptes rendus officiels [...], nous devons découvrir par nous-mêmes la vérité sur les phénomènes [...]. Les analyses interactionnistes adoptent une position relativiste à l'égard des accusations et des définitions de la déviance construites par les gens respectables et les pouvoirs établis, et elles traitent celle-ci non comme l'expression de vérités morales incontestées mais comme le matériel brut des analyses de sciences sociales. »
>
> Howard Becker, 1985, p. 232.

La théorie de l'action

• *Quelle rationalité ?*

Comme on l'a montré plus haut, la rationalité des acteurs est postulée au plan de la méthode idéaltypique : c'est à partir d'une figure référentielle rationnelle que l'on cherche à comprendre la réalité. Pourtant, les auteurs cités montrent que l'analyse des conduites est justiciable d'autre chose que d'une rationalité calculatrice.

Ainsi, Raymonde Moulin se demande à quelles valeurs les collectionneurs peuvent bien se référer pour justifier leurs conduites (Moulin, 1967, p. 190 et s.) : s'agit-il d'amour (de l'art), de recherche de singularité, de jeu, d'une sacralisation de tout ce qui relève de la culture, ou simplement d'esprit de lucre ? À quoi répondent leurs motivations, sont-elles conscientes, avouables ?

Leur action relève-t-elle d'un goût pathologique pour l'accumulation ou d'une volonté de consommation ostentatoire ? Le plus notable, dans ces analyses qui sont réalisées à partir d'entretiens, est de constater que les acteurs ne sont pas si « transparents à eux-mêmes » que le supposerait la forme pure du paradigme rationaliste. Ils peuvent se mentir :

- « Le » galeriste dénie la face marchande de son activité : « Certains ont conscience de se créer un personnage qui est un masque. Beaucoup d'autres se prennent au jeu et le mensonge qu'ils font aux autres, ils se le font d'abord à eux-mêmes. *Exceptionnellement, la sincérité est totale* » (*ibid.*, p. 135).
- « Le » critique, transformé à l'occasion en être générique à partir de quelques entretiens jugés exemplaires, n'est pas mieux loti : « Sa fonction culturelle de légitimation et d'explicitation est sournoisement utilisée à des fins publicitaires. Les fonctions économiques que, de bon gré ou à leur corps défendant ils exercent aujourd'hui, *font douter de l'authenticité de leur jugement* » (*ibid.*, p. 185-186).
- « Les » collectionneurs ne sont pas en reste : ils sont porteurs d'une « *idéologie* déclarée, la gratuité » (*ibid.*, p. 190).

Moulin met donc en doute la sincérité et l'authenticité des déclarations, cela dans la pure tradition de la sociologie durkheimienne qui a toujours considéré que les acteurs ne pouvaient savoir pourquoi ils agissaient : « Le mot ne relève pas l'essence et il serait vain de prendre les gens au mot pour finir par démontrer qu'ils recourent à une simple commodité de langage ou bien qu'ils ne savent pas ce qu'ils disent » (*ibid.*, 1967, p. 74.) On est très près de la théorie de la dénégation de Bourdieu, au point de trouver sous la plume de Moulin une paraphrase de Marx : « Les marchands font l'économie sans savoir l'économie qu'ils font » (*ibid.*, p. 149.) En définitive, c'est en sous-main que Moulin adhère au « paradigme de la croyance » plutôt qu'à celui de la rationalité, comme le souligne Hennion :

> « La théorie de la croyance devient le plus grand commun dénominateur [sic] de la sociologie [...] dans une filiation sociologiste qui relie Durkheim aussi bien à Bourdieu qu'à Becker ou Moulin [...]. Moulin rabat la conclusion sur la théorie de la croyance. »
>
> Antoine Hennion, 1993, p. 120-121, 131.

• *Lutte ou coopération ?*

La concurrence est *a priori* un élément essentiel de la théorie du marché, qui renvoie à une lutte des intérêts et des techniques de maximisation des satisfactions. Pourtant, la lutte et la concurrence ne sont jamais étudiées en tant que telles. Les acteurs peuvent mimer la concurrence (entre les pays, entre les styles, entre les époques, entre le marché et l'État), mais la stratégie la plus rationnelle consiste à produire des réseaux d'entraides et d'accords, des appuis, à établir des contrats, des conciliations et des ententes. Les rapports entre les agents sont plutôt de coopération que de force.

• *Concurrence ou segmentation ?*

Il y a segmentation plutôt que concurrence, évitement et spécialisation plutôt que lutte. Moulin présente des marchés cloisonnés, qui n'ont pas les mêmes systèmes de valeurs, les mêmes experts, les mêmes hiérarchies ou les mêmes codes (Moulin, 1967, p. 17-18). À chaque type de bien correspondent toujours plusieurs marchés segmentés : dans les industries culturelles, les intermédiaires sont des diffuseurs de masse intégrés au sein de grands groupes ; dans la peinture historique, ce sont des experts, des institutions et des officiers ministériels ; dans la production contemporaine, on trouve des journalistes, des animateurs, des médiateurs en tout genre, des « communicateurs ».

De leur côté, si les artistes sont en lutte pour imposer leurs productions, qui sont elles-mêmes autant de « visions du monde », ils ne se livrent pas directement au combat : la lutte est symbolique et surtout systématiquement médiatisée par des intermédiaires (marchands, critiques, voire collectionneurs), qui eux-mêmes censurent les occasions de conflits, de débats et de luttes. On pense au cas représentatif de la presse culturelle dans laquelle on ne trouve plus guère de débats ouverts. Les acteurs du marché contribuent tous à ce qu'il faut bien appeler un travail d'euphémisation des conflits.

Chapitre XII

La culture comme « champ »

La théorie des champs constitue un « programme de recherche » au sens de Lakatos : se sont réclamés de lui de nombreux travaux, ce qui prouve sa « fécondité » et les « opportunités objectives » qu'il offre aux nouvelles générations de chercheurs (Alan Chalmers, *Qu'est-ce que la science* ?, trad. fr., Paris, La Découverte, 1987, 1re éd. anglaise : 1976). Le cheminement de Bourdieu, initié dans les années 1950 sur le terrain ethnologique et développé dans les années 1960 en sociologie de l'éducation, nous servira de fil conducteur. Il faut garder à l'esprit que sa théorie n'a pas le caractère achevé et clos que l'on voudrait lui attribuer. Il parle lui-même de « travail exploratoire » (Bourdieu, 1992, p. 202, note 1) et évoque une « théorie générale des champs en préparation », qui n'aura pu voir le jour de son vivant.

Le processus historique d'autonomisation du « culturel »

Le « culturel » ne peut se concevoir en dehors de la problématique de son autonomisation et de sa spécification. Celle-ci doit donc en passer par une description historique, quasi inexistante dans les autres paradigmes.

Avant le champ

Le travail de Bourdieu débute en pleine guerre d'Algérie (1954-1962). Son « œil philosophique » (agrégation en 1955) se double d'un travail ethnographique. Son approche repose alors sur la notion de « culture » telle que l'élaborent les ethnologues (Lévi-Strauss en particulier), c'est-à-dire comme un ensemble de pratiques et de schèmes qui structurent l'action. Bourdieu a étudié, dans ce cadre, l'organisation de l'espace domestique (les maisons), le travail agricole, les systèmes de parenté et ce qu'il appelle déjà les échanges de « biens symboliques » : l'honneur, l'économie des défis et des ripostes (« Le sens de l'honneur », 1960, dans Bourdieu, 2000).

L'objectif que s'est assigné Bourdieu dès cette époque consiste à décrire l'« économie des biens symboliques » : montrer qu'elle se fonde sur le déni de l'économique (au sens de l'esprit de calcul) et sur la production d'un capital de prestige. En échangeant un objet, l'individu crée un obligé et bénéficie en retour d'un crédit social. Il s'opère une conversion du capital économique (un bien matériel cédé) en capital symbolique (comme capacité d'obliger autrui). L'étude des modes de production et de circulation de cette espèce particulière de capital constitue le programme central de Bourdieu dans les sociétés précapitalistes, encore hors de la logique du « donnant/donnant » et du calcul rationnel.

Le modèle religieux

Les pays occidentaux ont progressivement imposé l'esprit de calcul (on ne saurait trop insister sur l'influence de Marx et de Weber dans cette représentation de l'histoire). Certains secteurs de la société se sont diversement protégés contre cette emprise de la logique marchande : les champs religieux, scientifique, mais aussi bureaucratique ou artistique.

C'est à partir de la lecture approfondie de la sociologie des religions de Weber que Bourdieu développe sa théorie de l'autonomisation de la culture dans les pays industrialisés (Bourdieu, 1971). Selon lui, l'univers religieux obéit aux mêmes principes que ceux de l'économie précapitaliste : c'est une forme transfigurée de l'organisation domestique (avec les échanges fraternels) ; on y retrouve l'offrande, le bénévolat et le sacrifice (Bourdieu, 1994). La religion est à la fois économique dans ses buts et symbolique dans ses moyens. Elle déploie un effort de « transfiguration » des relations économiques et des rapports de domination (liens affectuels, fraternels, charismatiques), et cela par le jeu d'une parole qui euphémise ou qui masque une réalité « objectivement » fondée en intérêt. Il parle d'une « alchimie symbolique ». « La vérité de l'entreprise religieuse est d'avoir deux vérités : la vérité économique et la vérité religieuse qui la dénie » (1994, *cf.* chapitre VI : « L'économie des biens symboliques »).

L'autonomisation du champ (religieux) peut se mesurer au développement d'un corps de spécialistes qui élaborent et transmettent un savoir dans le cadre d'une éducation spécialisée et définissent les accès à la qualification professionnelle. Ces prêtres instaurent une tradition, ce qui les oppose aux prophètes. L'analogie sera très forte avec le champ scolaire : les professeurs sont comme des prêtres et les auteurs comme des prophètes (de même, dans le champ culturel, les artistes sont comme des prophètes et les professionnels de la culture comme des prêtres).

Application au champ scolaire

Quand Bourdieu se lance dans la sociologie de la société française, le vocabulaire évolue mais la problématique demeure. Loïc Wacquant, co-auteur de *Réponses,* écrit : « La notion de capital symbolique est l'une des plus complexes que Bourdieu ait élaborées et son œuvre tout entière peut être lue comme une quête de ses diverses formes et effets » (Bourdieu, 1992, p. 238.)

Dans les années 1960, ses travaux en sociologie de l'éducation appellent une sociologie de la production du capital culturel et de ses effets. À partir de 1964, nombre de ses ouvrages portent sur ce terrain (1970, 1984*b*, 1989 et 1997), sans compter les numéros spéciaux de la revue *Actes de la recherche en sciences sociales* qu'il a créée en 1975 avec les membres de son équipe (en 2001 un numéro portait encore sur « L'inconscient scolaire »), au point qu'il peut déclarer « absurde de séparer la sociologie de l'éducation de la sociologie de la culture » (1987, p. 52).

En somme, Bourdieu est passé de l'économie des biens symboliques dans les sociétés précapitalistes, à la notion de capital culturel dans les sociétés capitalistes. Le capital scolaire (ou culturel) y est une condition de possibilité d'acquisition, de conservation et de valorisation d'un capital symbolique. La « culture » est alors entendue au sens de « culture scolaire ».

Bourdieu va montrer que le « capital culturel » dans les sociétés industrielles est un principe explicatif majeur de la structure sociale (1970, 1979) et *a fortiori* des « pratiques culturelles » qui les expriment. Plus, la culture scolaire est au fondement de la division du travail (orientation scolaire en fonction des résultats). Surtout, elle est au cœur de la domination dont elle légitime la reproduction. Le système scolaire agit comme une énorme « banque de crédit » dont tirent profit ceux qui, grâce à leur capital d'origine (la famille et ses héritages), transforment celui-ci en diplôme légitime. Mais ce système permet aussi à ceux dépourvus de capital originel d'espérer et/ou d'intérioriser leur position dominée. De la sorte, la structure sociale est légitimée en tant qu'ordre et les « héritiers » conservent le monopole des capitaux culturel et symbolique, par lesquels s'exerce leur domination dans ce champ.

La culture scolaire assume aujourd'hui le rôle que jouait autrefois la religion : elle produit le capital symbolique (prestige), classe des individus selon leur qualification (virtuoses/masses), légitimise et perpétue l'ordre social organisé en fonction de cette dichotomie (élus/réprouvés). L'opération principale de cette institution a des effets en chaîne sur les agents (la culture serait en ce sens une opération de classement, au sens de mise en ordre du monde, des choses et des gens). Bourdieu s'autorise à dire que le symbolique engendre des effets sur « le social » dans un sens trop souvent sous-estimé par le marxisme. Le travail scolaire rend possible l'intériorisation des schèmes de division, des principes de classement. Il contribue à son tour à la production de structures sociales (comme les dispositifs de qualification des élèves).

Le monde scolaire se construit lui aussi en partie sur la dénégation de l'économie en refoulant ses effets économiques (orientations/sélection et production des filières), en élaborant un discours égalitaire (l'égalité des chances) et une idéologie méritocratique (Bourdieu et Passeron, 1970). L'univers scolaire se vit comme un monde autonome, dévoué au culte des savants, des artistes, des producteurs « géniaux », d'œuvres universelles. Cette sociologie de la connaissance est donc inséparable d'une sociologie de la reconnaissance et de la méconnaissance (Bourdieu, 1987, p. 35).

L'autonomie du champ

À quelques rares endroits privilégiés de son œuvre, Bourdieu fait le pont entre ses deux phases de recherches. Par exemple : « Rien ne ressemble plus aux luttes d'honneur entre Kabyles que les luttes intellectuelles » (1994, p. 200.) Ou encore : « Le commerce d'art pur appartient à la classe des pratiques où survit la logique de l'économie précapitaliste » (1992, p. 211.)

Le monde de l'art s'est construit, lui aussi, comme un monde économique « à l'envers » (1992, mais aussi 1971 et 1966) au sein duquel le succès économique est dénigré. Si la vérité des prix y est systématiquement déniée, il n'en demeure pas moins que tous les acteurs cherchent à accumuler du capital symbolique et à s'assurer le monopole des instances de légitimation. Dans son article de 1971 (« Le marché des biens symboliques »), il décrit l'émergence du « champ intellectuel » dans le processus d'autonomisation et la constitution d'instances spécifiques de légitimation. Les « biens symboliques » (il garde encore cette appellation, tirée de sa vision anthropologique) ont la double face de marchandise (économique) et de signification (symbolique). Ce champ de production se divise en deux pôles, selon qu'on privilégie la dimension marchande (capital économique) ou symbolique (capital culturel), la diffusion générale (sur le mode de l'industrie) ou restreinte (œuvres originales).

Cette autonomisation est corrélative du développement du mythe romantique du créateur et du génie incompris, des avant-gardes (dont l'équivalent dans les industries culturelles est la *star*).

Il existe une étroite dépendance entre le champ des biens symboliques légitimes et la culture scolaire comme instance de consécration (elle enseigne les classiques et les inscrit dans les programmes). Ce qui explique aussi le fait que « les œuvres d'art “pures” ne sont accessibles qu'aux consommateurs dotés de la disposition et de la compétence qui sont les conditions nécessaires de leur appréciation » (1992, p. 209.)

Les acteurs et leurs logiques

Les acteurs

• *Les consommateurs*

La sociologie de Bourdieu fut conjointement une sociologie de l'éducation (1964 et 1970) et une sociologie de certaines pratiques : pratique amateur de la photographie (1965) et fréquentation des musées (1966). Ce parallélisme a débouché sur une mise en correspondance entre un « capital culturel » appris à l'école (dépendant lui-même largement de celui de la famille) et un ensemble de « pratiques culturelles », confirmant des dispositions et compétences acquises.

Cette sociologie des consommations a donc été une sociologie des dispositions. Dans le cas particulier de la peinture, elle est une sociologie de « l'œil » et de la perception (Bourdieu, 1968 et 1981). La disposition esthétique est une capacité à décoder les œuvres, à saisir leurs significations. Bien qu'elle soit toujours vécue, (re) présentée comme « innée » et bien que la relation entre l'amateur et l'œuvre se vive sur le mode enchanté, elle est issue d'un travail d'inculcation.

Ainsi, la capacité à voir un objet en dehors de sa fonction, en tant que pure forme (ce qu'on appelle le « regard pur » de « l'art pour l'art »), est le produit d'un apprentissage. Ce regard « pur » de l'amateur trouve son homologue chez l'artiste. En ce sens, on ne peut séparer la sociologie de « l'œil » et du regard de celle des producteurs de peinture, tous unis par des dispositions (*habitus*) communes. C'est dans l'étude des conditions sociales de production de ce regard formellement « pur » et dans le détachement de toute préoccupation matérielle que la théorie du champ a trouvé de nombreux prolongements (1979). À ces dispositions esthétiques « pures » s'oppose « la culture populaire », dont la caractéristique, à l'inverse, est de rester attachée au plaisir des sens, hors de toute élaboration intellectuelle.

• *Les producteurs de croyance*

Contre la tradition de l'histoire littéraire ou de l'histoire de l'art, Bourdieu a toujours cherché à démonter le mythe du créateur génial (1980). Dans la tradition maussienne de la théorie de la magie, il réaffirme la production collective de la croyance dans le pouvoir du génie du magicien. L'analyse sociologique des créateurs est donc une analyse de la chaîne de tous ceux qui ont intérêt à la croyance au génie. On ne peut pas ici séparer la production, la circulation et la consommation, dans la mesure où l'efficacité de leur fonctionnement réside dans leur interdépendance.

Les producteurs sont assimilés à des créditeurs qui viennent alimenter la croyance en la valeur des biens qui circulent. L'analyse des œuvres (analyse interne) ou l'analyse des relations entre les œuvres et leur milieu social (analyse externe) sont remplacées par celle de la production des producteurs de la valeur de l'œuvre. En outre, ce qui en fait la valeur, ce n'est pas la rareté (l'unicité) du produit mais la rareté du producteur (1984, p. 220). Il faut, avec le magicien de Mauss, déplacer son regard et se demander, non ce *que* fait l'artiste, mais ce *qui* fait l'artiste.

Vers une « science des œuvres » ?

Bourdieu explique qu'à l'intérieur du champ, il ne faut privilégier ni la sociologie des producteurs, ni celle de la réception. Le but ultime est ici de fonder une « science des œuvres » culturelles.

« La sociologie des œuvres culturelles doit prendre pour objets l'ensemble des relations (objectives et aussi effectuées sous forme d'interactions) entre l'artiste et les autres artistes, et, au-delà, l'ensemble des agents engagés dans la production de l'œuvre ou, du moins, de la valeur sociale de l'œuvre (critiques, directeurs de galeries, mécènes, etc.) [...]. Ce qu'on appelle la « création » est la rencontre entre un *habitus* socialement constitué et une certaine position déjà instituée ou possible dans la division du travail de production culturelle. Ainsi, le sujet de l'œuvre d'art n'est ni un artiste singulier, cause apparente, ni un groupe social, mais le champ de production artistique dans son ensemble. »

Pierre Bourdieu, 1984, p. 209-210 et 212.

« L'analyse des œuvres culturelles a pour objet la correspondance entre deux structures homologues, la structure des œuvres (c'est-à-dire des genres, mais aussi des formes, des styles et des thèmes) et la structure du champ littéraire (ou artistique, scientifique, juridique). »

Pierre Bourdieu, 1994, p. 70.

Les logiques

• *La distinction*

Les goûts jouent un rôle de distinction entre les milieux, ils servent à marquer des frontières le plus souvent infranchissables : on aime ou on n'aime pas. L'esthétique engage l'éthique, la première est une manifestation de la seconde. Goût esthétique et *ethos* de classe se répondent et se renforcent. Le but des consommateurs est à la fois de se distinguer des autres classes sociales et, dans le même temps, d'affirmer leur identité de classe. De leur côté, les producteurs agissent dans une intention (plus ou moins consciente) de démarcation. À la volonté de distinction des consommateurs répond donc la concurrence des producteurs qui veulent affirmer leur singularité.

• *La concurrence*

À l'intérieur du champ des producteurs, Bourdieu insiste sur l'existence d'un clivage entre les artistes tournés vers un public (l'art industriel) et ceux qui se vivent hors de toute destination (l'« art pour l'art »). Ce clivage se répercute sur les biens culturels :

– soit ils s'adaptent à une demande préconstituée, comme celle des industries culturelles. L'idéaltype en est celui des biens journalistiques, produits de l'écriture « industrielle » ;
– soit ils se vivent en dehors de tout public immédiat.

Bourdieu évoque leur inégal degré de légitimité. Il se rapporte aux instances qui les consacrent, à l'indépendance des producteurs et aux dispositions esthétiques des publics. De ce point de vue, il distingue trois types de biens (1971) selon un mode continuiste : les biens légitimes (musique et littérature classiques) ; en voie de légitimation (cinéma, photographie, bandes dessinées) ; illégitimes (cuisine, couture, bricolage, jardinage).

La concurrence entre les producteurs a pour effet majeur de renforcer la solidité de l'*illusio*, c'est-à-dire la croyance en la pertinence de l'engagement dans le champ. Les débats sont consubstantiels au champ culturel. Le champ est en ce sens conçu et lu d'abord comme un champ de luttes (1992, p. 278) :

> « Ce qui caractérise le bien culturel, c'est qu'il est un produit comme les autres avec en plus une croyance qui elle-même doit être produite. C'est ce qui fait qu'un des seuls points sur lesquels la politique culturelle peut agir, c'est sur la croyance. »

La notion de lutte chez Weber et chez Bourdieu

« Il n'est pas possible d'éliminer de la vie culturelle la notion de lutte. On peut modifier les moyens de la lutte, son objet ou même son orientation et les adversaires en présence ; on ne saurait la supprimer elle-même [...]. On rencontre la lutte partout et *souvent elle s'affirme avec d'autant plus de succès qu'on la discerne moins* [...]. Une chose est en tout cas indubitable : lorsqu'on se propose d'apprécier une réglementation des relations sociales, quelle qu'en soit la nature, il faut toujours et sans exception l'examiner sous l'angle suivant : à quel type d'hommes offre-t-elle les meilleures chances de domination par le jeu des facteurs objectifs et subjectifs de sélection ? ».

Max Weber, 1992, p. 402-403.

« Pendant des années, j'ai fait une sociologie de la culture qui s'arrêtait au moment de poser la question [essentielle] : mais comment est produit le besoin du produit ? [...] Alors que le propre des productions culturelles est qu'il faut produire la croyance dans la valeur du produit, et que cette production de la croyance, un producteur ne peut jamais, par définition, en venir à bout tout seul ; il faut que tous les producteurs y collaborent, même en se combattant. La polémique entre intellectuels fait partie de la production de la croyance dans l'importance de ce que font les intellectuels. »

Pierre Bourdieu, *in* Roger Chartier (dir.), 1993, p. 277.

Débats

Depuis plusieurs années, la théorie de Bourdieu, de loin la plus connue et enseignée, est largement discutée. On lui reproche ses multiples « réductionnismes » (Heinich, 1998, 2001) : un jeu social qui tourne (rait) autour de stratégies distinctives, une psychologie de l'individu trop sommaire, une surestimation des milieux sociaux et un déterminisme excessif, un déni d'autonomie de toute expression populaire... Sans aborder tous les points discutés (Mounier, 2001), nous en présenterons certains. Il est assez délicat de distinguer, parmi ces discussions, celles qui visent le paradigme en général et celles, plus rares, qui s'intéressent aux seuls contenus empiriques de sa sociologie de l'art et de la culture, sans référence à leur imbrication dans le modèle général.

Déterminisme

Bourdieu a beau dénier le caractère déterministe et mécanique de la relation qui s'établit entre les positions et les prises de position (1994, p. 71), certains lecteurs avertis de son œuvre ne voient que cela. Menger insiste sur le fait que les acteurs ont des *habitus* constants, des comportements prévisibles et statistiquement probables. Selon lui, on a affaire à un « autodéterminisme singulier » car les agents font toujours « de nécessité vertu » – expression récurrente chez Bourdieu, qui renvoie à l'intériorisation de la contrainte (Menger, 1997).

La théorie de l'*homologie,* qui fait correspondre les dispositions des agents (leur *habitus*) avec leurs positions dans l'espace social et leurs prises de positions (que l'on entende par là des pratiques, des goûts, des idées ou des œuvres s'ils sont producteurs), est pour partie responsable de cette critique. Bourdieu parle d'un « ajustement automatique et non cyniquement recherché » (1984, p. 213) des produits culturels aux différentes catégories de consommateurs. Il évoque « une correspondance qui s'établit objectivement entre le producteur culturel et son public » (*ibid.*, p. 215).

Ce qui est principalement reproché à cette théorie concerne la stabilité de l'*habitus*. Or les individus évoluent dans leur vie au plan des goûts et des pratiques. On ne peut expliquer causalement les comportements en s'en tenant seulement à une inculcation primaire ou à une socialisation fixée à jamais (Lahire, 1999). Tous ces sociologues préfèrent insister sur les interactions plutôt que sur les déterminations, sur le présent et l'avenir (les intentions) plutôt que sur le passé. Les interactionnistes préfèrent insister sur la liberté créatrice des acteurs, l'« ordre négocié » du social (Strauss), l'inventivité et les changements.

Sociologisme

Le déterminisme de Bourdieu est, en outre, assez proche d'un matérialisme économique puisqu'il n'hésite pas à réduire la position des individus dans l'espace social à des coordonnées économiques (capital économique) ou culturelles (capital scolaire) et à en déduire, sur un mode statistique et probabiliste, leurs pratiques et leurs goûts (Bourdieu, 1979). Cette réduction de l'individu à des *data* est totalement étrangère à la posture de la sociologie américaine interactionniste, notamment dans son refus des méthodes quantitatives (Gilmore, 1990).

On trouve également des philosophes de l'art, représentants de la philosophie analytique américaine, qui taxent Bourdieu d'*eliminativist* en ce sens qu'il ne veut pas chercher entre les œuvres des distinctions formelles, permettant de distinguer par exemple l'art de masse de l'art d'élite, et qu'il renvoie systématiquement un type d'art à des classes sociales lui correspondant. Ainsi, il définit « l'art populaire » par les classes (« populaires ») qui les consomment (Carroll, 1998).

Ce qui rejoint la critique du « sociologisme » opérée par Boudon (1995) lorsqu'il assimile à cette occasion Bourdieu à Becker dans leur opération de réduction des biens aux conditions sociales des consommateurs ou des producteurs. Cette critique a été reprise par Heinich elle-même (1998 et 2001). On peut noter que ce reproche de « sociologisme » remonte aux débuts de la sociologie, lorsque les « sorbonnards » des années 1910 et 1920, Alain, Lachelier, Brunschwicg et tout le courant antidurkheimien de la sociologie (auquel Aron se joignit plus tard), reprochaient à Durkheim, dans le cadre des séances de la Société française de philosophie, son « sociologisme » présent dans les *Formes élémentaires* (« Dieu, c'est la société »).

Aussi étonnant que cela puisse paraître, l'abandon de la référence aux classes sociales est devenu le *credo* d'une nouvelle sociologie française, influencée, entre autres, par l'ethnométhodologie américaine, avec Boltanski et Thévenot ou encore Latour (le premier ayant pourtant accompagné Bourdieu pendant près de vingt ans). Il suffit pour s'en convaincre d'ouvrir l'ouvrage de Boltanski et Thévenot aux premières pages :

> « Les lecteurs de cet ouvrage pourront ressentir une certaine gêne à ne pas rencontrer dans les pages qui suivent les êtres qui leur sont familiers. Point de groupes, de classes sociales, d'ouvriers, de cadres, de jeunes, de femmes, d'électeurs, etc., auxquels nous ont habitués aussi bien les sciences sociales que les nombreuses données chiffrées qui circulent aujourd'hui sur la société. »
>
> Luc Boltanski et Laurent Thévenot, 1991, p. 11.

Économisme

On peut estimer que la logique économique est omniprésente dans le principe généralisé de « distinction » qui étend tout son empire sur l'explication des actions dans le champ, le but de chaque producteur culturel (intellectuel, scientifique, artiste, écrivain, journaliste, critique d'art) étant d'obtenir le monopole de la légitimité et des instances de légitimation. L'idée qu'il faut toujours se distinguer, se différencier, innover, n'est pas sans rappeler le *credo* de la théorie économique qui va de Veblen (1899) à Schumpeter. Ce point de vue rapproche d'ailleurs la théorie des champs du paradigme précédent. Bourdieu ne conçoit les œuvres qu'en tant qu'elles expriment des stratégies distinctives :

> « Les noms d'écoles ou de groupes n'ont tant d'importance que parce qu'ils font les choses : signes distinctifs, ils produisent l'existence dans un univers où exister c'est différer, se faire un nom. Faux concept, instruments pratiques de classement [...] sont produits dans la lutte pour la reconnaissance et remplissent la fonction de signes de reconnaissance. »
>
> Pierre Bourdieu, 1992, p. 223.

Dans l'introduction de son dernier ouvrage sur les amateurs, Hennion refuse « Cette sociologie qui explicite les déterminismes externes [...] ou prend le goût pour un signe. Le goût n'est pas seulement un moyen de mesurer une consommation différentielle [...]. Car cela suppose de réduire l'amateur à n'être que le porteur de ses CSP » (Hennion, 2000, p. 37 et 48).

Heinich, de son côté, s'insurge contre une sociologie qui rabat toute valeur (esthétique, éthique) à des positions dans le champ et à des intérêts (forcément illégitimes ?). Cette sociologue rejette la position qui fait du jugement l'expression du social (Heinich, 1998). Comment comprendre le « régime de singularité », constitutif du monde artistique, si le goût, le singulier est une illusion ? Heinich développe ce que doit être une posture d'« irréduction » (en reprenant un terme de Latour) consistant à refuser de « réduire au général » des pratiques individuelles.

En outre, Bourdieu écrit que toute action est intéressée et animée par le calcul : elle est « objectivement économique » (1994, p. 209). Pourtant, l'un des secrets du fonctionnement social dans la plupart des champs d'activité (religieux, art, famille, amour, amitié, etc.) est de masquer aux autres (mauvaise foi) et/ou à soi-même (refoulement) cet esprit de calcul. Le jeu social consiste à produire les conditions de la méconnaissance de cette dimension économique, et convaincre que l'action repose sur la vérité de l'engagement. C'est toute la différence avec l'économisme pur selon lequel le calcul est conscient. Les économistes classiques comme Gary Becker sont taxés par Bourdieu d'« intellectualisme », comme tous les sociologues adeptes de l'individualisme méthodologique, dans la mesure où ils méconnaissent la nécessité sociale de la dénégation pratique de l'intérêt.

Ainsi, ni l'intérêt ni la stratégie ne doivent être entendus au sens finaliste ou téléologique de l'économie pure et de la rationalité intentionnelle. Il s'agit d'un « ajustement » qui dépend des prédispositions (de l'*habitus*) à un jeu social (le champ est un jeu), vécu sur le mode de « l'affinité élective », de l'amour, du don. Le sociologue de l'économie des biens symboliques doit donc mettre en évidence le travail individuel et collectif de refoulement de l'intérêt, de son occultation, qui est à la base de la réussite de certaines opérations, qui ne fonctionne jamais aussi bien que quand les intéressés agissent en dehors de tout intéressement conscient (1972 et 1980). Il n'est guère que le sociologue qui puisse dévoiler l'économie des pratiques, la logique objectivement intéressée et calculatrice des agents. Et celle-ci est particulièrement vraie dans le champ culturel, qui se présente pourtant comme un « monde économique renversé » (1992) où chaque acteur dénie et refoule l'intérêt et le travail nécessaires : le galeriste, l'éditeur, l'artiste, le collectionneur, le critique, etc.

Là encore, les critiques se sont multipliées contre cette conception du social : Menger refuse « les notions épistémologiques intenables » telles que les « stratégies inconscientes » (Menger, 1997). Il suit Boudon qui s'en prend depuis les années 1960 au « structuro-fonctionnalisme » et au « holisme » (de Bourdieu) et refuse de réduire la sensibilité artistique à des phénomènes de « fausse conscience » : « L'amateur n'aime pas, il croit aimer. Comment le savoir ? Peut-on ignorer à ce point les faits de conscience ? De quel droit et sur quelles bases présumer cette fausseté de la conscience ? » (Boudon, 1995, p. 111.)

La critique était déjà venue en 1993, quand Hennion se proposait, dans le sillage de Boltanski (1984) et de Passeron et Grignon (1989), d'entreprendre une sociologie de la dénonciation qui prenait elle-même la dénonciation comme objet sociologique et remettait en cause le rôle de la croyance au fondement du jeu social (Hennion, 1993). Plus récemment, il s'en prend à la dénégation de l'amour de l'art et récuse ouvertement cette sociologie critique :

> « [Celle-ci] disqualifie toute analyse sociologique de l'art en tant que tel [...] qui marque son désintérêt pour l'œuvre et l'expérience esthétique [...]. On ne peut se contenter d'explication de la beauté en terme de convention, de croyance ou d'*illusio.* »
>
> Antoine Hennion *et alii*, 2000, p. 29-30.

Cette réaction est reprise par le courant « compréhensif » tel que Nathalie Heinich cherche à le représenter (1998 et 2001). Dans le cadre de ce qu'on appelle aujourd'hui le « retour de l'acteur » (Ricœur et Touraine), elle critique l'optique holiste au profit de l'analyse compréhensive du jeu de l'acteur. Elle a entrepris de montrer que les représentations ne sont pas réductibles à des illusions dévoilées par le sociologue (2000). Selon elle, l'art n'est pas selement une affaire de croyances et d'illusions à dénoncer. Ce qu'il représente pour les acteurs est aussi digne d'intérêt sociologique que de dire ce qu'il est. La représentation n'a pas à être rabattue sur l'illusion de la représentation. Dans le domaine des arts et de la culture, cette position semble d'autant plus « naturelle » que les acteurs y développent des moments réflexifs et se vivent comme des individus libres et autonomes.

Rendre raison aux acteurs, tel est le *credo* de tous ces sociologues qui souhaitent restaurer la part de volonté, d'intention, de projet et de conscience, contre une vision « déterministe » : Hennion (1993, 2001), Boltanski (1990), Heinich (2001), Menger (1997), Boudon (1995).

Légitimisme

• *Légitimisme et misérabilisme*

Selon la critique de Jean-Claude Passeron et de Claude Grignon (1989), ex-coéquipiers de Bourdieu, ce dernier adopte un point de vue « légitimiste » en surestimant les effets du capital culturel dans le jeu social et en déniant toute autonomie aux cultures « dominées ». Il donne ainsi la prééminence aux groupes dominants. Sa description rapide et médiocrement restitutive des milieux populaires est taxée par les mêmes de « misérabiliste ».

Le groupe de sociologues anglais regroupé sous la bannière des *Cultural Studies*, avec Hoggart comme principal représentant, auquel Passeron a largement associé son parcours depuis les années 1980, revient sur les richesses et les subtilités de la culture populaire ainsi que sur la capacité des acteurs à résister à la domination culturelle. Il y a « eux » et il y a « nous ». De même, Michel de Certeau insiste sur les modes multiples de consommation culturelle qui ne sauraient se réduire à une inculcation, intoxication ou domination. Quand Bourdieu s'en prend aux industries culturelles, on le voit s'inscrire dans la lignée des critiques néomarxistes de l'École de Francfort, en déniant aux populations peu scolarisées toute capacité civilisatrice et émancipatrice. Il dénonce la culture médiatique et télévisuelle, et l'assimile à une culture dominée économiquement, « aux ordres du capital » (1996).

• *Surestimation de la domination*

Selon Grignon et Passeron, les rapports de force entre groupes sociaux ne donnent pas la clé de compréhension des rapports symboliques et des contenus de culture. Ils ne se traduisent pas automatiquement en eux. La lutte des classes n'est pas le principe explicatif de la domination. Gramsci pensait que les cultures populaires pouvaient avoir une cohérence et une réelle autonomie. Au total, comme le suggère Heinich, la position de Bourdieu ne vise-t-elle pas à réduire le monde culturel à deux dimensions, au lieu d'y voir un pluralisme des valeurs et une multitude des points de vue ?

• *La position du chercheur : objectivité de surplomb ou normativité commune ?*

Il existe une ambivalence dans la position de Bourdieu qui affirme, d'un côté, l'objectivité et la réflexivité du chercheur et qui, d'un autre, multiplie les prises de position, voire les jugements de valeur. Son dialogue avec Hans Haacke (Pierre Bourdieu et Hans Haacke, *Libre-échange*, Paris, Seuil, 1994) est une dénonciation en règle du développement du libéralisme culturel contemporain, du mécénat d'entreprise avec sa prétention de subvenir aux « besoins » de l'État, du retrait ou de la non-intervention des pouvoirs publics. Il passe ainsi de la posture objectiviste à la posture normative et militante. La seconde raisonne en écho avec une position dominante de surplomb du sociologue qui, par des moyens d'objectivation, « domine » le social. Il devient lui-même un dominant et ses théories de la domination profitent seulement aux dominants qui ont accès à ses recherches.

En définitive, la critique de ce paradigme reste très largement confinée à une posture de méthode, dont on peut se demander si elle est opératoire sur le plan des enquêtes empiriques, si elle ne cache pas des présupposés idéologiques relatifs à la valeur de l'individu, son expérience et ses choix.

Chapitre XIII

La culture comme « monde »

Le paradigme de « monde » propose un point de vue englobant, au même titre que les deux précédents. Il utilise des notions transversales (travail, carrière, convention, étiquetage, négociation, réseaux) qui relient des acteurs (l'État, les professionnels, les publics, les agents de reconnaissance), des biens (les partitions, les instruments de musique, les disques...) et des actions (production, distribution, réception).

Selon Strauss (1992), un « monde social » se caractérise par plusieurs éléments : des univers de discours, une activité primaire (par exemple, danser), des technologies, un site, des organisations avec une division du travail plus ou moins complexe. Il existe une infinité de mondes, plus ou moins grands, visibles, hiérarchiques, imperméables. Certains sont structurés en classes. Chacun a sa dominante : intellectuel, professionnel, politique, religieux, artistique, sexuel, scientifique, récréatifs. On retrouve les processus identiques à l'intérieur des mondes : défendre, innover, concurrencer, coopérer.

La théorie des « mondes de l'art » de Howard Becker (né en 1928) tente de réaliser un effort de spécification à l'intérieur de ce cadre général. À la suite d'Everett Hughes (1897-1983) qui fut son professeur, Becker est convaincu que « tout est travail de quelqu'un ». Il s'oriente vers une conception de l'art comme action collective d'un type spécifique.

Nous allons présenter le paradigme des « mondes » à partir de sa double dimension *symbolique* (les acteurs travaillent à la production du sens) et *pratique* (ceux-ci construisent des réseaux). Ces deux dimensions sont imbriquées l'une dans l'autre : de même que le réseau est « producteur de sens » pour ceux qui s'y associent, le sens génère des alliances.

La dimension symbolique

La question du sens

Sans remonter trop en amont, il est important de connaître les perspectives qui ont contribué à l'émergence de ce paradigme, qui font toutes de la notion de sens (visé et construit par les acteurs, interprété par le chercheur) un élément central du social. Cette lignée va de Weber et Simmel (sociologie compréhensive) aux interactionnistes symboliques (Blumer, Hughes), de l'École de Chicago à l'ethnométhodologie de Garfinkel.

• *Le social, c'est le sens*

C'est à Weber que l'on doit d'avoir posé l'idée d'une « sociologie compréhensive » entendue comme une science de l'interprétation du sens que les acteurs investissent dans leur action. Selon lui, une interaction est sociale quand elle est significative, c'est-à-dire dès lors qu'elle est interprétable par les acteurs (et *a fortiori* le chercheur).

> « L'activité est l'acte pour lequel les agents *lui donnent un sens subjectif* (donc interprétable) [...]. L'activité sociale est l'activité qui *d'après son sens visé* se rapporte au comportement d'autrui par rapport auquel s'oriente son déroulement [...]. La sociologie est la science qui se propose de *comprendre par interprétation* l'activité sociale et d'expliquer causalement son déroulement et ses effets. »
>
> Max Weber, 1995, p. 28.

Garfinkel (1917-1987) fut influencé par Alfred Schütz (1899-1959) pour lequel la sociologie doit être « une herméneutique de la vie sociale » (*Le Chercheur et le quotidien*, Paris, Méridiens, 1987). Grand connaisseur de Weber, il donne le primat à la signification, avec de surcroît cette idée d'un social « en-train-de-se-faire », dont le principe déterminant est davantage dans son accomplissement que dans son résultat (*modus operandi* plutôt que *opus operatum*). Le social se construit dans un ensemble de procédures sociales, d'interactions qui sont des épreuves de qualification d'où les agents sortent grandis (ou non), en tout cas transformés.

• *Le sens, produit de l'interaction sociale*

Simmel, ami et collègue de Weber, insista sur le rôle des interactions dans la construction sociale du sens. Selon lui, la « société » n'existe pas en elle-même, mais en tant qu'associations d'individus en interaction. Pour que les « formes sociales » existent, les individus qui agissent en interaction doivent en avoir conscience. Comme le soulignent Mead et Blumer, la société est une action collective qui repose sur des significations : « Étudier les actions collectives, c'est étudier la démarche des acteurs sociaux qui les accomplissent en y incluant l'univers des significations auxquelles ils se réfèrent » (Jean-Michel Chapoulie, *in Outsiders*, 1985, p. 16.)

L'influence de Simmel est passée par Robert Park (1864-1944), qui a été son étudiant et fut le fondateur de l'École de Chicago avec George Herbert Mead. On retrouve chez Blumer (1900-1987) les idées de Mead et de Simmel quand il pose les bases de l'interactionnisme symbolique (Blumer, 1986), en distinguant les interactions sociales non symboliques (stimulus/réponse) et celles qui sont symboliques. Dans le second cas, il existe un travail d'interprétation de l'acteur, alors que dans le premier, il n'y a qu'une réponse directe.

Définition et identité

Les interactionnistes américains décrivent l'activité sociale comme un travail de définition qui a débouché sur la question (identitaire) de construction de « soi » en relation avec les autres. Mead a initié cette approche (*L'Esprit, le soi et la société*, 1934), qui a influencé à son tour Blumer (né en 1901), Hughes, Goffman (1922-1982), Strauss et Becker.

• *L'identité : une question de définition de soi et des autres*

Goffman a axé sa sociologie sur la description des interactions (présentation de soi, relations en public). Il s'est montré particulièrement sensible à la manière dont les différences physiques (le handicap par exemple) pouvaient être transformées en problèmes identitaires. Un « stigmate » (1975) est une différence qui est considérée par autrui comme anormale. Ce qu'il voulait pointer au plan sociologique concernait les processus sociaux de la stigmatisation, de la définition de soi par les autres et des stratégies possibles face à cette contrainte (acceptation, intériorisation, adaptation, négociation, refus).

Becker étudie à la même époque la « déviance » et montre que le « déviant » est d'abord celui qui est désigné comme tel par les autres. La déviance dépend du travail en amont de création de la norme, de la mobilisation pour son élaboration collective et son application au cas par cas. Là encore, le sociologue est concerné par le travail de désignation de cette qualité, ce qu'on appelle la *labelling theory* (théorie de l'étiquetage).

Les définitions ont une efficace sociale en cela qu'elles désignent la norme (et l'anormal), incluent ou excluent des individus dans des communautés et renforcent (ou brisent) les identités. « Définir ou déterminer une chose, c'est circonscrire ses limites » (Strauss, 1992*a*, p. 22).

La problématique identitaire

La notion d'identité, quoi qu'en disent et pensent certains, constitue bien une problématique sociologique, en cela qu'elle implique un jeu social de définition de soi par les autres. La sociologie française semble de plus en plus soucieuse de comprendre les mécanismes identitaires impliqués par la vie en société. Certains s'en sont même fait une spécialité, telle Nathalie Heinich qui revendique son affiliation intellectuelle à Goffman et Élias (Heinich, 1987 et 1997). La problématique identitaire tourne selon elle autour de trois « moments » : l'image qu'on a de soi-même (autoperception), celle qu'on donne à autrui (représentation) et celle qui est renvoyée par autrui (désignation). Ces trois moments peuvent coïncider ou non (état de crise). Elle a développé plusieurs axes :

– l'identité des professionnels (Heinich, 1993, 2000, 2002). À partir de quand un professionnel se sent-il autorisé à s'autodéfinir comme tel ?

– les crises identitaires : les effets sociaux, psychologiques qui découlent de la réception d'un prix littéraire (Heinich, 1999) ;

– les identités de genres telles qu'elles se construisent dans les fictions (Heinich, 1996 ; Pasquier, 1999) ;

– l'identité des pratiquants : « Le travail identitaire se construit dans la tension entre particularisation et assimilation à des collectifs. » Il est possible de comprendre par extension les manières dont les pratiques culturelles permettent de transporter les noms et renoms avec soi et pour soi parmi les autres, au sein de collectifs. L'amateur ou le connaisseur, le spécialiste ou le collectionneur participent par délégation du renom de celui qu'ils portent et transportent dans le monde social.

Nathalie Heinich, 2000, p. 346.

• *Les professionnels de la définition*

Comme Strauss le souligne (1992*a*, p. 275), quels que soient les « mondes » sociaux, certaines activités sont désignées comme plus ou moins authentiques. Le problème est de savoir qui décide des acteurs et des actes les plus « authentiques ».

Les phénomènes de parrainage, habilitation, authentification, affectation, ou, à l'inverse, d'excommunication, de disqualification, sont au cœur de cette analyse (ce qui, dans le registre lexical de Bourdieu, correspond à la légitimation). Il s'agit des épreuves ou des procédures qui permettent à un objet, un individu ou une institution d'être inclus ou exclus.

Les travaux sur la déviance de Becker rencontrent et développent là encore cette question. Il a porté son attention sur le travail des « entrepreneurs de morale » qui créent les normes au nom d'une cause qu'ils estiment juste et mobilisent des collectifs qui contribuent à l'élaboration de définitions.

Dans les mondes de l'art et de la culture, « univers symboliques » par excellence (Berger et Lukmann, 1996), ces approches sont redoutablement efficaces, tant les questions de définition y sont centrales : les biens culturels sont des supports privilégiés d'interprétations. L'importance des professionnels de l'esthétique et des jugements caractérise sans doute les mondes de l'art et de la culture. Ces agents spécialisés donnent accès à l'étiquette et aux avantages qui s'en suivent. Becker se réfère aux philosophes Arthur Danto et Georges Dickie (« Définir l'art », *in* Gérard Genette, *Esthétique et Poétique*, Paris,

Le Seuil, 1992) pour montrer qu'une chose est considérée comme de l'art dès lors qu'il existe un environnement de théories esthétiques, un « monde de l'art ». L'objet peut alors devenir le support d'interprétations.

Le jeu des acteurs

Dans un univers symbolique, les acteurs sociaux ont la possibilité de « jouer » avec les significations et les définitions, bien qu'il s'agisse d'un jeu qui a ses contraintes et ses règles. Ce paradigme souligne l'aspect mouvant des normes, avec lesquelles les individus s'arrangent, construisant et transformant les cadres d'analyse qui ne sont pas donnés une fois pour toutes. Les producteurs ou les consommateurs de biens culturels (qui, on le verra, sont eux-mêmes des conventions) ont deux possibilités : soit ils transgressent les définitions, soit ils les acceptent (on notera que la théorie des champs reprend également cette alternative entre orthodoxie et hétérodoxie, entre conservation et subversion).

• *Transgresser/conserver*

Becker propose une typologie des différents producteurs selon leur degré d'intégration ou d'acceptation des conventions :

– les « professionnels intégrés » sont ceux qui maîtrisent parfaitement les problématiques, les contraintes techniques, « qui inscrivent leur activité dans une tradition commune de problèmes et de solutions » (1988, p. 240) ;
– les « francs-tireurs », à l'inverse, refusent ces règles et les transgressent. Ils correspondent un peu aux « déviants » de la théorie précédente. Ils se heurtent à l'hostilité des autres membres du monde car ils rejettent leurs cadres. En échange de leur liberté (formelle), ils se privent des ressources du monde de l'art ;
– l'art populaire ne connaît pas ou ne s'intéresse pas aux règles dominantes. Les siennes sont à portée limitée, transmises dans des cadres familiaux ou artisanaux ;
– les « naïfs » ne savent pas non plus qu'il existe des mondes de l'art dans lesquels ils pourraient avoir leur place. Ils pratiquent sans apprentissage particulier et s'adressent à un public qui ne cherche pas à transgresser les normes en vigueur. C'est un art très stéréotypé et conventionnel.

• *Coûts et avantages à transgresser*

Les « mondes » ont souvent une inertie interne dans la mesure où il y a toujours une dimension éthique ou morale derrière la notion de convention. Ce ne sont pas seulement des systèmes de règles, mais aussi des arrangements qui ont pris une forme habituelle. Le « stable » finit par prendre une épaisseur éthique et morale de sorte que

> « Tout coup porté contre des conventions et l'esthétique qu'elles enferment porte atteinte, en définitive, au système de stratification en place [...]. Une contestation

> des mœurs (entendez conventions dans le cas qui nous occupe) est de fait une contestation de l'édifice sociale (entendez de l'organisation d'un monde de l'art). Les sectateurs ou les innovateurs dans les mondes de l'art sont donc en conflit ouvert avec le système hiérarchique qui les régit. »
>
> Howard Becker, 1988, p. 306.

En définitive, Becker montre qu'il y a plutôt des avantages à conserver : les habitudes et conventions stabilisées permettent de réunir des collectifs en réduisant les coûts de leur mobilisation. Ils sont déjà là, il suffit de les satisfaire. On profite alors des ressources qu'ils constituent.

• *Jouer sur les biens et les publics*

Il faut comprendre que les biens sont eux-mêmes des conventions. Tous les arts (poésie, roman, danse, musique…) et tous les styles (classique, baroque, *hip-hop*, rock…) correspondent à des règles conventionnelles, avec lesquelles on peut jouer. Chaque œuvre est un mixte de conventions et d'innovations. Les biens sont des conventions objectivées : équipements permanents, formats (photo 24 x 36), instruments (les claviers normés à six octaves et demie), tableaux (cadres, toiles), calibrage d'interviews journalistiques (en une minute), durées de musique, tailles d'articles (en feuillets), qui sont en relation directe avec des usages attendus. Becker reprend chez Meyer (*Emotion and Meaning in music*, Chicago, University of Chicago, 1956) l'idée que les conventions peuvent être entendues au sens de « techniques » : gammes, accords, cadences, formes « sonates » et « rondos ».

Le jeu sur les conventions permet de manipuler les attentes du public, en les décevant, en les surprenant, les suspendant ou les modifiant. Les biens culturels sont composés par un ensemble de « formes qui créent des attentes dont la manipulation produit des effets intellectuels et émotionnels » (Becker, 1999, p. 11). Les publics sont eux-mêmes segmentés selon leur plus ou moins grande maîtrise des conventions, selon leur « culture générale ».

Schütz (1976) parle de « la culture musicale », qui a été transmise, apprise et approuvée. Elle est constituée par le stock de connaissances qui s'interposent entre le compositeur, les interprètes et les auditeurs. L'émotion musicale dépend du travail de recréation de chacun. Becker reprend l'opposition entre les arts commerciaux et « l'art pour l'art » : « La soumission des artistes aux exigences du public et des employeurs est plus contraignante et plus complète dans les arts devenus commerciaux » (1988, p. 293.)

La dimension pratique

La notion charnière de *convention* souligne la double dimension pratique et symbolique du travail social : d'un côté, elle renvoie au sens, au symbolique, de l'autre aux pratiques (action collective). Ici, l'on s'intéressera au second aspect : « L'art est le produit d'une action collective de coopération de nombreux agents.

Ils coopèrent grâce à des présupposés communs, ils peuvent aussi coordonner leurs activités » (Becker, 1999, p. 99.)

Des interactions aux réseaux

La perspective interactionniste est inductive : elle part de l'observation des relations sociales et décrit les formes émergentes qui s'agrègent sous l'effet d'une action collective plus ou moins coordonnée. Elle passe de l'interaction simple au réseau, en passant par l'action collective. « Les sciences sociales sont un ensemble de disciplines qui s'intéressent toutes à *l'action collective* et à savoir comment les individus font pour travailler ensemble, sans problèmes majeurs, sans faux pas ni conflits » (Becker, 1999, p. 20.)

• *Qu'est-ce qu'un réseau ?*

Becker se contente souvent d'énumérer les composantes d'un réseau, au point de parler de « lot » (1999, p. 64) et de présenter des « listes » (*ibid.*, 1999, p. 79). Celui-ci n'est pas seulement une réunion d'agents. C'est un ensemble hétéroclite : « Un monde de l'art se présente comme un réseau de chaînes de coopération qui relient les participants selon un ordre établi » (Becker, 1988, p. 59.) Il se compose d'objets qui matérialisent les croyances, les savoir-faire et les techniques passés ; d'acteurs, producteurs, diffuseurs ou récepteurs ; d'institutions (de formation, d'exposition, de diffusion…) ; de pratiques et de techniques ; de principes et de conventions « au travail » (ainsi, l'esthétique n'est pas envisagée comme un corps de doctrine figée, mais comme une activité).

Chaque membre du réseau est contraint par les attentes des autres, qu'il doit anticiper s'il souhaite continuer à en faire partie. Le réseau est à la fois un ensemble de contraintes, mais aussi une ressource pour chacun.

La notion de réseau dans la sociologie française

De nombreux sociologues s'inspirent aujourd'hui de cette notion pour dépasser l'individualisme ou le holisme qu'ils estiment trop radicaux.

– En sociologie et en anthropologie des sciences avec Latour, Callon, qui entendent les réseaux comme des alliances entre des humains et des non-humains (objets), des représentations et des pratiques. Hennion a approfondi cette voie en sociologie de l'art, montrant le rôle des médiations dans la qualification des choses. Chaque objet, qu'il soit industriel ou non, subit une multitude d'épreuves à décrire ;

– En sociologie morale avec Boltanski et Thévenot, dont le point de départ rejoint celui des économistes des conventions. Leur réflexion est partie de la construction des catégories statistiques ; elle s'est étendue à la qualification des objets et des personnes et aux « stratégies pour se grandir » (*Les Économies de la grandeur*, 1991 ; Desrosières, 1993). Boltanski et Chiapello ont intégré dans leur modèle une nouvelle « cité », dite « réticulaire », fondée sur l'injonction capitaliste à tisser de nouveaux liens et construire des alliances, mouvantes et flexibles (*in Le Nouvel Esprit capitaliste*, Paris, Gallimard, 2000) ;

– Il existe également une sociologie entièrement consacrée à la description des réseaux, entendus comme l'ensemble des relations et contacts établis par les individus. Cette visée est celle de l'INSEE (enquête « Contacts » de 1982-1983), de la socio-économie ou de la psychologie sociale (*cf.* les fameux « sociogrammes » de Moreno) (Degenne et Forsé, 1994 ; Philippe Steiner, *La Sociologie économique*, Paris, La Découverte, 1999).

L'intérêt à coopérer

• *Bénéficier de ressources acquises*

Weber explique que l'action routinière a des avantages : elle réduit le coût des réapprentissages. Les interactionnistes insistent de même sur l'intérêt qu'il y a pour des individus à s'associer et à coopérer en adoptant les conventions qui portent sur tout un ensemble de choses (choix des matériaux, des sujets, des formations, lieux d'exposition, systèmes de notations, attentes des publics), ce qui facilite l'activité collective et permet des économies de temps et d'énergie. Les coûts du désaccord et les bénéfices de l'accord sont des données objectives de la vie sociale. Il y a un coût à opter pour le non-conventionnel, à s'exclure des cercles et des réseaux. Changer de « lot », c'est changer d'alliés. Les changements ne réussissent à s'imposer que si leurs instigateurs parviennent à convaincre certains membres ou tous les membres du « monde » concerné de coopérer aux activités requises par leur conception nouvelle de la discipline (1988, p. 308). Cet effort de conviction, qu'on retrouve dans le monde de la science, est long et coûteux, en partie rhétorique, en partie pratique (technique et administratif) (Latour, 1996).

• *Gagner en réputation*

Si tout travail s'inscrit dans un réseau de coopération, il doit étendre son champ pour prendre de la valeur : « Une œuvre a des qualités et une valeur quand l'unanimité se fait sur les critères à retenir pour la juger » (Becker, 1988, p. 150.)

La valeur dépend donc à la fois du travail collectif et de la force ou de l'étendue du réseau. L'enjeu principal des débats esthétiques consiste, selon Becker, à modifier ses alliances ou les multiplier (Latour et Callon, souvent cités par lui, développent la même idée). Chacun tisse des relations avec autrui afin d'accroître sa reconnaissance et confirmer son identité dans une suite d'épreuves plus ou moins formalisées. En outre, la réputation dépend fortement de la durée. Chacun doit, dans le monde culturel, maintenir longtemps une réputation élevée (*ibid.*, 1988, p. 361).

Les « mondes » en débat

Les « mondes » phagocytés ?

L'interactionnisme américain est encore assez peu visible en France, au point que l'on peut se demander s'il constitue vraiment un paradigme autonome, au même titre que les deux précédents. L'une des raisons importantes de cette relative discrétion réside dans le travail mené par les auteurs des autres paradigmes pour l'assimiler ou l'accaparer, au point de passer à l'as certains de ses apports.

• *Monde = marché ?*

Certains faits sont indubitables : Becker a été introduit dans les réseaux éditoriaux et universitaires des tenants du paradigme du marché. Menger a par exemple préfacé l'ouvrage de Becker (1988) dans la collection « Art, Histoire, Société » qu'il codirige chez Flammarion ; Moulin a, de son côté, associé Becker au vaste colloque de sociologie de l'art (1986) ; ou encore, Becker, Strauss et Freidson ont participé à l'ouvrage rédigé en hommage à Moulin (1994).

Les raisons de ces rapprochements sont objectives : les deux théories partagent une position foncièrement antidéterministe (Menger, 1997 ou l'article de Moulin, « art (sociologie de l'–) » *in Dictionnaire de sociologie*, Paris, Larousse, dir. Boudon *et alii*, 1999, p. 12), qualifiée d'« interactionniste ». De même, elles se retrouvent sur la notion de « réseau », sur le primat donné au point de vue de l'acteur, à ses stratégies de carrière, son intérêt à coopérer avec les autres, ou encore sur la description des processus de valorisation en horizon incertain.

• *Monde = champ ?*

De son côté, le paradigme du champ n'est pas resté insensible aux interactionnistes. C'est à Bourdieu que l'on doit les traductions des ouvrages de Goffman dans sa collection du « sens commun » depuis les années 1970 aux éditions de Minuit. C'est encore Bourdieu qui a préfacé dernièrement au Seuil Aaron Cicourel, représentant patenté de l'ethnométhodologie.

Il existe *de fait*, là aussi, des proximités et des préoccupations communes. On pense en particulier au travail de déconstruction des catégories publiques et à la conscience aiguë des effets sociaux de celles-ci.

Pourtant, il existe entre tous ces paradigmes des différences majeures, trop souvent laissées dans l'ombre. C'est sur les aspects différenciateurs que nous allons insister. Rien n'est sans doute plus efficace pour spécifier un point de vue que de le confronter aux feux croisés de ses concurrents et de résister au travail d'euphémisation des divergences.

L'intenable anti-déterminisme

Comme on l'a vu, les auteurs se regroupant derrière l'interactionnisme refusent de « réduire » les acteurs à des collectifs (classes, âges, localité, ethnie, sexe), à ce qu'ils appellent des *data* (Becker et McCall, 1990). Selon eux, le social est toujours remis sur le tapis ; les règles sont informelles, constamment renégociées. L'« ordre social » est un « ordre négocié » : « Aujourd'hui, on considère que les acteurs mettent en forme activement leur destin, de sorte que les déterminismes stricts (économiques, technologiques, sociaux, biologiques) semblent dotés d'une validité problématique » (Anselm Strauss, 1992, p. 247).

• *Irénisme et irréalisme*

Cette oblitération des appartenances de classes débouche pourtant sur une vision « enchantée » du social, débarrassé comme par magie des structures objectives, en particulier dans leur dimension conflictuelle. La description des interactions ne saurait suffire. Cette critique avait déjà été formulée par Bourdieu (1971) dans un article qui reprochait à Weber lui-même de ne pas avoir décrit l'état des positions objectives dans le champ religieux : « Il faut subordonner l'analyse de la logique des interactions à la construction de la structure des relations objectives entre les positions qu'ils occupent dans le champ religieux » (Bourdieu, « Une interprétation de la théorie de la religion selon Weber », *Archives européennes de sociologie*, vol. 12, 1971, p. 4-5.)

Dans *Les Règles de l'art*, Bourdieu s'en prend directement à la théorie des mondes de l'art, parce qu'elle ne replace pas les interactions dans l'espace des luttes et des rapports de force objectifs et les réduit à de simples relations de coopération entre acteurs. Il reproche à ces théories « subjectivistes » leur idéalisme irréaliste (idéalisme que Blumer ne renie absolument pas). Ce reproche est également adressé à Habermas qui postule l'universel quand il faudrait rechercher ceux qui ont intérêt à le postuler : « Il réduit les rapports de force politiques à des rapports de communication [...] d'où il a évacué, pratiquement, les rapports de force qui s'y accomplissent sous une forme transfigurée » (Bourdieu, 1997, p. 81.)

Cette théorie n'a plus rien à voir avec une sociologie des rapports de pouvoir symbolique. L'existence de normes hiérarchisées contredit en partie cette vision communautariste du social qui considère que des « mondes sociaux » sont certes « plus ou moins intégrés », mais insiste surtout sur leur caractère « segmenté » et leur coexistence. La perspective interactionniste des mondes n'est pas intéressée par la question de l'imposition par en haut d'un arbitraire. Ici, la culture populaire ou les mondes les moins intégrés peuvent être étudiés en tant que tels, dans leur autonomie relative (dans le cadre d'un communautarisme politique, sorte de transposition de la segmentation des marchés), ce que refuse d'envisager le paradigme des champs selon lequel les rapports entre groupes et sous-cultures sont toujours de subordination et de domination.

• *Subjectivisme et intellectualisme*

Cette représentation du social débouche inévitablement sur une « hypertrophie » du sens vécu, ce que Bourdieu appelle le « subjectivisme », voire l'« intellectualisme ». La capacité réflexive des acteurs est surestimée, de même que la capacité des sociologues à rompre avec le sens commun est sous-estimée. Le sens vécu, qui est présenté ici comme une ressource pour modifier ou jouer avec les normes sociales, est là-bas intériorisé, inculqué voire incorporé. L'individualisme méthodologique est même soupçonné de rentrer par une porte dérobée quand Becker insiste, par exemple, sur l'« intérêt » des acteurs à coopérer ou sur les « coûts » de la non-coopération. La théorie des jeux n'est pas très loin (*cf.* Becker, *in* Moulin, sous la dir., 1986), sans que ne soient envisagées les conditions sociales de possibilité d'y participer.

Conventionnalisme, irrationalisme et sociologisme

• *Relativisme*

Venant de l'autre bord, c'est le reproche de relativisme qui est développé : dans la mesure où les réputations se font et se défont, dépendent totalement des mondes, elles sont conventionnelles :

> « Il sera difficile de dire si une photographie est meilleure qu'une autre, moins bonne ou de même qualité [...]. Pour porter des jugements de cet ordre, il faut fixer un seuil qui sera *forcément arbitraire* [...]. La théorie affirme que les réputations se fondent sur les œuvres. Mais en réalité, les réputations des artistes, des œuvres, des genres et des disciplines *découlent de l'activité collective des mondes de l'art* [...]. Le contenu de la catégorie « art » est en réalité *contingent.* »
>
> Howard Becker, 1988, p. 154-155, 356 et 383.

> « La nature ou l'essence de l'objet ne réside pas mystérieusement en lui-même, mais dépend de la façon dont il est défini par celui qui le nomme. »
>
> Anselm Strauss, 1992, p. 22.

L'idée d'un arbitraire ne satisfait nullement les tenants d'une approche rationaliste du social, qui sont à la recherche des raisons de ce qui fait sens pour les acteurs. Il ne suffit pas de dire que « cela fait sens » (pour un monde ou dans un contexte particulier), il faut savoir pourquoi. Or la sociologie interactionniste ne recherche jamais les raisons d'agir, notamment dans leurs dimensions cognitives. Le contexte y est toujours privilégié, au détriment du contenu de ce qui fonde sans doute les (inter) actions.

• *Croyances ou raisons ?*

Sous couvert d'interactionnisme, la position de Becker serait en fait un *sociologisme*, c'est-à-dire un holisme : cette théorie indique que les valeurs artistiques sont « Des illusions collectives engendrées par des forces sociales anonymes […]. Que ce soient les « mondes de l'art », les classes sociales, les milieux sociaux, la société, ces forces influent sur les jugements artistiques qui ne peuvent être objectifs. Les mondes de l'art sont des « puissances », l'esthétique une « illusion » » (Boudon, 1999, p. 251 et 253).

Derrière un individualisme apparent, consistant à observer, décrire et rendre compte des interactions individuelles, les théories des mondes sociaux s'en remettent à des explications holistes qui n'ont rien à envier à la théorie des champs.

• *Croyances ou valeurs ?*

Cela reprend la critique adressée en chœur par Heinich (2001) et Hennion (1993) contre la théorie des mondes, qui refusent de situer Becker du côté d'une sociologie compréhensive : ce dernier insiste trop sur les conventions en tant que croyances non discutées, au lieu de chercher à expliciter les valeurs au fondement des actions. Là encore, la critique a tendance à rabattre Becker du côté de Bourdieu…

— Conclusion —

Les trois postures des sociologues de la culture

Pour achever ce travail, nous souhaitons montrer que les trois paradigmes présentés en dernière partie sont attachés à des méthodes d'investigation différentes, impliquant des attitudes épistémologiques, débouchant sur une certaine conception de la position du sociologue dans la cité.

Différences méthodologiques

Le paradigme du marché utilise des entretiens, des modèles (de rationalité, de l'entrepreneur) et des statistiques nationales ; celui du champ utilise aussi les statistiques et les questionnaires et, dans une moindre mesure, a recours à l'observation et aux entretiens. La méthode est hypothético-déductive. Celui des mondes privilégie la technique de l'observation (des interactions en face à face) et fonde son raisonnement sur l'induction.

Attitudes épistémologiques

Ces méthodes ont un lien direct avec trois attitudes épistémologiques différentes :

– du côté du marché, les modèles appellent une formalisation et une abstraction qui ne peuvent que bénéficier aux institutions et aux acteurs des secteurs étudiés (presque toujours à l'origine des demandes de recherches). Les acteurs sont écoutés, mais aussi sélectionnés en tant qu'ils ont été jugés représentatifs et exemplaires de cette commande ;

– du côté du champ, dans la tradition durkheimienne et marxiste, on cherche à accéder à une réalité objective des mécanismes de production et

reproduction du social qui englobent et expliquent les paroles et les représentations des acteurs ;
– du côté des mondes, les acteurs sont écoutés, observés, en tant qu'objets d'études, sans souci de révéler une vérité immanente au monde social. Seule la réalité des attitudes et comportements intéresse le sociologue.

Postures sociologiques

Ces attitudes épistémologiques, doublées des méthodologies adéquates, débouchent sur trois conceptions distinctes du rôle du sociologue dans la cité :

– la théorie du marché est toujours en rapport avec une demande institutionnelle et politique. La recherche est guidée par des visées institutionnelles, pratiques, accompagnant les groupes au pouvoir, en vue de favoriser en l'accompagnant le travail politique. La complicité avec le milieu étudié se développe, au point d'adopter une attitude d'expert sollicité et trouvé. L'art et la culture sont des secteurs de la société particulièrement attirants et « rentables » à étudier de ce point de vue ;
– la théorie du champ développe nécessairement un point de vue surplombant, le plus global que l'on puisse avoir, dont la prétention à l'universalité est la plus élevée. Le sociologue est amené de ce fait à surestimer ce qui relève de sa culture propre, au point parfois de verser dans un légitimisme flagrant et de jouer (malgré lui) le jeu des dominants. La culture est sans doute surévaluée dans sa forme scolaire et dans son influence réformatrice (pour l'individu comme pour la société). Le sociologue peut, à la rigueur, jouer un rôle de « trouble-fête », qui, tout en profitant de la position privilégiée de celui qui voit et sait, dénonce les inégalités dans la distribution des biens culturels et leur accès ;
– la théorie des mondes ne répond, en revanche, à aucune demande : ni collaboratrice avec les ordres sociaux, ni dénonciatrice, elle veut rester descriptive. Elle est relativiste et inductive, ne considère pas l'État ou les institutions comme des forces à soutenir, ni le sociologue et la recherche comme des entités sociales particulièrement admirables (ce qui reflète, sans doute, l'image des intellectuels dans la société américaine). Le chercheur est tout entier dans son travail de description, animé par un souci d'expliciter certains mécanismes de production du social. Le culturel n'est pas considéré comme un aspect particulièrement noble ou légitime. Il s'est routinisé…

— Bibliographie —

Avant-propos

CUCHE Denys, *La Notion de culture dans les sciences sociales*, Paris, La Découverte, 1996.

DURAND Jean-Pierre, WEIL Robert (dir.), « Sociologie et de la culture et du loisir », *in Sociologie contemporaine*, Paris, Vigot, 1990, p. 511-539.

FERRÉOL Gilles, NORECK Jean-Pierre, « Culture et styles de vie », *in Introduction à la sociologie*, Paris, Armand Colin, 1990 (5e éd. : 2000), p. 130-147.

HUGHES Everett, *Le Regard sociologique,* trad. fr., Paris, MSH, 1996 (1re éd. anglaise : 1971).

KAMBOUCHNER Denis (dir.), « La culture », *in Notions de philosophie*, tome 3, Paris, Gallimard, 1995, p. 445-568.

MARTINON Jean-Pierre, « Culture », *in Dictionnaire de la sociologie*, Paris, Albin Michel, 1999, p. 220-228.

Sciences humaines, « Cultures. La construction des identités », n° 110, novembre 2000.

VALADE Bernard, « Culture », *in* BOUDON Raymond (dir.), *Traité de sociologie*, Paris, PUF, 1992, p. 461-490.

WARNIER Jean-Pierre, *La Mondialisation de la culture*, Paris, La Découverte, 1999.

Chapitre I

BASTIDE Roger, *Art et Société*, Paris, L'Harmattan, 1997 (1re éd. : 1977).

HEINICH Nathalie, *La Sociologie de l'art*, Paris, La Découverte, 2001.

JIMENEZ Marc, *Qu'est-ce que l'esthétique ?,* Paris, Gallimard, 1999.

LOMBARD Jacques, *Introduction à l'ethnologie*, Paris, Armand Colin, 1994.

MAUSS Marcel, *Sociologie et anthropologie*, Paris, PUF, 1985 (1re éd. : 1950).

PÉQUIGNOT Bruno, *Pour une sociologie esthétique*, Paris, L'Harmattan, 1993.

Chapitre II

BESSY Christian, CHATEAURAYNAUD Francis, *Experts et faussaires. Pour une sociologie de la perception*, Paris, Métailié, 1995.

BOLTANSKI Luc, THÉVENOT Laurent, *De la justification. Les économies de la grandeur*, Paris, Gallimard, 1991 (1re éd. : 1987).

BOURDIEU Pierre, « Le marché des biens symboliques », *L'Année sociologique*, n° 22, 1971, p. 49-126.

COMETTI Jean-Pierre, MORIZOT Jean, POUIVET René, *Questions d'esthétique*, Paris, PUF, 2000.

DURKHEIM Émile, *Les Règles de la méthode sociologique*, Paris, Flammarion, 1988 (1er éd. : 1895).

– « Jugements de valeur et jugements de réalité », *in Sociologie et philosophie*, Paris, PUF, 1996, p. 117-141 (1re éd. : 1911).

– *Les Formes élémentaires de la vie religieuse*, Paris, PUF, 1991 (1re éd. : 1912).

EDELMAN Bernard, *Propriété littéraire et artistique*, Paris, PUF, 1989.

–, HEINICH Nathalie, *L'Art en conflits. L'œuvre de l'esprit entre droit et sociologie*, Paris, La Découverte, 2002.

ÉLIAS Norbert, *Qu'est-ce que la sociologie ?* trad. fr., Paris, Éd. de l'Aube, 1991 (1re éd. allemande : 1970).

HEINICH Nathalie, « C'est un oiseau ! Bancusci *vs* États-Unis ou quand la loi définit l'art », *Droit et société*, n° 34, 1996, p. 1-24.

LAMY Yvon, « Du Monument au patrimoine. Matériaux pour l'histoire politique d'une protection », *Genèses*, n° 11, 1993, p. 50-78.

– (dir.), *L'Alchimie du patrimoine*, Bordeaux, Maison des sciences de l'homme d'Aquitaine, 1996.

LATOUR Bruno, *Pasteur : guerre et paix des microbes*, suivi de *Irréductions*, Paris, La Découverte, 2001 (1re éd. : 1984).

LEVERATTO Jean-Marc, *La Mesure de l'art. Sociologie de la qualité artistique,* Paris, L'Harmattan, 2000.

MAUSS Marcel, DURKHEIM Émile, « De quelques formes primitives de classification », *in* Mauss Marcel, *Œuvres*, tome 2, Paris, Minuit, 1974, p. 13-89 (1re éd. : *L'Année Sociologique*, 1903).

PONTIER Jean-Marie, RICCI Jean-Claude, BOURDON Jacques, *Droit de la culture*, Paris, Dalloz, 1996.

WEBER Max, *Essais sur la théorie de la science,* trad. fr., Paris, Plon, 1992 (1re éd. allemande : 1951).

Chapitre III

BENHAMOU Françoise, *Économie de la culture*, Paris, La Découverte, 1996.

CABROL Pierre, *Les Biens culturels en droit civil français*, thèse, Bordeaux IV, 1999.

COMETTI Jean-Pierre, « Le pragmatisme, de Peirce à Rorty », *in* MAYER Michel (dir.), *La Philosophie anglo-saxonne*, Paris, PUF, 1994, p. 387-492.

HEINICH Nathalie, *Ce que l'art fait à la sociologie*, Paris, Minuit, 1998*a*.

– *L'Art contemporain exposé aux rejets. Études de cas*, Nîmes, Jacqueline Chambon, 1998*b*.

HENNION Antoine, *La Passion musicale. Une sociologie de la médiation*, Paris, Métailié, 1993.

HERPIN Nicolas, VERGER Daniel, *La Consommation des Français*, Paris, La Découverte, 2000, vol. 2.

KALIFA Dominique, *La Culture de masse en France, 1860-1930*, Paris, La Découverte, 2001.

LAMY Yvon, « Politique patrimoniale et singularité administrative : les architectes des Bâtiments de France », *Genèses*, n° 1, 1990, p. 112-130.

MAUSS Marcel, *Manuel d'ethnographie*, Paris, Payot, 1967 (1re éd. : 1947).

WEBER Max, *Économie et société*, trad. fr., Paris, Plon, 1995, 2 vols (1re éd. allemande : 1956).

– *Le Savant et le politique*, trad. fr., Paris, Plon, 1959 (1re éd. allemande : 1919).

YONNET Paul, *Travail, loisir. Temps libre et lien social*, Paris, Gallimard, 1999.

Chapitre IV

ARENDT Hannah, *La Crise de la culture*, trad. fr., Paris, Gallimard, 1972 (1re éd. allemande : 1963).

DONNAT Olivier, *Les Français face à la culture. De l'exclusion à l'éclectisme*, Paris, La Découverte, 1994.

– *Les Amateurs. Enquête sur les activités artistiques des Français*, Paris, La Documentation française, 1996.

– *Les Pratiques culturelles des Français. Enquête 1997*, Paris, La Documentation française, 1998.

–, OCTOBRE Sylvie (dir.), *Les Publics des équipements culturels. Méthodes et résultats d'enquêtes*, Paris, DEP, 2001.

HABERMAS Jürgen, *L'Espace public. Archéologie de la publicité comme dimension constitutive de la société bourgeoise*, trad. fr., Paris, Payot, 1992 (1re éd. allemande : 1962).

HALBWACHS Maurice, *La Classe ouvrière et le niveau de vie. Recherches sur la hiérarchie des besoins dans les sociétés industrielles contemporaines*, Paris-Londres-New York, Gordon et Breach, 1970 (1re éd. : 1912).

HÉRAN François, « La sociabilité, une pratique culturelle ? », *Économie et statistique*, n° 216, décembre 1988, p. 3-22.

MATTELART Armand et Michèle, *Histoire des théories de la communication*, Paris, La Découverte, 1995.

MOULIN Raymonde, *Les Attitudes du public à l'égard de l'art contemporain*, Paris, SER, 1971.

MOULINIER Pierre, *Les Politiques publiques de la culture en France*, Paris, PUF, 1999.

RIOUX Jean-Pierre, SIRINELLI Jean-François (dir.), *Pour une histoire culturelle*, Paris, Le Seuil, 1997.

Chapitre V

BOLTANSKI Luc, *L'Amour et la justice comme compétences. Trois essais de sociologie de l'action*, Paris, Métailié, 1990.

– *La Souffrance à distance. Morale humanitaire, médias et politique*, Paris, Métailié, 1993.

BOURDIEU Pierre (dir.), *Un Art moyen. Les usages sociaux de la photographie*, Paris, Minuit, 1965.

BOURDIEU Pierre, DARBEL Alain, *L'Amour de l'art. Les musées d'art européens et leur public*, Paris, Minuit, 1969 (1re éd. : 1966).

BOURDIEU Pierre, *La Distinction. Critique sociale du jugement*, Paris, Minuit, 1979.

BOUVERESSE Renée, *L'Expérience esthétique*, Paris, Armand Colin, 1998.

CERTEAU Michel de, *L'Invention du quotidien. 1. Arts de faire*, Paris, Gallimard, 1990 (1re éd. : 1980).

– *La Culture au pluriel*, Paris, Le Seuil, 1993 (1re éd. : 1974).

CHARTIER Roger (dir.), *Pratiques de lectures*, Paris, Payot, 1993.

CHAZEL François, (textes réunis par), *Pratiques culturelles et politiques de la culture*, Bordeaux, MSHA, 1990.

DONNAT Olivier, « La stratification sociale des pratiques culturelles et son évolution, 1973-1997 », *Revue français de sociologie*, vol. 40, n° 1, janvier-mars 1999, p. 111-119.

DEGENNE Alain, FORSÉ Michel, *Les Réseaux sociaux. Une analyse structurale en sociologie*, Paris, Armand Colin, 1994.

ESCARPIT Robert, *Sociologie de la littérature*, Paris, PUF, 1958.

ESTABLET Robert, FELOUZIS Georges, *Livre et télévision : concurrence ou interaction ?*, Paris, PUF, 1992.

FARCHY Joëlle, *La Fin de l'exception culturelle ?* Paris, CNRS éd., 1999.

Hermès, n° 20, 1997, numéro spécial « Toutes les pratiques culturelles se valent-elles ? ».

HERPIN Nicolas, *Sociologie de la consommation,* Paris, La Découverte, 2001.

HOGGART Richard, *La Culture du pauvre. Étude sur le style de vie des classes populaires en Angleterre,* Paris, Minuit, 1970 (1re éd. anglaise : 1957).

LEENHARDT Jacques, « Littérature », *in Dictionnaire de la sociologie*, Paris, Albin Michel, 1998, p. 437-448.

MAUGER Gérard, POLIAK Claude, PUDAL Bernard, *Histoires de lecteurs*, Paris, Nathan, 1999.

MAYOL Pierre, *Les Enfants de la liberté. Études sur l'autonomie sociale et culturelle des jeunes en France, 1970-1996*, Paris, L'Harmattan, 1997.

MENDRAS Henri (avec la coll. de DUBOYS FRESNEY Laurence), *La Seconde révolution française. 1965-1984*, Paris, Gallimard, 1988.

PARADEISE Catherine, « Sociabilité et culture de classe », *Revue française de sociologie*, vol. 21, n° 4, 1980, p. 571-597.

PEDLER Emmanuel, PASSERON Jean-Claude, *Le Temps donné aux tableaux*, Marseille, IREREC, 1991.

VÉRON Eliseo, LEVASSEUR Martine, *Ethnographie de l'exposition : l'espace, le corps et le sens*, Paris, BPI, 1983.

SIMMEL Georg, « Comment les formes sociales se maintiennent ? », *in Sociologie et épistémologie*, trad. fr. Paris, PUF, 1981, p. 171-206 (1re éd. : 1897, *in L'Année sociologique*).

Chapitre VI

BENJAMIN Walter, « L'œuvre d'art à l'époque de sa reproduction mécanisée », *in Écrits français*, Paris, Gallimard, 1991 (1re éd. : 1936), p. 140-171.

BOURDIEU Pierre, « Éléments d'une théorie de la perception artistique », *Revue internationale de Sciences sociales*, vol. 20, n° 4, 1968, p. 640-664.

BOURDIEU Pierre, PASSERON Jean-Claude, *Les Héritiers. Les Étudiants et la culture*, Paris, Minuit, 1964.

– *La Reproduction. Éléments pour une théorie du système d'enseignement*, Paris, Minuit, 1970.

DUMAZEDIER Joffre, *Vers une civilisation des loisirs ?,* Paris, Le Seuil, 1962.

LE GUERN Philippe (dir.), *Les Cultes médiatiques. Culture fan et œuvres cultes*, Rennes, PUR, 2002.

MEAD Georges Herbert, *L'Esprit, le Soi et la Société*, trad. fr., Paris, 1963 (1re éd. anglaise : 1934).

PASQUIER Dominique, *La Culture des sentiments. L'expérience télévisuelle des adolescents*, Paris, MSH, 1999.

SIMMEL Georg, *La Tragédie de la culture*, Marseille, Rivages, 1988.

VANDENBERGHE Frédéric, *Une histoire critique de la sociologie allemande : aliénation et réification,* 2 vols, Paris, La Découverte, 1997.

WEBER Max, *Le Judaïsme antique*, trad. fr., Paris, Plon, 1970 (1re éd. allemande : 1920).

– *Sociologie des religions*, trad. fr., Paris, Gallimard, 1996 (1re éd. allemande : 1920).

Chapitre VII

ADORNO Theodor, *Théorie esthétique*, trad. fr., Paris, Klincksieck, 1995 (1re éd. allemande : 1970).

BÉNICHOU Paul, *Le Sacre de l'écrivain. Essai sur l'avènement d'un pouvoir spirituel laïc dans la France moderne*, Paris, José Corti, 1973.

CHATELUS Jean, *Peindre à Paris au XVIIIe siècle*, Nîmes, Jacqueline Chambon, 1991.

CROW Thomas, *Painters and Public Life in Eighteenth-Century Paris*, London, Yale University Press, 1985.

DUBAR Claude et TRIPIER Pierre, *Sociologie des professions*, Paris, Armand Colin, 1998.

ÉLIAS Norbert, *Mozart, sociologie d'un génie,* Paris, Le Seuil, 1991.

FRAENKEL Béatrice, *La Signature. Genèse d'un signe*, Paris, Gallimard, 1992.

FREIDSON Eliot, « Les professions artistiques comme défi à l'analyse sociologique », *Revue française de sociologie*, vol. 27, n° 3, juillet-septembre 1986, p. 431-443.

HASKELL Francis, *La Norme et le caprice. Redécouvertes en art. Aspects du goût, de la mode et de la collection en France et en Angleterre, 1789-1914*, trad. fr., Paris, Flammarion, 1986 (1re éd. anglaise : 1976).

HEINICH Nathalie, *La Gloire de Van Gogh. Essai d'anthropologie de l'admiration*, Paris, Minuit, 1991.

– *Du Peintre à l'artiste. Artisans et académiciens à l'âge classique*, Paris, Minuit, 1993.

KRIZ Ernst, KURZ Otto, *L'Image de l'artiste. Légende, mythe et magie,* trad. fr., Marseille, Rivages, 1987 (1re éd. allemande : 1934).

MENGER Pierre-Michel, *La Profession de comédien. Formations, activités et carrières dans la démultiplication de soi,* Paris, La Documentation française, 1997.

MICHAUD Yves, *L'Artiste et les commissaires*, Nîmes, Jacqueline Chambon, 1989.

MOULIN Raymonde, *De la valeur de l'art,* Paris, Flammarion, 1995.

–, PASSERON Jean-Claude, PASQUIER Dominique, *Les Recensements et les enquêtes sur les artistes plasticiens*, Paris, SER, 1986.

PARADEISE Catherine (avec la collaboration de CHARBY Jacques et VOURC'H François), *Les Comédiens. Profession et marchés du travail,* Paris, PUF, 1998.

WARNKE Martin, *L'Artiste et la cour. Aux origines de l'artiste moderne,* Paris, EHESS, 1989 (1re éd. : 1985).

WHITE Harrison et Cynthia, *La Carrière des peintres au XIXe siècle*, Paris, Flammarion, 1991 (1re éd. anglaise : 1965).

WRIGLEY Richard, *The Origins of French Art Criticism from the Ancien Régime to the Restoration*, Oxford, Clarendon Press, 1993.

Chapitre VIII

BENHAMOU Françoise, *L'Économie du star-system*, Paris, Fayard, 2002.

BOURDIEU Pierre, « Mais qui a créé les « créateurs » ? », *in Questions de sociologie,* Paris, Minuit, 1984, p. 207-221.

–, DELSAUT Yvette, « Le couturier et sa griffe », *Actes de la recherche en sciences sociales,* n° 1, 1975, p. 7-36.

GOFFMAN Erwing, *Les Rites d'interaction*, trad. fr., Paris, Minuit, 1974 (1re éd. américaine : 1967).

HEINICH Nathalie, *Le Triple jeu de l'art contemporain*, Paris, Minuit, 1998*c*.

LAMY Yvon, LIOT Françoise, « Les résidences d'artistes. Le renouvellement de l'intervention publique dans le domaine des arts plastiques : enjeux et effets », *in* Callède Jean-Paul (dir.), *Métamorphoses de la culture. Pratiques et politiques en périphérie*, Bordeaux, MSHA, 2002, p. 213-234.

PANOFSKY Erwin, *Architecture gothique et pensée scolastique*, trad. fr., Paris, Minuit, 1967 (1re éd. anglaise : 1951).

RIVIÈRE Claude, *Les Rites profanes*, Paris, PUF, 1995.

SEGRÉ Monique, *L'Art comme institution. L'École des Beaux-Arts. XIXe et XXe,* Paris, ENS Cachan, 1993.

WILLIAMS Raymond, *The Sociology of culture*, Chicago, The University of Chicago press, 1995 (1re éd. anglaise : 1981).

Chapitre IX

BOURDIEU Pierre, *Méditations pascaliennes*, Paris, Le Seuil, 1997.

COLAS Dominique, *Sociologie politique*, Paris, PUF, 1990.

Desrosières Alain, *La Politique des grands nombres. Histoire de la raison statistique*, Paris, La Découverte, 1993.

Dubois Vincent, *La politique culturelle. Genèse d'une catégorie d'intervention publique*, Paris, Belin, 1999.

Friedberg Ehrard, Urfalino Philippe, *Le jeu du catalogue*, Paris, La Documentation Française, 1984.

Fumaroli Marc, *L'État culturel. Essai sur une religion moderne*, Paris, Éd. de Fallois, 1992.

Habermas Jürgen, *Raison et légitimité. Problèmes de légitimation dans le capitalisme avancé*, trad. fr., Paris, Payot, 1978 (1re éd. allemande : 1973).

Lucchini Françoise, *La Culture au service des villes*, Paris, Anthropos, 2002.

Mesnard Henri-Hubert, *Droit et politique de la culture*, Paris, PUF, 1990.

Ory Pascal, *La Belle illusion. Culture et politique sous le signe du Front populaire. 1935-1938*, Paris, Plon, 1994.

Passeron Jean-Claude, *Le Raisonnement sociologique. L'espace non-poppérien du raisonnement naturel*, Paris, Nathan, 1991.

Perret Jacques, Saez Guy (dir.), *Institutions et vie culturelle*, Paris, La Documentation française, 1996.

Poirrier Philippe, *L'État et la culture en France au XXe siècle*, Paris, Librairie générale française, 2000.

Regourd Serge, *L'Exception culturelle*, Paris, PUF, 2002.

Ritaine Évelyne, *Les Stratèges de la culture*, Paris, PNFSP, 1983.

Saez Guy, « Les politiques de la culture », *in* Grawitz Madeleine et Leca Jean, *Traité de science politique*, Paris, PUF, 1985, tome 4, p. 387-422.

Tesseydre Bernard, *Le Siècle de Louis XIV*, Paris, Gallimard, 1970.

Thévenot Laurent, « Les investissements de forme », *in* Thévenot Laurent (éd.), *Conventions économiques*, Paris, CEE-PUF, 1986, p. 21-71.

Urfalino Philippe, « Académies invisibles et mécénat caché », *L'Année sociologique*, vol. 39, n° 1, 1989, p. 81-109.

–, Vilkas Catherine, *Les Fonds régionaux d'art contemporain. La délégation du jugement esthétique*, Paris, L'Harmattan, 1995.

Chapitre X

Aguilar Yves, *Un Art de fonctionnaires, le 1 %,* Nîmes, Jacqueline Chambon, 1999.

Bady Jean-Pierre, *Les Monuments historiques français*, Paris, PUF, 1985.

Bourdieu Pierre, *La Noblesse d'État. Grandes écoles et esprit de corps*, Paris, Minuit, 1989.

Champy Florent, *Les Architectes et la commande publique*, Paris, PUF, 1998.

Châtelain Jean, *Œuvres d'art et objets de collection en droit français*, Paris, Berger-Levrault, 1982.

Dagens Muriel, Liot Françoise, Le Moigne Philippe, « Carnac et ses alignements : un ferment d'action collective », *in* Lamy Yvon (dir.), *Le pouvoir de protéger. Approches, acteurs et enjeux du patrimoine*, Bordeaux, MSHA, 1993.

Dupuy Jean-Pierre, *Libéralisme et justice sociale. Le sacrifice et l'envie*, Hachette, 1992.

Four Pierre-Alain, « La compétence contre la démocratisation ? Création et re-création des Fonds régionaux d'art contemporain », *Politix*, n° 24, 4e trim., 1993, p. 95-114.

Friedberg Ehrard, *Le Pouvoir et la règle. Dynamiques de l'action organisée, Paris,* Le Seuil, 1996.

Heinich Nathalie, « Expertise et politique publique de l'art contemporain : les critères d'achat dans un FRAC », *Sociologie du travail*, 1997, n° 2, p. 189-209.

Jonas Hans, *Le Principe Responsabilité. Essai d'une éthique pour la civilisation technologique*, trad. fr., Paris, Le Cerf, 1990 (1re éd. allemande : 1979).

LEGENDRE Pierre, *Histoire de l'administration de 1750 à nos jours*, Paris, PUF, 1968.

MONNIER Gérard, *Des Beaux-arts aux arts plastiques. Une histoire sociale de l'art*, Paris, La Manufacture, 1991.

OCTOBRE Sylvie, « Profession, segments professionnels et identité. L'évolution des conservateurs de musées », *Revue française de sociologie*, vol. 40, n° 2, 1999, p. 357-383.

POLI Jean-Marie, *La Protection des biens culturels meubles,* Paris, LGDJ, 1996.

POULOT Dominique, *Patrimoine et musées. L'institution de la culture*, Paris, Hachette, 2001.

TRÉPOS Jean-Yves, *Sociologie des experts*, Paris, PUF, 1996.

VALIÈRE Michel, *Ethnographie de la France*, Paris, Armand Colin, 2002.

WEBER Max, *L'Éthique protestante et l'esprit du capitalisme*, trad. fr., Paris, Plon, 1967 (1re éd. allemande : 1920).

Chapitre XI

BECQ Annie, *Genèse de l'esthétique française moderne. De la raison classique à l'Imagination créatrice. 1680-1841*, Paris, Albin Michel, 1994 (1re éd. 1984).

BERTHELOT Jean-Michel (dir.), *Épistémologie des sciences sociales,* Paris, PUF, 2001.

BOURDIEU Pierre, « Le champ économique », *Actes de la recherche en sciences sociales*, n° 119, septembre 1997, p. 48-66.

HENICH Nathalie, *Être écrivain. Création et identité*, Paris, La Découverte, 2000.

MENGER Pierre-Michel, « Rationalité et incertitude de la vie d'artiste », *L'Année sociologique*, n° 39, 1989, n° 1, p. 111-151.

– « Temporalité et différences interindividuelles : l'analyse de l'action en sociologie et en économie », *Revue française de sociologie*, vol. 38, n° 4, 1997, p. 587-633.

MOULIN Raymonde, *Le Marché de la peinture en France*, Paris, Minuit, 1967.

– *L'Artiste, l'institution et le marché*, Paris, Flammarion, 1992.

– *L'Art de la recherche. Essais en l'honneur de Raymonde Moulin*, Paris, La Documentation française, 1994.

– « Les collectionneurs d'art contemporain. La confusion des valeurs », *in Le Goût de l'enquête. Pour Jean-Claude Passeron*, Paris, L'Harmattan, 2001, p. 273-288.

– (dir.), *Sociologie de l'art*, Paris, La Documentation française, 1986.

ROUGET Bernard, SAGOT-DUVAUROUX Dominique, *Économie des arts plastiques. Une analyse de la médiation culturelle*, Paris, L'Harmattan, 1996.

–, PFLIEGER Sylvie, *Le Marché de l'art contemporain en France, Prix et stratégie*, Paris, La Documentation française, 1991.

Chapitre XII

Actes de la recherche en sciences sociales, « Anatomie du goût », n° 5, octobre 1976

Actes de la recherche en sciences sociales, « Sociologie de l'œil », n° 40, novembre 1981

BOUDON Raymond, « De l'objectivité des valeurs artistiques », *in Le Sens des valeurs*, Paris, PUF, 1999, p. 251-294.

BOURDIEU Pierre, « Genèse et structure du champ religieux », *Revue française de sociologie*, vol. 12, n° 3, 1971, p. 296-332.

– *Esquisse d'une théorie de la pratique*, Paris, Le Seuil, 2000 (1re éd. : 1972).

– *Choses dites,* Paris, Minuit, 1987.

– « Le champ littéraire », *Actes de la recherche en sciences sociales*, n° 89, septembre 1991, p. 3-46.

– *Les Règles de l'art*, Paris, Le Seuil, 1992.

– *Réponses,* Paris, Le Seuil, 1992.

– *Raisons pratiques*, Paris, Le Seuil, 1994.

– *Sur la télévision*, Paris, Raisons d'agir, 1996.
– « Art, consommation culturelle », *in Encyclopédie Universalis*, Albin Michel, 1998, p. 40-46.
CARROLL Noël, *A Philosophy of Mass Art*, Oxford, Oxford University Press, 1998.
GILMORE Samuel, « Art Worlds : developping the interactionnist approach to social organization », *in* BECKER Howard et MAC CALL Michal (dir.), *Symbolic interaction and cultural studies*, Chicago, University of Chicago, 1990, p. 148-178.
GRIGNON Claude, PASSERON Jean-Claude, *Le Savant et le populaire. Misérabilisme et populisme en sociologie et en littérature*, Paris, Gallimard/Le Seuil, 1989.
HEINICH Nathalie, « Sociologie de l'art : avec ou sans Bourdieu », *Sciences humaines*, n° 105, mai 2000, p. 34-36.
LAHIRE Bernard (dir.), *Le Travail sociologique de Pierre Bourdieu. Dettes et critiques*, Paris, La Découverte, 1999.
MOUNIER Pierre, *Pierre Bourdieu, une introduction*, Paris, La Découverte, 2001.
PINTO Louis, *Pierre Bourdieu et la théorie du monde social*, Paris, Le Seuil, 2002.

Chapitre XIII

BECKER Howard, *Outsiders. Études de sociologie de la déviance*, trad. fr., Paris, Métailié, 1985 (1re éd. anglaise : 1963).
– *Les Mondes de l'art*, trad. fr., Paris, Flammarion, 1988 (1re éd. anglaise : 1982).
– *Propos sur l'art*, trad. fr., Paris, L'Harmattan, 1999 (textes réunis publiés dans les années 1980 et 1990).
– *Les Ficelles du métier*, trad. fr., Paris, La Découverte, 2002 (1re éd. anglaise : 1998).
BERGER Peter, LUCKMANN Thomas, *La Construction sociale de la réalité*, trad. fr., Paris, Armand Colin, 1996 (1re éd. anglaise : 1966).
BLUMER Herbert, *Symbolic interactionnism. Perspective and method*, Engelwood Cliffs, Prentice Hall, 1969.
GOFFMAN Erving, *Stigmates. Les Usages sociaux des handicaps*, trad. fr., Paris, Minuit, 1975 (1re éd. anglaise : 1963).
HEINICH Nathalie, « L'Art et la manière : pour une cadre analyse de l'expérience esthétique », *in Le Parler frais d'Erving Goffman*, Paris, Minuit, 1987, p. 110-120.
– *États de femme. L'identité féminine dans la fiction occidentale*, Paris, Gallimard, 1996.
– *La Sociologie de Norbert Élias*, Paris, La Découverte, 1997.
HENNION Antoine, MAISONNEUVE Sophie, GOMART Émilie, *Figures de l'amateur. Formes, objets, pratiques de l'amour de la musique aujourd'hui*, Paris, La Documentation française, 2000.
LATOUR Bruno, WOOGLAR Steve, *La Vie de laboratoire. La Production des faits scientifiques*, trad. fr., Paris, La Découverte, 1996 (1re éd. anglaise : 1978).
SCHÜTZ Alfred, « Making music together : a study in social relationship », *in Collected papers, 2*, La Haye, Martinu Nijhoff, 1976, p. 159-179 (1re éd. : 1964).
STRAUSS Anselm, *La Trame de la négociation. Sociologie qualitative et interactionnisme,* trad. fr., Paris, L'Harmattan, 1992 (textes réunis des années 1960 et 1970).
– *Miroirs et masques. Une introduction à l'interactionnisme*, trad. fr., Paris, Métailié, 1992*a* (1er éd. anglaise : 1959).

— Glossaire —

Acculturation : ensemble des phénomènes découlant des contacts entre cultures, sous-cultures et individus. Il s'agit d'échanges, plus ou moins réciproques et symétriques, complets et volontaires, de contenus culturels (langue, croyances, mœurs…).

Aliénation : ce terme est essentiel dans l'analyse critique du capitalisme de Marx et Engels. Il renvoie à la perte de sens : l'individu n'est plus le sujet de sa vie mais l'objet d'un grand rouage qui le dépasse. Il est voisin des notions de « fétichisation » (de la marchandise) et de « réification » (transformation des sujets en objets).

Axiologie : discours rationnel qui met en évidence les valeurs ultimes qui motivent nos actions. La *neutralité axiologique* est l'attitude de suspension de toute prise de position ou jugement de valeur en matière scientifique.

Cognitif : ensemble des opérations de l'esprit nécessaires pour agir. Le *cognitivisme* recherche ce qui motive l'action quant aux connaissances, à la logique, aux catégories et aux représentations mentales du sujet.

Constructivisme : il prend à contre-pied l'*objectivisme* : le réel n'est pas un donné, mais un construit. L'individu participe par l'action (individuelle et collective), ses représentations et le langage à la production du social.

Contre-culture : ce concept décrit les phénomènes de subversion, d'opposition ou de résistance aux modèles dominants. Des groupes ont des modes de vie autonomes et refusent l'imposition des normes.

Habitus : largement utilisé par Bourdieu (mais issu d'une longue tradition de pensée qui remonte à Aristote), ce concept renvoie aux dispositions acquises (par incorporation et inculcation), mais aussi aux potentialités créatrices du sujet agissant.

Herméneutique : science de l'interprétation, qui vise à la compréhension des conduites (du point de vue des valeurs qui les orientent) et des traces objectivées qui les symbolisent.

Homologie : correspondance objective entre deux structures : à une configuration hiérarchisée de consommateurs correspond, par exemple, une configuration également ordonnée de produits.

Idéaltype : outil méthodologique qui vise à organiser la diversité du réel afin d'en faciliter l'interprétation, en construisant des typologies (*cf.* les types d'actions, de légitimités, de groupements). Cette modélisation conceptuelle des données historiques est très utilisée par Weber.

Médiations : la théorie des médiations fixe son attention sur les intermédiaires qui rendent possible l'échange. Le social réside dans cet entre-deux, qu'on peut appeler aussi interaction.

Morphologie : relève des phénomènes de groupes, quant à leur densité, leur répartition, leur volume, leur dynamisme. Pour les durkheimiens, le *morphologisme* se substitue assez volontiers au *matérialisme* (marxiste).

Muséologie : science de conception récente (années 1930) qui étudie les mécanismes muséaux : mode de sélection et d'exposition des objets, rapports aux publics...

Nominalisme : doctrine philosophique qui remonte au Moyen Âge (au franciscain Guillaume d'Occam pour lequel Dieu était inconnaissable). Elle dénie toute réalité objective aux concepts généraux assimilés à des signes, à des « mots ». Elle privilégie la réalité concrète, singulière et individuelle (ce qui tombe sous notre expérience).

Objectivisme : Durkheim l'écrivait en 1895, il s'agit de considérer les faits sociaux comme des « choses », au même titre que les sciences de la nature. Sur un mode radical (souligné par le « isme »), cette attitude tend au *positivisme* : tout est réductible à l'analyse scientifique, à la mesure, toute réalité peut être objectivée.

Ontologie : qui a rapport à l'être, à l'essence, à l'en-soi. Une perspective ontologique s'interroge sur l'essence d'un bien du point de vue de sa nature et de ses propriétés intrinsèques spécifiques. L'*ontologisme* en est la forme radicale qui présuppose que les choses ont une essence à préciser.

Performatif : se dit de toute croyance ou représentation qui a des effets pratiques. En linguistique pragmatique, une parole performative produit des effets réels, possède une efficace.

Réalisme : contre l'idéalisme (ou le nominalisme), le présupposé réaliste considère que le monde existe indépendamment du sujet connaissant.

Réflexivité : attitude intellectuelle consistant à s'interroger sur l'acte en train de se faire. L'acteur social réflexif analyse son action.

Relativisme : attitude scientifique qui vise à contextualiser toute observation et à insister sur la diversité des formes possibles du réel. Il peut tendre vers une radicalité politique (le communautarisme) ou scientifique (ce qui existe est arbitraire, non nécessaire).

Sous-culture : culture de tout groupement, souvent minoritaire, dont l'autonomie est attestée par certains traits objectifs (valeurs, comportements...). Exemple : sous-cultures jeune, ouvrière, populaire, juive...

Substantialisme : attitude intellectuelle (ou intellectualiste) qui consiste, pour paraphraser Marx, à prendre « les choses de la logique pour la logique des choses ». En d'autres termes, à prendre les concepts pour la réalité. C'est un *réalisme* ou aussi un *ontologisme*.

Symbolique : ensemble des significations auxquelles renvoie la réalité, toujours susceptible d'interprétations (plus ou moins compatibles, manifestes). Le social est significatif et symbolique car il fait sens pour les acteurs.

Théodicée : problème théologique et métaphysique posé par toutes les grandes religions monothéistes, dont la résolution permet, selon Weber, leur spécification : comment *justifier* la souffrance, l'injustice et le mal (terrestres) étant données la bonté infinie de Dieu ?

— Index des noms propres —

C

D

E

T

U

V

W

Y

Z

— Index thématique —

A

B

C

D

G

H

I

J

L

P

Q

R

V

— Liste des sigles —

ADMICAL : Association pour le développement du mécénat industriel et commercial
AICA : Association internationale des critiques d'art
AIE : Appareils idéologiques d'État
AMI : Accord multilatéral sur l'investissement
BIT : Bureau international du travail
CAC : Centre d'art contemporain
CAPCm : Centre d'art plastique contemporain musée
CDN : Centre dramatique national
CORÉPHAE : Commission régionale du patrimoine historique archéologique et ethnologique
CRÉDOC : Centre de recherche pour l'étude et l'observation des conditions de vie
CSA : Centre de sociologie des Arts
CSI : Centre de sociologie des Innovations
CSP : Catégories socioprofessionnelles
DEP : Département des études et prospectives (du ministère de la Culture)
DIE : Dépense intérieure d'éducation
DMF : Direction des musées de France
DPLG : Diplômé par le gouvernement
DRAC : Direction régionale pour l'action culturelle
ENP : École nationale du Patrimoine
ENSBA : École nationale supérieure des beaux-arts
FIAC : Foire internationale de l'art contemporain
FNAC : Fonds national d'art contemporain
FNAM : Fonds national d'art moderne
FRAC : Fonds régional d'art contemporain
GSPM : Groupe de sociologie politique et morale
IFOP : Institut français de l'opinion publique
INED : Institut national des études démographiques

INSEE : Institut national de la statistique et des études économiques
IRCAM : Institut de recherche et coordination acoustique/musique
MAHJ : musée d'art et d'histoire du Judaïsme
OFCE : Observatoire français de la conjoncture économique
PCS : Professions et catégories socioprofessionnelles
RMN : Réunion des Musées nationaux
SACEM : Société d'auteurs, compositeurs et éditeurs de musique
SER : Services des études et recherches (des administrations)
SMIC : Salaire minimum interprofessionnel garanti
TVA : Taxe sur la valeur ajoutée

— Table des encadrés et des tableaux —

Armand Colin Éditeur
21, rue du Montparnasse, 75006 Paris
N° de projet :
10086986 - INT
Dépôt légal : mars 2003

Achevé d'imprimer sur les presses de la
SNEL S.A.
rue Saint-Vincent 12 – B-4020 Liège
tél. 32(0)4 344 65 60 - fax 32(0)4 341 48 41
janvier 2003 – 27501

Imprimé en Belgique